정보보호법

정보보호법

초판 1쇄 발행 2026년 2월 13일

지은이 박정인, 백남균
펴낸이 장길수
펴낸곳 지식과감성#
출판등록 제2012-000081호

교정 정은솔
디자인 이호진, 김희영
편집 김희영
검수 한장희, 이현
마케팅 김윤길

주소 서울시 금천구 벚꽃로298 대륭포스트타워6차 1212호
전화 070-4651-3730~4
팩스 070-4325-7006
이메일 ksbookup@naver.com
홈페이지 www.knsbookup.com

ISBN 979-11-392-3086-4(93360)
값 18,000원

지식과감성#
홈페이지 바로가기

정보보호법

박정인 백남균

지식과감성#

차례

머리말

오늘날의 사회는 디지털 기술과 네트워크를 기반으로 운영되고 있다 해도 과언이 아니다. 인공지능, 클라우드 컴퓨팅, 사물인터넷, 블록체인과 같은 기술은 산업과 국가 인프라 전반에 깊숙이 적용되며 새로운 가치를 창출하고 있다. 그러나 기술의 발전이 커다란 편익을 제공하는 만큼, 그 이면에서는 다양한 형태의 사이버 위협이 빠르게 증가하고 있다. 데이터 유출, 랜섬웨어 공격, 국가 기반시설에 대한 사이버 침투, 인공지능을 악용한 공격 등은 더 이상 특정 분야의 문제가 아니라 국가적·사회적 위험 요소로 인식되고 있다.

이러한 환경에서 정보보호는 기술적 과제가 아니라 법적·제도적 과제이기도 하다. 사이버보안 활동은 단순한 기술 대응을 넘어 법률이 정한 절차와 규범 속에서 이루어져야 하며, 국가·기업·개인 모두가 준수해야 할 책무를 포함한다. 따라서 정보보호법을 이해하는 것은 사이버보안 전문가에게 선택이 아닌 필수다. 법적 기반 없이 수행되는 보안 조치는 적법성·책임성·신뢰성 측면에서 한계를 가질 수 있으며, 반대로 법제에 대한 정확한 이해는 보안 정책 수립과 기술적 대응 역량을 더욱 강화한다.

『정보보호법』은 사이버 보안을 학문과 직업으로 삼고자 하는 학생들이 우리나라 정보보호 관련 법·제도 전반을 체계적으로 이해할 수 있도록 구성하였다. 「개인정보보호법」, 「정보통신망 이용촉진 및 정보보호 등에 관한 법률」, 사이버보안 관련 특별법, 국가정보보호 기본체계, 공공·민간의 보안 인증제도 등 국내 법령을 중심으로 하되, 디지털 전환 시대의 새로운 쟁점과 국제적 흐름도 함께 다루었다.

특히 이 교재는 단순한 조문 해설을 넘어, 왜 이러한 법제가 필요하게 되었는지, 실제 사이버보안 현장에서 법이 어떻게 작동하는지, 기술 변화가 법·제도에 어떤 도전을 주는지, 사례와 판례를 통해 무엇을 배울 수 있는지를 균형 있게 살펴보는 데 중점을 두었다.

사이버보안의 최전선에서 활동하게 될 학생 여러분은 앞으로 정보보호 정책을 설계하고, 보안 시스템을 구축하며, 국가와 사회의 안전을 지키는 핵심 인력이 될 것이다. 이 책이 그 과정에서 필요한 법적 사고력과 규범적 이해를 갖추는 데 작은 도움이 되길 바란다.

기술이 아무리 빠르게 발전하더라도, 국민의 기본권 보호와 법의 지배라는 원칙은 변함이 없다. 미래의 보안 전문가 여러분이 기술과 법을 균형 있게 이해한 전문인으로 성장하길 기대하며, 이 책을 세상에 내놓는다.

2025년 12월,

박정인, 백남균

제1장

정보통신망 활용 촉진과 법

1. 디지털 사회와 인권

디지털 사회에서 인터넷은 더 이상 선택이 아니라 생존의 조건이 되었다. 금융, 교육, 의료, 행정 서비스는 물론 사회적 소통과 문화 향유까지, 모든 것이 온라인을 통해 이루어지고 있다. 그러나 인터넷의 편리함 뒤에는 보이지 않는 균열이 존재한다. 바로 정보격차(digital divide)다. 정보격차란 단순히 인터넷을 쓰느냐 못 쓰느냐의 문제가 아니다. 접속 속도, 디지털 기기 활용 능력, 온라인 서비스 접근성의 차이가 누적되면서 교육·경제·문화 전반에 불평등을 심화시키는 현상이다. 예컨대 온라인 수업이 일상이 된 상황에서 가정 형편상 고속 인터넷이나 적절한 기기를 마련하지 못한 학생은 학습에서 뒤처질 수밖에 없다. 고령층의 경우, 인터넷 뱅킹이나 전자정부 서비스 이용이 어려워 기본적인 사회 서비스 접근조차 제한된다.

이 문제는 단순한 기술의 진보로 해결되지 않는다. 오히려 기술이 발전할수록 격차는 더 심화될 위험이 있다. 초고속 인터넷망, 인공지능 기반 서비스, 메타버스 환경이 등장할 때마다 새로운 적응 비용이 발생하기 때문이다. 따라서 정보격차는 사회적 불평등의 새로운 얼굴이자, 디지털 시대의 핵심 정책 과제가 되었다. 그리하여 디지털 사회에서 인권을 보호하기 위하여 인터넷 정보격차 해소는 정부가 반드시 해야 할 입법으로 대표적인 입법 방식에는 보편적 접속권 보장 입법과 이용자 보호 입법이 있다.

[표] 우리나라의 디지털권 관련 입법 현황

위반행위	근거 법조문	1차
핵심목표	정보통신망 안전·신뢰성 확보, 불법 정보 차단, 이용자 보호	모든 국민의 디지털 접근·이용 보장, 포용 정책 제도화
중점내용	인터넷 서비스 제공 규제, 불법정보 삭제, 통신비밀 보호, 망 이용 의무 등	접근(access), 이용(utilization), 능력(capacity), 환경(environment) 전반 보장, 취약계층 지원
지원대상	모든 인터넷 이용자 및 통신사업자	장애인, 고령자, 저소득층 등 디지털 취약계층 포함한 전 국민
집행관리 주체	과학기술정보통신부, 방송통신위원회	과학기술정보통신부, 지방자치단체
재정지원	망 안정화·보호 의무는 사업자 책임, 일부 정부 지원	국가·지자체 재정 지원, 산업 육성 프로그램 포함
특징	망 이용 규율 중심, 포용보다는 '안전·보안' 중점	'디지털 권리 보장'을 법적으로 선언, 기본권 차원 접근

2. 보편적 접속권 보장 입법

(1) 개념

보편적 접속권(Universal Access)은 이제 사이버 세상에서 국민 모두가 당연히 보장받아야 할 권리가 되었다. 즉, 통신 인프라를 소외 지역까지 확충하고, 저소득층과 취약계층에게는 공공적 지원을 제공할 수 있는 제도적 근거가 마련되어야 한다.

오늘날 인터넷은 단순한 통신 수단을 넘어 사회의 혈관과 같다. 정치적 의사표현, 경제 활동, 교육과 의료 서비스까지, 인터넷 없이는 정상적 사회 기능이 작동하기 어렵다. 그렇기에 정부가 의도적으로 인터넷을 차단하는 순간, 사회 전체는 마치 산소가 끊긴 듯 혼란에 빠진다. 더 나아가 이는 폭동과 대규모 저항을 촉발하는 불씨가 되기도 한다. 대표적 사례가 2019년 이란의 '블러디 11월' 사건이다. 연료 가격 인상에 항의하는 시위가 전국적으로 확산되자, 정부는 통신을 차단하며 정보 유통을 봉쇄했다. 그러나 인터넷 셧다운은 시위를 잠재우기는커녕 오히려 시민의 분노를 키웠다. 국제사회와의 소통이 끊긴 사이, 수많은 사상자가 발생했고, 정부에 대한 불신은 한층 깊어졌다. 2021년 미얀마 쿠데타 이후에도 군부는 민주화 시위 확산을 막기 위해 인터넷 접속을 제한했다. 모바일 데이터망을 끊고 SNS 접속을 차단했지만, 이는 오히려 시민들의 저항 의지를 자극했다. 인터넷이 끊긴 사회는 경제가 마비되고 교육과 의료 서비스가 차질을 빚었으며, 군부에 대한 국제적 비난은 더욱 커졌다. 최근 2024년 방글라데시에서도 정부가 학생들의 공무원 할당제 반대 시위를 진압하기 위해 11일간 모바일 인터넷을 차단했다. 하지만 결과는 참혹했다. 시위대는 오히려 결집했고, 사상자가 속출했으며, 국제사회는 민주주의와 기본권 침해를 강하게 비판했다. 이러한 사례들이 보여주는 공통점은 명확하다. 인터넷 차단은 단기적으로는 정부의 통제 수단처럼 보이지만, 장기적으로는 사회적 불신과 분노를 증폭시켜 폭동과 같은 집단적 저항을 불러온다는 것이다. 정보 유통을 막는 것은 단순히 메시지를 차단하는 것이 아니라, 국민의 기본권인 의사소통과 집회의 자유를 억압하는 행위다. 이는 국제 인권 규범에도 정면으로 배치된다.

우리나라 사회도 예외일 수 없다. 지금까지 우리나라는 국가 차원에서 전면적 인터넷 셧다운을 시행한 사례가 없지만, 만약 유사한 조치가 강행된다면 시민사회는 즉각적으로 반발할 가능성이 크다. 이미 인터넷은 민주주의 참여와 경제 활동, 사회적 연대의 기반이 되었기 때문이다. 인터넷 차단은 통제의 수단이 아니라 사회적 폭발의 기폭제다. 오히려 민주적 사회일수록 인터넷을 통한 자유로운 정보 흐름을 보장하고, 시민과의 대화를 통해 갈등을 해결해야 한다. 정보의 자유를 억압하는 순간, 정부는 스스로 정당성을 위기에 빠뜨린다. 디지털 시대의 교훈은 분명하다. 인터넷을 끊는 순간, 사회도 끊어진다. 그러므로 「디지털포용법」은 모두를 위한 디지털 권리의 선언이라 할 수 있다. 우리 사회는 이제 디지털 없이는 한 걸음도 나아가기 어려운 시대를 살고 있다. 행정, 금융, 교육, 의료, 문화까지 인터넷과 디지털 기술은 국민 생활 전반에 깊이 스며들었다. 그러나 디지털 혁신의 그늘에는 여전히 소외되는 사람들이 있다. 노인, 장애인, 저소득층, 농어촌 주민 등 이른바 '디지털 취약계층'은 빠르게 변하는 기술 환경에 뒤처지며 일상생활에서 차별을 경험한다. 이러한 문제의식 속에서 제정된 것이 바로 「디지털포용법」이다. 「디지털포용법」은 모든 국민이 차별 없이 지능정보기술 및 디지털 서비스·제품에 접근하고 활용할 권리를 보장하기 위해 만들어졌다. 기존에는 '정보격차 해소'라는 이름으로 제한적 지원이 이루어졌다면, 이번 법은 이를 한 단계 더 나아가 국민의 권리 보장 차원에서 제도적 기반을 세운 것이다. 즉, 디지털 접근성(access), 이용(utilization), 능력(capacity), 환경(environment) 전반을 국가가 책임지고 보장하겠다는 선언이다.

법의 핵심 내용은 크게 세 가지로 요약된다. 첫째, 정부가 중장기 정책 수립 의무를 지며, 디지털포용을 위한 종합계획을 마련하고 이행해야 한다. 둘째, 국민 개개인의 디지털 권리 보장이다. 누구나 온라인 서비스,

전자 행정, 디지털 금융·교육·의료를 동등하게 이용할 수 있도록 접근성과 이용 편의를 제도적으로 강화한다. 셋째, 산업 육성을 통해 포용 기술과 서비스 시장을 지원함으로써 민간 부문에서도 디지털포용이 자연스럽게 뿌리내리도록 한다. 시행일은 2026년 1월 22일로 예정되어 있다. 법이 본격 적용되면 정부와 지자체는 디지털 소외 계층을 위한 교육, 인프라 보강, 접근성 표준 제정 등 다양한 정책을 적극 추진해야 한다. 동시에 산업계도 디지털포용을 단순한 '복지 지원'이 아닌 새로운 혁신 기회로 받아들이고, 사회적 책임을 다하는 방향으로 나아가야 한다. 결국, 「디지털포용법」은 기술 발전의 속도에 뒤처지는 사람들을 보호하는 최소한의 안전망을 넘어, "모두를 위한 디지털 권리장전"에 해당한다. 이는 단순한 정책이나 시혜가 아니라, 국민 누구도 디지털 사회에서 배제되지 않도록 하기 위한 법적 장치다. 디지털이 곧 일상이고 삶의 조건이 된 지금, 포용은 선택이 아니라 의무다. 법이 제정된 것은 시작에 불과하다. 이제 중요한 것은 법의 정신을 실천으로 옮겨, 진정한 디지털포용 사회를 만드는 일이다.

(2) 우리나라의 「디지털포용법」

1) 주요 내용

「디지털포용법」(2025. 1. 21. 제정, 2026. 1. 22. 시행 예정)은 접근성 기준, 장애인 보조기기, 비용 부담, 벌칙 조항 여부 등 실무에서 문제가 될 수 있는 부분이 많다. 먼저 제1조 목적은 "디지털포용 증진과 관련

산업의 육성에 관한 사항을 규정함으로써 사회구성원의 삶의 질 향상과 사회통합에 이바지"하는데 선언적 규정에 머물 경우 정책 실효성이 낮아질 수 있다. 실제 적용에서 기본권적 성격(헌법상 평등권, 교육권, 정보접근권)으로 해석될지 여부가 논란이 가능한데 정책적 목표를 단순 "포용"이 아닌 "권리"로 명시했으므로, 향후 헌법소원·행정소송에서 근거 조항으로 활용될 수 있다.

제2조 '정의'규정에서 디지털포용을 "지능정보기술의 혜택을 고르게 누릴 수 있도록 경제적·사회적·문화적 환경을 조성하는 것"으로 정의하는데 접근성 기준을 어디까지 요구할지가 사실 불명확하다. 웹 접근성(KWCAG, WCAG 국제표준)만을 의미하는지, 하드웨어·소프트웨어·콘텐츠 전반을 포함하는지 불투명하며, 보조기기 범위를 스크린리더, 확대기, 점자정보단말기, 보완대체의사소통(AAC) 기기까지 포함되는지 여부를 명확히 해야 할 필요가 존재한다. "이용환경" 또한 네트워크 속도, 데이터 요금, 기기 접근성까지 포괄할 수 있어, 사업자 규제와 연결될 수 있다. 특히 제26조 '디지털포용기술·서비스의 표준화'에 있어 쟁점의 핵심은 현행 우리나라 웹 콘텐츠 접근성 지침(KWCAG)과 국제 표준(WCAG 2.1/2.2)을 그대로 적용할지, 별도 기준을 마련할지 불명확해 보인다. 왜냐하면 비용 부담 문제가 심각한데 공공기관은 당연히 의무화가 가능할 수 있겠으나 민간 중소기업·스타트업에 동일한 접근성 의무를 부과하면 과도한 부담이 될 수 있다. 따라서 기업 규모·서비스 성격별 차등 의무 부과 필요하다.

웹 콘텐츠 접근성 지침(KWCAG)과 국제 표준 WCAG 2.1/2.2

1. WCAG(Web Content Accessibility Guidelines)

(1) 개요

WCAG는 W3C(World Wide Web Consortium) 산하 WAI(Web Accessibility Initiative)가 제정한 국제 웹 접근성 표준 지침이다. 이 지침의 목표는 장애인·고령자 등 누구나 웹 콘텐츠를 인식·운용·이해·활용할 수 있도록 보장하는 것이다. 현재 널리 사용되는 버전은 WCAG 2.1(2018년 발표), 최신은 WCAG 2.2(2023년 10월 W3C 권고)가 있다. WCAG는 국제 웹 접근성 표준으로, 글로벌 서비스 운영 기업이 반드시 따라야 하는 기준이다.

(2) 기본 4대 원칙

① 지각 가능(Perceivable) - 모든 사용자가 콘텐츠를 인식할 수 있어야 함(예: 이미지에 대체 텍스트 제공).

② 운용 가능(Operable) - 모든 기능을 키보드 등 다양한 방식으로 사용할 수 있어야 함

③ 이해 가능(Understandable) - 콘텐츠와 UI가 쉽게 이해 가능해야 함.

④ 견고성(Robust) - 다양한 사용자 에이전트(브라우저, 보조기기 등)에서 호환 가능해야 함.

(3) WCAG 2.1과 WCAG 2.2의 주요 차이

WCAG 2.1(2018)은 모바일 접근성, 저시력 사용자, 인지·학습장애인

을 위한 기준 추가(총 78개 성공 기준)가 있는 반면 WCAG 2.2(2023)는 인지장애, 주의력 결핍, 저시력 사용자를 위한 기준 강화(총 86개 성공 기준)가 존재한다. WCAG 2.2의 예로는 포커스 표시 강화(Focus Appearance), 드래그 이동 대체(Drag alternatives), 일관된 도움말 제공(Consistent Help) 등이 있으며 두 버전 모두 WCAG 2.0과 하위 호환성을 유지한다. 기존 충족 기준을 유지하면서 항목을 보강할 수 있다.

(4) 준수 수준

A(최소 수준): 기본적 접근성 제공.

AA(권장 수준): 법적·정책적으로 가장 널리 요구되는 수준.

AAA(최고 수준): 모든 장애인을 포괄하는 이상적 수준(실무에서는 일부 충족 어려움).

2. KWCAG(한국형 웹 콘텐츠 접근성 지침)

(1) 개요

우리나라는 WCAG를 기반으로 하되, 국내 상황(언어·환경·법제)을 반영하여 KWCAG(Korean Web Content Accessibility Guidelines)를 운영하고 있는데 한국인터넷진흥원(KISA)·과학기술정보통신부가 운영하고 있다. 현재는 2021년 개정된 KWCAG 2.2로서 이는 24개 세부 지침으로 구성된다. KWCAG는 우리나라 상황에 맞게 WCAG를 간소화·법제화한 지침으로, 특히 공공기관은 반드시 준수해야 한다. 최근에는 WCAG 2.2가 채택되면서, KWCAG도 조만간 이에 맞춰 개정될 가능성이 크다.

(2) **기본 원칙**

WCAG와 동일하게 인식의 용이성, 운용의 용이성, 이해의 용이성, 견고성의 4대 원칙 적용된다.

주요 지침으로는 대체 텍스트 제공(이미지·동영상 설명), 자막·수어 지원(청각장애 사용자), 키보드 접근 보장(마우스 사용이 어려운 사용자), 명도 대비(저시력 사용자), 자동재생 금지(인지·주의력 장애 고려), 반응형 구조 지원(모바일·다양한 해상도 환경 대응) 등이 여기에 포함된다.

(3) 차별점

WCAG를 거의 준용하면서도 국내 법령과 환경을 반영하고 있고 「국가정보화 기본법」 및 「장애인차별금지법」과 연계되어 있다. 공공기관은 KWCAG 2.1/2.2 준수 의무 부과하고 있으며 매년 웹 접근성 품질인증제를 한국인터넷진흥원이 평가 운영하고 있고 민간 부문은 권장 수준이지만, 대형 플랫폼과 금융서비스는 사실상 필수적으로 준수하고 있다.

제3조 "국가와 지방자치단체의 책무"는 정부와 지자체가 정책 수립 및 추진의무를 부담하는데 구체적 실행주체(중앙정부 vs. 지방정부) 간 책임소재가 불명확하고 예산 부담 분담 문제가 발생 가능하다. 즉, 지자체별 재정 격차가 크므로, 지역 간 디지털포용 불균형이 재현될 위험이 있다. 중앙정부 차원에서 기본계획(예: 5년 단위, 현재는 3년으로 8조에 규정됨 너무 짧음)을 수립하고 지방정부가 세부 이행하는 방식이 필요할 것으로 보인다. 제8조 '디지털포용 기본계획 수립'에서 정부가 디지털포용 기본계획을 수립·시행을 3년마다 의무로 하도록 규정하고 있는데 이

때 기존 「국가정보화 기본법」, 「장애인차별금지법」 등과 정책 중복 우려되는 것이 사실이고 그렇다면 「디지털포용법」의 기본계획이 단순 선언적 지침에 머무르면 유명무실화될 수 있다. 특히 성과관리 체계(KPI, 평가, 국회 보고 등)까지 포함해야 실효성 담보가 가능하므로 이것을 미리 연구할 필요가 있어 보인다. 제14조 '디지털역량 함양 활동' 규정 제1호 디지털역량 교육에 필요한 교육 시설·장비의 설치 규정은 장애인, 고령자, 저소득층 등에 대한 지원 규정으로 이때 쟁점은 보조기기 지원 범위로서 단순 기기 보급(예: 태블릿 지급)인지, 전문적 보조공학 기기까지 국가 책임인지 불명확하다. 또한 기기를 보급하는 것은 어디까지나 국가를 당사자로 하는 계약이 되어 원활한 소비자로서 유지, 보수를 받기 어려운 부분이 많아 보조기기를 직접 줄 것인지 아니면 바우처로 사용하게 해줄 것인지 특히 구매 비용 외 보조기기 유지·보수 비용은 누가 부담할지 문제 등이 불분명하다. 특히 현재는 「장애인차별금지법」·「장애인복지법」과 일부 중첩되고 있으므로 법 적용 경계가 모호하게 보인다. 무엇보다도 대학·고교에서의 학습 보조인력(장애학습도우미) 지원과 연계할지 여부도 제도 설계가 필요해 보인다.

장애학습도우미는 무엇인가요?

"장애학습도우미"라는 말은 보통 장애 학생이 학교나 교육기관에서 학습을 원활하게 이어갈 수 있도록 지원하는 인력이나 제도를 의미하는데 우리나라에서는 주로 "학습도우미", "학습지원사", "특수교육보조인력" 등의 용어가 함께 쓰인다. 대다수의 특수학교나 일반학교 특수학급에서 그동안 특수교육보조인력은 사회복무요원이나 특수교육실무사가 특수교사를 지원해 오고 있었는데 장애학습도우미가 「디지털포용법」에서 지원되는지 여부는 특수교육대상자들에게 뜨거운 관심사가 아닐 수 없다. 교육적 의미에서, 단순히 과제를 대신하는 것이 아니라 학생이 스스로 학습할 수 있도록 도와주는 "촉진자" 역할을 한다.

주요 역할은 수업 참여를 지원하여 교과서 읽기, 필기, 자료 정리, 컴퓨터 활용에 도움을 주는데 시각장애 학생에게는 점자 자료 안내, 청각장애 학생에게는 속기·자막 도움 등 맞춤 지원을 해 준다. 또한 학교생활을 보조하는데 이동, 급식, 화장실 이용 등 일상생활 지원한다. 그 밖에 또래 관계 형성을 위한 사회적 상호작용을 촉진하고 학습 자료를 제작하며 교재를 점자·확대본·녹음 등으로 변환하며 ICT 보조기기 활용(예: 스크린리더, 보완대체의사소통 기기)하도록 돕는 역할도 할 수 있다.

무엇보다도 교사를 보조하여 수업 진행 시 특수교사의 지시를 따라 학생 맞춤형 학습 보조를 할 수 있고 학생의 상태를 교사·부모에게 피드백해 주는 역할을 할 수 있다. 현재는 「장애인 등에 대한 특수교육법」 제31조 제1항 제2호, 교육지원인력 배치 등의 인적 지원 규정으로 교육부는 매년 "특수교육 보조인력 지원계획"을 수립해 시·도교육청에 학습도우미를 배치하도록 하였고 대학에서도 장애학생지원센터를 통해 대학 장애학생 학습도우미를 운영하며, 주로 일반 대학생이 시간제 형태로 참여하도록 하고 있다. 그러나 고용 불안정으로 대부분 기간제·시간제 근로자로 근속이 짧고 전문성 축적이 어렵다는 비판이 존재하고 전문성, 체계적인 양성·훈련 과정이 부족해, 단순 보조에 머무르는 경우가 있어 왔으며 제도적 활용 편차가 매우 심각한데 지역·학교별 예산 차이로 인력 배치에 불균형이 발생되어 왔다. 장애학습도우미는 단순한 학습 편의 제공자가 아니라, 장애 학생이 자신의 학습권을 온전히 보장받고 사회적 참여자로 성장하도록 돕는 매개자이며 디지털 시대에는 특히 보조공학(Assistive Technology)과 연계된 도우미 역할이 강조되며, 단순 노동력 지원을 넘어 전문 직종화가 필요한 분야라고 할 것이다.

제32조 '재원의 조달' 규정에 따라 국가와 지방자치단체는 이 법에서 정한 시책 등의 추진을 위하여 필요한 재원을 확보하여야 한다. 이때 국가·지자체 예산으로 한다는 수준만 규정해 두었는데 구체적 재원 확보 방식(기금 설치, 특별회계 등)이 없어 예산이 불안정하면 「디지털포용법」은 실효성을 잃게 된다. 그리하여 미국의 기금이나 EU처럼 공공기금·민간부담 병행 모델을 검토해 볼 필요가 존재한다. 그 밖에도 「디지털포용법」은 벌칙이나 과징금 규정이 약한데 공공기관이 접근성 기준을 미준수할 경우, 제재가 없는 한 실효성은 낮아질 수밖에 없다.

EU DSA처럼 위반 시 매출 연동 과징금(최대 6%)까지는 아니더라도, 행정벌·이행강제금 정도는 필요할 것으로 보이며 현재는 "권고·시정요구" 수준이 예상되어 법적 강제력이 낮다. 그 밖에 산업 육성 및 민간 참여 조항은 보이지 않는데 민간기업의 접근성 인증제 또는 인센티브 제도

(세제 감면, 우선구매) 도입 등 민간 협력형 모델이 보이지 않는다. 「디지털포용법」은 "모든 국민의 디지털 권리를 보장한다"는 선언적 의미에서 큰 진전을 이룬 법이다. 그러나 실무적으로는 ▲접근성 기준 구체화 ▲보조기기 지원 범위와 비용 부담의 명확화 ▲지역 간 재정 불균형 해소 ▲실효적 집행·제재 장치 마련 ▲산업계와의 협력적 거버넌스 설계 등이 핵심 과제다. 특히 "포용"을 권리로 선언했음에도 벌칙·재정 장치가 미비한 점은 가장 큰 약점이다. 미국 IIJA처럼 재정투자 기반의 인프라 보장, EU DSA처럼 강력한 플랫폼 책임·집행력을 보완적으로 수용할 필요가 있다.

2) 개선 방향

디지털포용법이 제정된 것은 상당히 고무적이지만 제정 당시부터 문제로 지적되었던 부분들은 개선 방향으로 정리해 볼 수 있을 것이다. 제1조 목적 조항의 경우 "모든 국민은 디지털 접근·이용의 권리를 가진다"라는 권리 조항 명시하여 헌법상 평등권·정보기본권과의 연계 근거로 작용 가능하도록 하고 정의에서 보다 법에서 나오는 접근성 등의 개념은 WCAG/KWCAG 기준임을 명시하고[1] '이용환경'은 네트워크 속도, 요금 수준, 기기 보급 포함하며 '능력'은 디지털 리터러시 교육까지 범위를 확정할 필요가 있다.

---

1) 공공기관은 KWCAG 2.2 기준에 따른 필수 항목을 반드시 준수해야 하며, 민간기업도 특히 금융·의료·교육 서비스 분야에서는 국제 표준 WCAG 2.1/2.2까지 충족하는 것이 바람직하다. 장기적으로는 "필수+권장" 항목을 모두 충족해야 보편적 접근성과 글로벌 서비스 호환성을 동시에 확보할 수 있다.

[표] 웹 접근성 준수 체크리스트[2)]

	필수	권장
인식의 용이성 (Perceivable)	• 모든 이미지에 대체 텍스트(alt) 제공 • 동영상·오디오 콘텐츠에 자막 제공(공공기관은 법적 의무), 색상만으로 정보 전달하지 않기(예: 빨간 글씨만으로 경고 표시 금지) • 텍스트와 배경 간 명도 대비 최소 4.5:1 이상	• 수어 통역 또는 실시간 자막 지원 • 저시력 사용자를 위한 확대·축소 기능 제공
운용의 용이성 (Operable)	• 모든 기능을 키보드만으로 조작 가능해야 함 • 자동으로 이동·갱신되는 콘텐츠(배너, 슬라이드 등) 일시정지 버튼 제공 • 페이지 내 반복 영역(예: 메뉴)을 건너뛰는 "Skip to content" 기능 제공	• 드래그·제스처 외에 단순 클릭/터치로도 기능 실행 가능 • 사용자 맞춤형 단축키 설정 기능 제공
이해의 용이성 (Under-standable)	• 오류 발생 시 구체적인 피드백 제공(예: "비밀번호는 8자 이상 필요"), 버튼·링크의 용도 명확히 표기("더보기" 대신 "뉴스 더보기") • 읽기 순서가 논리적으로 맞도록 HTML 구조 설계	• 복잡한 양식(form)에 대해 도움말/힌트 제공 • 다국어 지원(영어, 중국어 등)
견고성 (Robust)	• HTML, CSS 등은 표준 문법 준수(W3C Validator 통과) • 보조기기(스크린리더 등)와 호환성 확보	• 최신 보조기기(음성인식, 보완대체의사소통 기기)와의 호환성 테스트 • 모바일 환경, 다양한 브라우저에서 동일한 접근성 보장
대상	공공기관	민간기업
적용 구분	• 법적 의무(KWCAG 준수, 매년 품질인증 대상), 실사용 시 가점 요소, 사용자 만족도 향상	• 권장되나 일부 금융·대형 플랫폼은 사실상 의무화 • ESG·CSR[3)] 차원에서 브랜드 이미지 제고 가능

---

2) 공공기관 의무 준수, 민간기업 권장 적용

3) 기업의 사회적 책임을 설명할 때 자주 언급되는 개념이 바로 CSR과 ESG다. 두 용어 모두 기업이 단순히 이윤을 추구하는 데 그치지 않고 사회와 환경에 책임을 져야 한다는 공통된 문제의식을 담고 있지만, 접근 방식과 시대적 맥락에는 차이가 있다. CSR, 즉

그 밖에 중앙과 지방 협력 체계를 명문화하여 중앙정부는 기본계획과 재정을 지원하고 지방정부는 지역 맞춤형 사업을 집행하도록 하며 국고보조금·특별교부세 연계 규정 신설하는 근거와 기본계획 실효성을 확보할 수 있도록 3년보다는 5년 이상의 장기계획이 요구된다. 특히 법률에 성과관리 지표(KPI)를 명시하여 ▲접근성 달성률 ▲취약계층 이용률 ▲디지털 리터러시 향상률 등을 명확히 하고 국회 보고 및 감사 의무를 포함하며 접근성 기준을 차등화할 필요가 있다. 특히 공공기관은 WCAG 2.1 AA 이상 의무화하고 대기업은 단계적으로 적용을 독려하며 중소기업·스타트업은 지원금·세액공제와 연계한 인센티브 방식을 도입하도록 하고 보조기기 및 인적 지원 확대를 도모할 필요가 있어 보인다. 보조공학기기 구매·대여·유지 보수까지 포함하는 것을 명확히 하고 장애학습 도우미·ICT 코디네이터 제도 법적 근거도 제정 때부터 마련하고 안정적

Corporate Social Responsibility는 20세기 중반부터 2000년대까지 널리 사용된 개념으로, 기업이 사회의 일원으로서 자발적으로 사회공헌 활동을 펼쳐야 한다는 철학에 기반한다. 기업 기부, 장학사업, 봉사활동, 지역사회 지원 등이 대표적 사례다. CSR은 기업이 '좋은 시민(corporate citizen)'으로서 이미지와 신뢰를 구축하는 데 기여했지만, 활동의 상당 부분이 홍보 성격에 머무르거나 재무적 성과와 직접 연결되지 않는다는 한계도 지적되었다. 반면 ESG는 Environmental, Social, Governance의 약자로, 2000년대 이후 본격적으로 확산된 개념이다. 환경(E), 사회(S), 지배구조(G)라는 세 가지 핵심 영역을 중심으로 기업의 지속가능성을 평가하며, 단순한 사회공헌 활동이 아니라 기업 전략과 투자 의사결정 과정에 직접 반영된다. 탄소배출 저감, 재생에너지 사용, 노동 인권 보호, 이사회 투명성 강화 등은 모두 ESG의 핵심 지표다. 특히 투자자와 금융기관은 ESG를 중요한 평가 기준으로 활용하고 있으며, EU의 CSRD(기업 지속가능성 공시 지침)나 미국 증권거래위원회(SEC)의 기후 공시안처럼 국제적 규제와도 긴밀히 연결되어 있다. 이 때문에 ESG는 사실상 기업 생존을 좌우하는 새로운 경영 표준으로 자리 잡았다. 결국 CSR과 ESG의 가장 큰 차이는 CSR이 도덕적 책임을 강조한 자발적 사회공헌 모델이었다면, ESG는 재무적·전략적 필수 요건으로 자리 잡은 지속가능 경영의 틀이라는 점이다. 다시 말해, CSR이 "기업이 돈을 벌었으니 사회에 환원하자"는 차원이었다면, ESG는 "사회적 책임을 다하지 않으면 투자도 규제도 버틸 수 없다"는 차원으로 이해할 수 있다.

재원 확보로서 "디지털포용기금" 신설 규정을 삽입할 필요도 있어 보인다. 예를 들어 재원을 ▲국가 일반회계 ▲통신사업자 분담금 ▲복권기금 연계 등 다양한 아이디어를 모색할 수 있도록 근거 규정을 두는 것이다. 그 밖에 벌칙 및 집행력 강화를 위하여 접근성 기준 위반 시 이행강제금을 부과하고 공공기관 위반 시 기관평가·예산 삭감을 연계하며 EU DSA처럼 매출 연동 과징금까지는 아니더라도, 일정 비율 행정벌 도입도 필요하다.

결국 「디지털포용법」은 우리나라 사회가 "디지털 격차 해소"를 넘어 디지털 권리 사회로 나아가기 위한 중요한 첫걸음이다. 그러나 현행 법안은 선언적 성격이 강하고, 재원·집행·벌칙 규정이 약해 실효성에 의문이 제기된다. 미국과 같이 기금 재정 기반의 보편적 접속권, EU DSA처럼 강력한 집행력과 플랫폼 책임을 결합하는 방향으로 제도를 보완해야 한다.

궁극적으로, 「디지털포용법」은 국민 누구도 디지털 사회에서 배제되지 않도록 하는 헌법적 안전망이자, 향후 글로벌 규범 경쟁 속에서 한국이 "규범 수용자"를 넘어 "규범 제정자"로 나아가기 위한 출발점이 되어야 한다.

[표] 디지털포용법의 주요 내용

	조문	내용
제1조	목적	디지털포용 증진과 관련 산업의 육성에 관한 사항을 규정함으로써 사회구성원의 삶의 질 향상과 사회통합에 이바지
제2조	정의	디지털포용, 디지털역량, 디지털 취약계층 정의
제3조	정부의 책임 및 시책 수립	국가와 지방자치단체는 사회의 모든 구성원이 지능정보서비스 및 지능정보제품에 원활하게 접근하여 이용할 수 있도록 하기 위한 시책을 마련
제8조, 제14조	디지털 권리 보장	법은 전 국민의 디지털 서비스 및 제품에 대한 원활한 접근과 이용 가능성을 보장해야 한다는 원칙을 포함함. 또한, 디지털 기술 발전에 따라 발생할 수 있는 불평등을 줄이도록 함.
제32조	재원조달	국가와 지방자치단체는 이 법에서 정한 시책 등의 추진을 위하여 필요한 재원을 확보

(3) 미국의 브로드밴드법

미국은 브로드밴드 인프라의 보편적 보급(Universal Broadband Access)을 보편적 접속권 입법의 중심에 두고 있다. 2021년 「인프라 투자 및 일자리법」(IIJA, Infrastructure Investment and Jobs Act, 2021. 11. 제정)은 초당적 인프라법(Bipartisan Infrastructure Law)이라고도 불린 법으로 총 1조 2천억 달러 규모의 초대형 법으로서 그중에서도 브로드밴드, 교통, 에너지, 환경 등 핵심 영역에 투자하는 내용을 담고 있다. 그중 브로드밴드망에는 650억 달러 규모의 자금을 투입해 전국적으로 확충하고, 부족 지역(Tribal)과 농촌 지역을 포함한 서비스 격차 해소를 목표로 한다.

이어 미국 제119대 의회의 S.323, 2025년 발의된 「브로드밴드 계획법」(PLAN for Broadband Act, 정식 명칭: Proper Leadership to Align Networks for Broadband Act)은 국가 차원의 전략적 조정 기능을 강화하고, 상무부 산하 국가통신정보청(National Telecommunications and Information Administration, NTIA)이 연방정부 차원의 브로드밴드 정책과 보급 프로그램을 체계적으로 조정하고 관리할 국가전략을 수립, 시행하도록 한다. 그리하여 국가 브로드밴드 전략 수립을 의무화하고, 연방 내 여러 부처와 기관이 각각 운영하는 브로드밴드 프로그램을 통합·조정할 수 있는 국가 전략을 NTIA가 마련하며 예산 중복, 행정 낭비를 줄이고 효율성을 높이는 목적으로 연방 재산(Federal Property) 활용 절차를 간소화하고 브로드밴드 인프라를 연방정부 소유 부지(도로, 건물 등)에 설치할 때의 행정 절차를 간소화하고 설치 속도를 높여 미서비스 지역(unserved area) 해소를 가속화하며 기술 중립성(Technological Neutrality) 원칙으로 특정 기술(예: 광케이블, 위성, 무선망)에만 예산을 집중하지 않고, 다양한 기술을 허용 지원하며, 사업자가 상황에 맞는 최적의 기술을 활용하도록 유연성 보장하고 프로그램 재원 상한을 설정하여야 한다. 일부 브로드밴드 프로그램은 기술별 또는 지역별 예산 한도(cap)를 설정해 과도한 집중을 방지한다. 그리하여 2021년 「인프라 투자 및 일자리법」에서 브로드밴드에 대해 대규모 재정 투입 중심이었다면, 2025년 「브로드밴드 계획법」안에서는 거버넌스·정책 조정 중심의 성격이 강하다. 특히 상무부 산하 국가통신정보청을 컨트롤타워로 삼아, 미국 내 수십 개의 중복적 브로드밴드 보급 프로그램을 통합·정리하려는 의도가 크다. "Proper Leadership to Align Networks(PLAN)"이라는 이름 그대로, 지도력(leadership)과 정렬(alignment)을 강조한 법이다.

[표] 미국 연방 차원의 브로드밴드 보급 확대 관련 입법

법률명	회기(또는 연도) 및 법안 번호	주요 내용
인프라 투자 및 일자리법 (Infrastructure Investment and Jobs Act)	하원 법안, H.R, 3684, 117th Congress(2021)	연방정부가 브로드밴드 인프라 구축 및 보급을 위해 대규모 자금 투자. 총 650억 달러 규모의 브로드밴드 관련 예산 포함. - BEAD(Broadband Equity, Access, and Deployment) 프로그램[4)] - Tribal Broadband Connectivity Program - 중간 회선(middle-mile) 인프라 투자 - 디지털 접근성(digital equity) 계획 등에 대한 연방 보조금 및 보급 확대 주요 목적은 인터넷 속도가 낮거나 서비스가 없는 지역(unserved/underserved)에 고속 인터넷 제공.
브로드밴드 계획법 (Proper Leadership to Align Networks for Broadband Act)	상원 법안, S.323, 119th Congress (2025-)	국립통신정보청(NTIA)에 연방 브로드밴드 프로그램을 조정하고 관리하는 국가 전략(national strategy)을 개발·이행할 것을 요구. 연방 재산(federal property)에 인프라 구축 시 절차 간소화 및 기술 중립(technologically neutral) 프로그램에 대한 자금 상한 설정 등의 조항 포함.

4) BEAD 프로그램(Broadband Equity, Access, and Deployment): IIJA 안에서 중요한 프로그램으로, 고속 인터넷 서비스가 부족한 지역에 예산을 투입해 인프라 및 배포(deployment)를 확대하는 역할을 함.

미국 농촌 지역을 위한 광대역 인터넷 연결법 (Broadband Internet Connections for Rural America Act)	하원 법안, H.R. 4374, 117th Congress (2021-2022)	농촌 지역(rural America)의 브로드밴드 연결 확대를 위한 재정 지원(grants, loans, loan guarantees) 프로그램 재인가(reauthorize) 및 개선. 응용 우선순위(criteria) 조정, 프로젝트 선정 절차 개선 등이 포함됨.
홈 인터넷 접근성법 (Home Internet Accessibility Act)	하원 법안, 118th Congress (2023-2024), H.R.827	주택지원(housing) 사업과 농업부(USDA) 또는 주택도시개발부(HUD)에서 지원하는 주택들 중 고속 인터넷(broadband internet) 접근성이 없는 곳이 어디인지 파악하고, 이를 개선하는 비용 및 시간 추정 보고서를 정부 회계감사국(Government Accountability Office, GAO)에 제출하도록 요구. 주택단위의 접근성 문제를 드러내고 개선책 마련 유도를 목표
농촌 광대역 지원법 (Rural Broadband Assistance Act)	상원 법안, 119th Cogress(2025), S.1260	농촌 지역(local/rural communities)이 연방 브로드밴드 보조금 프로그램들을 신청하거나 운영할 때 기술적 지원(technical assistance)을 제공하는 제도적 근거 마련. 지역 단위에서 프로젝트 계획, 설계(engineering/design), 보조금 신청 및 보고 절차 등 복잡한 과정을 돕는 역할 포함.
농촌 광대역 보호법 (Rural Broadband Protection Act)	상원 법안, 119th Congress(2025), S.98	FCC(Federal Communications Commission)가 연방 보조금을 신청한 제공자/providers가 실제로 농촌 또는 서비스 미제공 지역(underserved, rural)에서 신뢰할 수 있는 브로드밴드 서비스를 제공할 역량(capability)을 갖추고 있는지 심사(vetting)를 강화하는 내용. 보조금 남용 방지 및 서비스 보급의 실제성 확보 목적.

(4) 우리나라에 주는 시사점

디지털 사회에서 고속 인터넷은 더 이상 사치가 아닌 기본권적 성격을 띠고 있다. 교육, 의료, 행정, 금융 등 거의 모든 공공서비스와 일상생활이 온라인에 기반하기 때문이다. 그러나 도농 간, 계층 간 인터넷 접근 격차는 여전히 심각하다. 미국은 이를 해소하기 위해 연방 차원에서 다양한 법안을 마련해 왔으며, 이는 한국의 입법에도 중요한 시사점을 던진다.

첫째, 대규모 인프라 투자와 형평성 보장이다. 2021년 제정된 「인프라 투자 및 일자리법(IIJA)」은 약 650억 달러를 브로드밴드에 투입해, 서비스가 미비한 지역(unserved/underserved)에 고속 인터넷을 보급하는 것을 목표로 했다. 여기에는 BEAD(Broadband Equity, Access, and Deployment) 프로그램, Tribal Broadband Connectivity Program 등이 포함된다. 이는 우리나라의 「지방자치분권 및 지역균형발전에 관한 특별법」이나 「농어촌정비법」에 ICT 기반을 접목시켜야 할 필요성을 자연히 환기시킨다. 단순히 '보급 확대'가 아니라, '형평성 있는 접근'을 법률로 보장해야 한다는 점에서 유사한 정책 프레임워크가 요구된다.

둘째, 정책 조정과 전략 수립의 제도화다. 미국 의회에 발의된 「PLAN for Broadband Act」(119대 의회, S.323)는 국가 차원의 브로드밴드 전략을 국가통신정보청(NTIA)이 수립·관리하도록 규정했다. 우리나라의 경우 현재 과학기술정보통신부와 한국지능정보사회진흥원(NIA) 등이 관련 업무를 분담하고 있으나, 법률적 차원에서 "국가 브로드밴드 전략"을 명시한 근거 규정은 미비하다. 디지털포용이 국가 어젠다로 자리 잡기 위해서는 별도의 법적 틀, 장애인, 노인, 저소득층과 같은 인적 또는 농산어촌 도서 지역과 같은 물적 인프라 전반에 걸쳐 교육, 고용, 여가, 주거 전반에 걸쳐 「디지털포용법」 제13조 한국지능정보사회진흥원의 역할과 과학기술정보통신부의 역할을 명확히 분리하여 명시해 주어야 실효성이 있다.

셋째, 농촌·저소득층 맞춤형 지원이다. 미국의 「Broadband Internet Connections for Rural America Act」와 「Rural Broadband Assistance/Protection Act」는 농촌 지역 주민들이 보조금 신청·운영 과정에서 기술적 지원을 받을 수 있도록 제도화했다. 우리나라에서도 농산어촌 지역과 저소득층 가구를 대상으로 한 인터넷 요금 감면 제도가 시행되고 있으나, 이는 행정규칙이나 지침 중심이다. 입법 차원에서 '농어촌 브로드밴드 보장 의무'를 선언하고, 이를 위한 지속가능한 재정지원 체계를 마련할 필요가 있다.

넷째, 투명성과 집행력 강화다. 미국의 법안들은 단순히 자금을 지원하는 것에 그치지 않고, 보조금 수혜자가 실제로 서비스를 제공할 역량이 있는지를 심사하고, 위반 시 제재를 강화한다. 이는 우리나라의 보조금 사업에도 적용 가능한 교훈이다. 현행 「국가재정법」과 개별 ICT 지원 사업 규정에 더해, 집행력 확보 장치(예: 매출 연동 과징금, 서비스 품질 미달 시 환수)를 입법적으로 마련해야 한다.

결론적으로, 미국의 브로드밴드 입법은 "접속 자체를 보장하는 것"을 넘어, 형평성, 전략성, 지속성, 집행력을 강조한다. 우리나라 역시 디지털 포용 사회로 나아가기 위해서는 인터넷 접근을 헌법적 기본권의 차원에서 다루고, 이를 실현하기 위한 법제적 장치를 강화해야 한다. 이제는 단순한 기술 인프라가 아니라, 사회적 권리 보장의 문제로서 인터넷 접근권을 입법적으로 보장할 때다.

[표] 미국의 디지털포용 입법

구분	IIJA(2021)	PLAN for Broadband Act (2025, S.323)	Rural Broadband Acts
핵심목표	전국적 브로드밴드 인프라 투자 확대(약 650억 달러)	국가 차원의 브로드밴드 전략 수립·조정	농촌·부족 지역 브로드밴드 서비스 확대, 신뢰성 보장
중점내용	BEAD 프로그램, Tribal Broadband Connectivity, 중간 회선(middle-mile) 구축	NTIA에 국가 전략 수립·이행 권한 부여, 기술 중립성 보장	연방 보조금 관리, 제공업체 심사 강화, 농촌 대상 기술 지원
지원대상	미서비스·저서비스 지역, 부족(Tribal) 지역, 농촌 지역	전역(특히 행정·정책 조정 필요 분야)	농촌 및 소외 지역
집행관리 주체	연방통신위원회(FCC), NTIA, 주 정부	NTIA(상무부 산하)	FCC, 농무부(USDA), 주 정부 협력
재정지원	연방 예산 직접 지원(보조금, 융자 등)	국가 전략에 따른 프로그램 조정·예산 연계	보조금·융자·기술 지원
특징	물리적 인프라 중심, 디지털 형평성 강조	정책·전략적 거버넌스 강화	농촌 맞춤형 지원 및 신뢰성 검증 제도

미국은 브로드밴드 인프라의 보편적 보급(Universal Broadband Access)을 입법의 중심에 두고 있다. 2021년 「인프라 투자 및 일자리법(IIJA)」은 총 650억 달러 규모의 자금을 투입해 브로드밴드망을 전국적으로 확충하고, 부족 지역(Tribal)과 농촌 지역을 포함한 서비스 격차 해소를 목표로 한다. 이어 2025년 발의된 「PLAN for Broadband Act」

는 국가 차원의 전략적 조정 기능을 강화하고, NTIA가 중심이 되어 각 종 프로그램을 통합 관리하도록 한다.

「Rural Broadband Acts」는 농촌 지역을 대상으로 보조금, 융자, 기술 지원을 집중하며, 제공업체의 실제 역량을 검증하는 장치까지 포함한다. 반면 우리나라는 오랫동안 정보통신망의 안전성과 규율을 중심으로 한 「정보통신망 이용촉진 및 정보보호 등에 관한 법률(정보통신망법)」에 의존해 왔다. 이 법은 인터넷 이용자의 기본적 권익을 보호하고, 불법정보 차단이나 통신망 안정성 확보에 초점을 맞추고 있으나, "디지털 격차 해소나 포용보다는 보안·규제 중심"의 법률이다.

최근 제정된 「디지털포용법」은 이러한 한계를 보완하려는 시도다. 이 법은 2026년 시행을 앞두고 있으며, 모든 국민이 차별 없이 디지털 기술과 서비스에 접근하고 이용할 수 있는 권리를 보장한다는 점에서 기본권적 선언을 담았다. 특히 접근성(access), 이용(utilization), 능력(capacity), 환경(environment)의 네 가지 영역을 국가가 책임지고 개선하도록 규정하였고, 장애인·고령자·저소득층 등 디지털 취약계층 지원을 제도적으로 뒷받침한다.

즉, 미국은 물리적 인프라와 지역 형평성을 통한 '접속권 보장', 우리나라는 법적·정책적 권리 보장을 통한 '디지털 기본권 확립'이라는 차이를 보인다.

3. 이용자 보호 입법

(1) 개념

오늘날 사회는 모든 것이 디지털을 매개로 이루어진다. 검색, 소통, 쇼핑, 금융, 의료, 교육까지 생활의 핵심 기능이 온라인으로 이동하면서, 개인은 플랫폼과 네트워크에 의존하지 않고는 정상적인 사회생활을 이어가기 어렵게 되었다. 그러나 이러한 변화는 동시에 새로운 위험을 가져왔다. 개인정보 남용, 사이버범죄, 가짜뉴스 확산, 알고리즘 차별, 과도한 플랫폼 지배력 등이 그것이다. 이 상황에서 이용자 보호 입법은 더 이상 선택적 과제가 아니라, 국민의 기본권을 지키고 사회적 신뢰를 유지하는 헌법적 의무로 자리 잡고 있다.

첫째, 이용자 보호 입법은 정보기본권 보장의 수단이다. 디지털 사회에서 이용자가 안전하게 데이터를 활용하고 자신의 정보에 대한 통제권을 행사할 수 있도록 법적 틀을 마련하는 것은 현대적 의미의 자유권·자기결정권 보장이다. GDPR, 우리나라의 개인정보보호법, EU의 디지털서비스법(DSA) 등이 대표적 사례다.

둘째, 이는 디지털 시장질서의 공정성 확보와 직결된다. 플랫폼 사업자가 이용자를 과도하게 지배하거나 불공정 약관을 강요할 경우, 이용자는 사실상 '디지털 약자'로 전락한다. 따라서 온라인 거래·광고·콘텐츠 유통 과정에서 이용자의 권리를 제도적으로 보호하는 것은 공정한 경쟁질서를 유지하는 핵심 장치다.

셋째, 이용자 보호는 사회적 신뢰와 민주주의의 기반이다. 사이버 괴롭

힘, 허위정보, 디지털 성범죄는 단순한 개인 피해를 넘어 사회적 갈등과 민주주의의 위기를 초래한다. 입법을 통해 플랫폼의 책임을 명확히 하고, 피해자를 구제하며, 공공성을 강화하는 것은 공동체적 연대와 사회 통합의 토대가 된다. 결국 디지털 사회에서의 이용자 보호 입법은 단순한 '소비자 보호법'의 확장이 아니다. 그것은 인권 보장, 시장질서, 민주적 공공성을 아우르는 새로운 법적 패러다임이다. 디지털이 곧 삶의 조건이 된 오늘날, 이용자 보호 입법은 국가의 책무이자 미래사회의 신뢰 인프라라 할 수 있다.

(2) EU 일반개인정보보호규칙(GDPR)

유럽연합의 일반개인정보보호규칙(GDPR, General Data Protection Regulation)은 오늘날 디지털 사회에서 가장 강력하고 포괄적인 이용자 보호 입법으로 꼽힌다. 2018년 5월 25일 발효된 이 규칙은 개인정보를 단순한 자원이나 기업의 자산으로 보지 않고, 개인의 권리와 자유에 직결된 기본권적 가치로 규정한다. 우선 GDPR은 적용 범위를 매우 넓게 설정했다. 유럽연합 내에서만 효력을 가지는 것이 아니라, EU 거주자의 데이터를 처리하거나 EU 거주자를 대상으로 서비스를 제공하는 모든 기업과 기관에 적용된다. 따라서 구글, 메타 등 EU 외부 글로벌 플랫폼 기업도 예외가 될 수 없다. 즉, GDPR Article 3 '적용범위'는 EU 내에서 개인정보를 처리하는 모든 조직뿐 아니라, EU 외부 기업이라도 EU 거주자의 데이터를 처리하거나 EU 거주자를 대상으로 서비스를 제공하면 적용으로 글로벌 인터넷 기업 모두를 포괄한다.

GDPR이 명시하는 개인정보의 범위도 폭넓다. 이름과 이메일 같은 전통적인 식별 정보는 물론, 위치정보, 온라인 식별자(IP주소, 쿠키)까지 모두 개인정보에 포함된다.(Article 4, 개인정보의 정의)

이 법의 가장 큰 특징은 이용자 권리를 강화한 점이다. 첫째, 정보 제공 및 접근권(Art. 13~15) 규정은 정보 수집 시 투명하게 고지해야 하며, 이용자는 자신에 대한 데이터 열람을 가능하게 한다. 둘째, 정정권(Art. 16)은 부정확한 데이터 수정 요구를 가능하게 한다. 셋째, 삭제권/잊힐 권리(Art. 17)는 더 이상 필요하지 않거나 동의 철회 시 데이터 삭제 요구를 가능하게 한다. 넷째, 처리 제한권(Art. 18)은 특정 조건에서 데이터 사용 제한을 가능하게 하며 다섯째, 데이터 이동권(Art. 20)은 자신의 데이터를 다른 서비스 제공자에게 이전할 권리를 규정한다. 여섯째, 자동화된 의사결정 거부권(Art. 22)은 알고리즘에 의한 자동 결정으로 예를 들어 신용평가 등 원치 않는 서비스에 대해 거부가 가능하다. 그러므로 GDPR의 핵심은 이용자가 데이터의 '소유자'가 아니라 '주권자(data subject with rights)'임을 명문화한 규정이다.

그중에서도 정보주체는 언제든 자신의 데이터 수집·이용 내역에 대해 고지를 받을 권리가 있고, 보관된 정보를 열람하고 수정할 수 있다. 더 이상 필요하지 않거나 동의를 철회하면 삭제를 요구할 수도 있는데, 이것이 바로 이른바 "잊힐 권리"다. 또한 이용자는 데이터를 다른 서비스 제공자에게 이전할 권리(데이터 이동권)를 보장받으며, 알고리즘에 의해 자동으로 내려지는 의사결정에 대해서도 거부할 수 있다. 이는 데이터 시대에 개인을 단순한 '정보 객체'가 아니라 능동적 권리 주체로 자리매

김시킨 조항들이다.

GDPR에 있어 데이터를 처리함에 있어서는 반드시 지켜야 할 원칙이 존재한다. 즉, 엄격한 데이터 처리 원칙을 준수해야 하는데 GDPR은 데이터 최소화, 목적 제한, 보관 기간 제한, 기밀성 유지 같은 기본 원칙을 명문화했으며, 모든 데이터 처리에는 반드시 법적 근거가 있어야 한다고 규정한다. 특히 동의는 명확하고 자발적이어야 하며, 언제든 쉽게 철회할 수 있어야 한다. 기업이 '묵시적 동의'나 '미리 체크된 동의 박스'를 악용하는 것은 허용되지 않는다.

이를 데이터 처리 원칙(Article 5~6)에 있어 데이터 최소화(minimization), 목적 제한(purpose limitation), 정확성, 보관 기간 제한, 무결성·기밀성 원칙이라고 하고 개인정보 처리에는 반드시 적법 근거가 필요하다. 적법 근거라 함은 동의, 계약 이행, 법적 의무, 공익, 정당한 이익 등을 말한다. 동의 요건(Article 7)으로는 명확성 원칙이 있는데 동의는 명확하게 표시되어야 하며, 동의는 자유롭게 주어져야 하고(opt-in), 철회도 용이해야 한다. 그래서 '묵시적 동의'나 '미리 체크된 박스'는 허락되지 않는다. 기업과 기관에 대한 책임 규정도 촘촘하다. 일정 규모 이상은 데이터보호책임자(DPO)를 지정해야 하고(Article 37), 고위험 데이터를 다룰 경우 개인정보 영향평가(DPIA)를 실시해야 한다(Article 35). 또한 시스템 설계 단계부터 개인정보 보호가 내재화되도록 설계 및 기본 설정에 따른 개인 정보 보호(Privacy by design & default) 원칙을 지켜야 한다(Article 25).

데이터의 국외 이전도 엄격히 제한된다. EU 외부로 개인정보를 전송하려면 EU 집행위원회의 적정성 결정이나 표준계약조항(SCCs) 같은 합법적 장치가 필요하다. 이 모든 규정의 실효성을 담보하는 것이 바로 강력한 제재다. 국외 이전 규제(Chapter V, Article. 44~50) 규정에 따라 EU 외부로 개인정보 전송 시, 적정성 결정(adequacy decision)이나 표준계약조항(SCCs) 등 적절한 보호조치 필요한 것이다.

GDPR 위반 시 기업은 전 세계 연간 매출액의 4% 또는 2천만 유로 중 더 큰 금액을 과징금으로 부과받을 수 있다(Articles 83~84). 이처럼 강력한 벌칙은 기업들에게 개인정보보호를 단순한 선택이나 홍보 수단이 아닌 생존의 조건으로 인식하게 만들었다. 결국 GDPR은 개인정보보호를 넘어, 디지털 사회에서 이용자를 권리의 주체로 복원하고, 기업과 플랫폼에게는 책임을 강화하는 새로운 법적 패러다임을 제시한다. EU 내부를 넘어 전 세계 법제에 영향을 미치며, 이용자 보호를 국제 규범으로 확산시키는 데 중요한 역할을 한 것이다. 다시 말해, GDPR은 디지털 사회의 헌법적 안전망으로 기능하는 대표적인 이용자 보호 입법이라고 할 수 있다.

(3) 우리나라 「개인정보보호법」

우리나라의 「개인정보보호법」은 2011년 제정된 이후 여러 차례 개정을 거쳐 현재는 공공기관과 민간기업을 모두 포괄하는 포괄적·일원적 개인정보보호 기본법으로 자리 잡았다. 이 법은 정보주체, 즉 이용자가 자신의 개인정보에 대해 실질적인 통제권을 행사할 수 있도록 보장하고, 기업과 기관에게는 엄격한 책임을 부과한다는 점에서 대표적인 이용자

보호 입법이라 할 수 있다. 우선 개인정보의 개념을 넓게 정의하고 있다. 이름, 주민등록번호, 연락처뿐 아니라 위치정보, 온라인 식별자 등 개인을 식별할 수 있는 모든 정보를 보호 대상으로 규정함으로써 디지털 환경에서의 개인정보 침해 위험을 광범위하게 포착한다. 이는 이용자가 단순히 "노출된 데이터의 소유자"가 아니라, 자신의 정보가 어떻게 수집·이용·제공되는지를 통제할 수 있는 권리의 주체임을 전제한다. 이용자 권리 측면에서 법은 △개인정보 열람권 △정정·삭제 요구권 △처리정지 요구권을 보장하고 있으며, 최근 개정으로 △데이터 이동권에 준하는 권리도 일부 도입되고 있다. 이는 이용자가 자신의 데이터를 단순히 보호받는 차원을 넘어, 능동적으로 관리하고 활용할 수 있게 하는 중요한 제도적 장치다. 또한 개인정보 처리에는 반드시 명확한 법적 근거가 필요하다. 동의는 자유롭고 명확하게 이루어져야 하며, 언제든지 철회할 수 있어야 한다. 특히 민감정보나 고유식별정보를 처리할 경우에는 더 강화된 요건이 적용된다. 기업이나 기관이 이용자의 동의를 편의적으로 해석하거나 '묵시적 동의'를 내세워 정보를 활용하는 것은 법적으로 허용되지 않는다.

개인정보처리자에 대한 의무 규정도 엄격하다. 개인정보 처리방침 공개, 안전성 확보조치 시행, 개인정보 유출 시 지체 없는 통지 의무가 대표적이다. 특히 대규모 정보처리자나 공공기관은 개인정보보호책임자(CPO)를 지정하고 내부 관리체계를 구축해야 하며, 고위험 데이터 처리 시에는 영향평가를 실시해야 한다. 이는 이용자의 권리를 보장하기 위해 기업과 기관이 사전에 충분한 보호조치를 취할 의무를 부과하는 것이다. 국외 이전에 대해서도 일정한 규제가 마련되어 있다. 개인정보를 해외로 이전하려는 경우 이용자에게 고지하고 동의를 받거나, 법령이 정한 적절한 보호장치를 마련해야 한다. 이는 글로벌 데이터 흐름 속에서 우리 국민의 개인정보가 무분별하게 활용되지 않도록 안전장치를 마련한 것이다.

마지막으로 제재 수단도 강화되어 있다. 법 위반 시 과징금, 형사처벌, 손해배상 책임 등이 부과될 수 있으며, 집단분쟁조정 제도를 통해 이용자가 보다 쉽게 권리구제를 받을 수 있는 절차도 마련되어 있다. 최근 개정에서는 위반 행위에 대한 과징금 산정 기준을 글로벌 수준에 맞게 높여 실효성을 확보하려는 노력도 이루어지고 있다.

종합하면, 개인정보보호법은 이용자 보호를 중심에 둔 기본법으로서, 디지털 사회에서 국민의 개인정보 자기결정권을 실질적으로 보장하고, 기업과 공공기관에 대해 강력한 책임성을 부여하는 장치를 담고 있다. 단순한 '소비자 보호' 차원을 넘어, 이용자를 권리 주체로서 확립하는 우리 사회의 핵심 법제라 할 수 있다. EU의 GDPR은 디지털 사회에서 이용자의 권리를 실질적으로 보장하는 세계적 기준으로 자리 잡았다. 정보주체는 단순히 데이터의 '대상'이 아니라, 자신의 데이터를 적극적으로 통제할 수 있는 권리의 주체로 규정된다. 특히 "잊힐 권리", "데이터 이동권", "자동화된 의사결정 거부권" 등 새로운 권리들이 도입되면서 이용자의 자기결정권은 한층 강화되었다. 기업과 기관은 데이터 보호책임자(DPO) 지정, 개인정보 영향평가(DPIA), 설계단계부터의 보호(Privacy by Design) 등 적극적이고 사전적인 책임을 부담한다. 위반 시에는 매출의 4%라는 막대한 과징금이 부과될 수 있어, 사실상 글로벌 기업들의 행위 기준을 규율하는 국제 규범으로 기능한다. 우리나라의 개인정보보호법은 GDPR보다 7년 앞서 제정되었으나, 공공·민간을 통합 규율하는 포괄적 법률로 발전해 왔다. 개인정보의 정의를 점차 확대하고, 열람권·정정권·삭제권·처리정지권을 보장하는 등 이용자의 권리를 강화하고 있다. 또한 개인정보보호책임자(CPO) 지정, 개인정보 영향평가 제도, 국외 이전 규율 등 GDPR과 유사한 장치들을 부분적으로 도입하고 있다. 다만 "데이터 이동권"이나 "잊힐 권리" 등은 아직 제한적으로만 규정되어 있으며, 제재 수준 또한 GDPR에 비해 상대적으로 약하다는 평가가 있다. 결국 GDPR이 국제표준이자 글로벌 규범으로 기능한다면, 한국 개인정보보호법은 국내 개인정보보호의 기본 틀로 자리 잡으며 점차 GDPR과의 정합성을 확보해 나가고 있는 중이라고 할 수 있다. 두 법 모두 공통적으로 이용자를 권리 주체로 확립한다는 점에서 의미가 크며, 한국은 향후 디지털포용법과 함께 개인정보보호법을 보완·강화해 나가면서 국제 규범과의 정합성을 더욱 높여야 할 필요가 있다.

[표] EU GDPR과 우리나라 개인정보보호법

	EU GDPR	우리나라 개인정보보호법
제정시기	2018	2011
법적 성격	EU 전역에 직접 적용되는 규칙 (Regulation), 국제 기준	우리나라 포괄적 기본법 (공공·민간 통합 관리)
개인정보 정의	개인을 식별할 수 있는 모든 정보 (이름, 위치, 온라인 식별자, 쿠키 등)	개인을 식별할 수 있는 정보 (주민번호, 연락처, 위치 등) 최근 개정으로 온라인 식별자 포함
이용자권리	- 정보 제공 및 접근권 - 정정권 - 삭제권(잊힐 권리) - 처리 제한권 - 데이터 이동권 - 자동화된 의사결정 거부권	- 열람권 - 정정·삭제 요구권 - 처리정지 요구권 - 일부 데이터 이동권적 요소 도입 중
동의요건	자유롭고 명확한 opt-in, 철회 용이, 미리 체크된 박스 금지	명시적·자유로운 동의 필요, 민감정보 처리 시 별도 동의, 철회권 인정
처리원칙	최소화, 목적 제한, 보관 제한, 정확성, 무결성·기밀성, 투명성	목적 외 이용·제공 제한, 최소 수집, 보관기간 제한, 안전성 확보 조치 의무
책임성 강화	- DPO(데이터보호책임자) 지정 의무 (특정 규모 이상) - DPIA(개인정보 영향평가) 의무 - Privacy by Design & Default	- CPO(개인정보보호책임자) 지정 - 고위험 처리 시 영향평가 제도 - 내부 관리계획 수립 의무
국외이전	적정성 결정, SCCs(표준계약조항), BCRs(기업규칙) 등 제도화	정보주체 동의, 보호조치 마련 시 가능, SCCs 제도 도입 논의 중
제재수단	최대 전 세계 매출 4% 또는 2천만 유로 과징금	과징금(매출 기반 산정 강화 추세), 형사처벌, 집단분쟁조정, 손해배상 제도
글로벌영향력	국제표준으로 자리매김, 각국 법제 개정 유도	국내 중심, 점차 GDPR에 맞추어 국제 정합성 강화 중

(4) EU 디지털서비스법

유럽연합은 2022년 「디지털서비스법」(DSA, Digital Services Act)을 제정해 온라인 플랫폼 책임과 이용자 보호를 제도화했다. 이 법은 2022년 제정되어 2024년부터 본격 시행된 규범으로, 오늘날 온라인 플랫폼이 사회와 개인에게 미치는 영향력을 고려해 이용자 보호와 플랫폼 책임을 제도화한 대표적인 입법으로 평가된다. EU는 플랫폼을 단순한 민간 기업이 아니라 사회적 책임을 지는 행위자로 법적으로 규정함으로써, 디지털포용의 기준을 '시장 접근'에서 '사회 권리 보장'으로 확장했다. 디지털 사회에서 소셜미디어, 검색엔진, 온라인 마켓플레이스는 정보 유통과 상거래의 중심에 서 있지만, 동시에 가짜뉴스, 혐오 발언, 불법 콘텐츠, 아동 대상 맞춤형 광고, 그리고 알고리즘 차별 문제까지 수많은 사회적 위험을 낳아왔다. DSA는 이러한 문제를 해결하고자 "안전한 디지털 공간"을 만들겠다는 목표 아래 마련된 것이다.

DSA의 가장 중요한 특징은 규모에 따른 차등 규율이다. 일반적인 온라인 중개 서비스와는 달리, 월간 이용자 수가 4,500만 명 이상인 초대형 플랫폼과 검색엔진(VLOPs·VLOSEs)에는 훨씬 더 엄격한 의무가 부과된다. 이들은 사회 전반에 미치는 파급력이 크기 때문에, 단순한 콘텐츠 중개자가 아니라 공공적 책임을 지는 행위자로 본 것이다.

이 법은 여러 측면에서 이용자 보호를 구체적으로 강화한다. 첫째, 플랫폼은 불법 콘텐츠에 대해 신속한 삭제 절차(Notice & Action)를 마련해야 하고, 당국이 명령할 경우 즉각 조치할 의무를 진다. 둘째, 콘텐츠 추천과 순위 알고리즘에 대한 투명성을 확보하도록 하였으며, 초대형 플랫폼은 이용자가 비(非)맞춤형 추천을 선택할 수 있도록 해야 한다. 셋째, 광고의 경우 반드시 스폰서 여부와 타깃 기준을 명확히 고지해야 하고, 특히 아동을 대상으로 한 맞춤형 광고는 금지된다. 넷째, 이용자가 계정 정지나 콘텐츠 삭제 등 불리한 조치를 당했을 때는 사유를 통지받고, 이의 제기 절차를 거칠 수 있는 절차적 권리가 보장된다.

책임성과 감독도 강화되었다. 대규모 플랫폼은 정기적으로 시스템 리스크 평가를 실시하고, 외부 독립적 감사(audit)를 받아야 하며, 매년 투명성 보고서를 제출해야 한다. EU 집행위원회는 위반 기업에 대해 전 세계 매출의 최대 6%까지 과징금을 부과할 수 있고, 반복적·중대한 위반 시 서비스 제공 중단까지 명령할 수 있다. 이는 GDPR의 과징금 제재를 연상시키는 강력한 집행력이다. 결국 DSA는 온라인 환경에서의 이용자 보호를 단순한 선언에 그치지 않고 구체적 권리와 책임 구조로 제도화했다는 점에서 의미가 크다. 이용자들은 이제 플랫폼의 불투명한 결정에 일방적으로 종속되지 않고, 콘텐츠 삭제나 계정 정지에 대해 통지와 불복 권리를 갖는다. 또한 알고리즘과 광고가 어떻게 작동하는지를 알 권리를 통해 정보 불균형이 완화된다. 동시에 플랫폼은 사회적 위험을 관리하고 불법 콘텐츠를 차단할 책임을 지게 되었으며, 이는 공공적 책무를 기업에 명확히 부과한 것이다. 이처럼 DSA는 개인정보보호를 넘어서 디지털 시대의 종합적 이용자 보호 헌장으로 기능한다. GDPR이 국제사회에서 개인정보보호의 기준을 마련했다면, DSA는 온라인 플랫폼의 책임과 이용자 권리 보장의 새로운 글로벌 기준을 제시하고 있다.

주요 내용으로는 불법 콘텐츠의 신속한 삭제(제9·16조), 이용자 권리 보장(제17·20조), 광고·알고리즘 투명성(제26·27조), 미성년자 보호(제

28조), 초대형 플랫폼에 대한 위험평가·감사 의무(제34~37조) 등으로 대부분 모두 디지털 사회에서의 플랫폼 사업자가 이용자를 보호하기 위한 의무, 공공성 확보의무를 겨냥한다. 그리하여 EU는 플랫폼을 단순한 민간 기업이 아니라 사회적 책임을 지는 행위자로 법적으로 규정함으로써, 디지털포용의 기준을 '시장 접근'에서 '사회 권리 보장'으로 확장했다. 이와 같이 디지털 서비스법(DSA)은 온라인 플랫폼 책임과 이용자 보호의 새로운 기준을 제시했는데 디지털 사회에서 플랫폼은 단순한 기술 기업이 아니라 공론장과 시장, 그리고 사회 질서를 형성하는 주체로 성장했다. 이에 따라 유럽연합(EU)은 2022년 「디지털 서비스법」(DSA, Digital Services Act, Regulation(EU) 2022/2065)의 제정을 계기로 온라인 플랫폼의 책임과 이용자 보호를 제도화하여 '온라인 공간의 헌법'이라는 평가를 받았다. 무엇보다도 가상공간과 현실공간의 구별 차이를 느낄 수 없을 정도로 불법 콘텐츠 대응에 관한 규정이 눈에 띈다. 제9조 불법콘텐츠에 대한 조치명령(Orders to act against illegal content) 규정은 회원국 당국이나 유럽위원회가 특정 콘텐츠를 불법으로 확인하면 플랫폼이 지체 없이 삭제하거나 차단해야 한다고 규정한다. 이는 플랫폼이 단순 중개자가 아니라 적극적인 책임 주체임을 천명한 것이다. 더불어 제16조 공지 및 조치 메커니즘(Notice and action mechanisms)은 누구나 불법 콘텐츠를 신고할 수 있는 체계를 마련하도록 하였고, 제17조 이유 진술(Statement of reasons)은 삭제나 차단이 발생했을 때 이용자에게 이유를 설명할 의무를 부과했다. 이러한 절차적 장치는 표현의 자유와 공정성을 동시에 고려한 장치라 할 수 있다. 그 밖에도 이용자 보호와 투명성 측면에서도 여러 의무가 부과된다.

제14조는 플랫폼이 이용 약관을 명확하고 이해하기 쉽게 공개할 것을 요구하고, 제15조는 연례 투명성 보고서를 통해 콘텐츠 삭제 현황, 신고 처리, 자동화 도구 사용 여부 등을 공개하도록 했다. 제20조 내부 불만 처리 시스템(Internal complaint-handling system)은 이용자가 콘텐츠 삭제나 계정 정지에 이의를 제기할 수 있는 내부 불복 절차를 마련하도록 규정했다. 또한 제21조는 사법 외 분쟁해결 제도를 마련해 이용자의 권리 구제를 다층적으로 보장한다. 광고와 알고리즘 투명성도 중요한 축으로 볼 수 있는데 제26조는 온라인 광고가 개인 데이터나 프로파일링을 기반으로 제공될 때 이를 명확히 표시하고, 광고의 주요 매개 요소를 공개하도록 의무화했다. 제27조는 추천 알고리즘의 작동 원리에 대한 투명성을 요구하고, 특히 매우 큰 온라인 플랫폼(VLOPs)은 프로파일링이 아닌 대안적 추천 방식을 제공해야 한다고 규정했다. 여기에 더해 제28조는 미성년자의 온라인 보호를 강조하며, 미성년자를 대상으로 한 맞춤형 광고를 금지하거나 엄격히 제한한다. 이는 디지털 공간에서 아동과 청소년의 권리를 실질적으로 보호하려는 시도로 볼 수 있다. 마지막으로, 매우 큰 플랫폼(VLOPs/VLOSEs)에 대해서는 별도의 의무가 부과된다. 제34조는 주기적 위험 평가를, 제35조는 위험 완화 조치를, 제36조는 위기 대응 메커니즘을 요구한다. 제37조는 독립적 감사를 의무화하고, 제39조와 제40조는 광고 투명성과 연구자에 대한 데이터 접근 권한을 강화한다. 이른바 '플랫폼 거인들'에 대한 차별적 규제는 시장 지배적 사업자가 사회적 책임을 회피하지 못하도록 하는 장치라 할 수 있다.

이 모든 규정을 뒷받침하는 것은 강력한 집행 장치다. 제52조에 따라 위반 시 플랫폼은 글로벌 매출의 최대 6%까지 벌금을 부과받을 수 있다. 이는 GDPR과 유사하게 실질적 제재를 통해 법의 실효성을 담보하려는 의도다. 결국, DSA는 온라인 플랫폼을 단순한 기술 기업이 아니라 공적 책임을 지는 사회적 행위자로 재정의했다. 불법 콘텐츠 규제, 이용자 권리 보장, 광고·알고리즘 투명성, 미성년자 보호, 초대형 플랫폼 규제에 이르기까지 다층적 장치를 두고 있는 것이다. 우리나라를 비롯한 다른 나라들은 이 법을 단순히 유럽의 규제로만 볼 것이 아니라, 디지털 시대 민주주의와 인권 보호를 위한 새로운 규범 모델로 인식할 필요가 있다. 플랫폼의 힘이 커질수록, 그 힘을 사회 전체가 어떻게 제도화하고 통제할 것인가의 문제가 중요해진다. DSA는 그 해답 중 하나다. 이제 과제는, 각국이 자국의 법제와 문화에 맞는 방식으로 이 국제적 흐름을 어떻게 수용하고 발전시킬 것인가에 달려 있다. 디지털 플랫폼은 이제 단순한 정보 중개자가 아니라, 사회적 공론장과 경제적 질서를 좌우하는 핵심 행위자가 되었다. 이에 따라 유럽연합(EU)은 2022년 「디지털 서비스법」(DSA, Digital Services Act)을 제정하여 온라인 플랫폼의 책임과 이용자 보호를 제도화했다. DSA는 불법 콘텐츠 규제, 광고·알고리즘 투명성, 미성년자 보호, 초대형 플랫폼 규제 등 다양한 장치를 담아 '디지털 사회의 헌법'으로 불리고 있다.

[표] EU 디지털서비스법 주요 이용자 보호 조항

조항	제목	주요 내용
Article 2	적용범위 (Scope)	DSA가 적용되는 서비스 유형 및 지리적 범위 정의. EU 내 수신자가 있는 경우, 제공자가 EU 외부에 있어도 적용됨.
Article 9	Orders to act against illegal content (불법 콘텐츠에 대한 조치 명령)	플랫폼 등에 대해 불법 콘텐츠(illicit/illegal content)에 대해 조치를 취하라는 명령을 할 수 있도록 규정. 회원국 또는 유럽위원회가 특정 콘텐츠가 불법임을 확인하면 플랫폼이 해당 콘텐츠 삭제 또는 접근 차단 등의 조치를 "promptly/without undue delay"하도록 요구됨.
Article 14	Terms and conditions (약관 : 용어와 조건)	모든 중개(intermediary) 서비스 제공자들이 사용자 약관(Terms & Conditions)을 명확하고, 이해하기 쉬우며, 접근 가능하게 공개할 의무가 있음. 특히 미성년자에게 영향을 미치는 조항 등에 대해서는 더 명확한 설명을 해야 함.
Article 15	Transparency reporting obligations for providers of intermediary services (중개 서비스 제공자의 투명성 보고 의무)	중개 서비스 제공자들은 연례 투명성 보고서를 공개해야 함. 여기에는 불법 콘텐츠 신고/접수 건수, 내용 조치 및 자동화 도구 사용 현황 등이 포함됨. VLOPs/VLOSEs(매우 큰 온라인 플랫폼/검색엔진)는 더 자주 보고해야 하고, 보고서 내용도 더 상세해야 함.
Article 16	Notice and action mechanisms (공지 및 조치 메커니즘)	호스팅 서비스를 포함한 플랫폼은 사용자 또는 제 3자가 불법 콘텐츠를 신고할 수 있는 "notice and action mechanism"을 마련해야 하며, 신고된 콘텐츠에 대해 적절한 조치(삭제, 접근 차단 등)를 취해야 함.
Article 17	Statement of reasons (이유 진술)	콘텐츠 삭제, 내용 조치 등 조치가 이루어진 경우 플랫폼은 이용자에게 왜 그런 조치를 했는지 이유(statement of reasons)를 제공할 의무가 있음. 조치의 사유, 관련 법적 또는 계약적 근거, 자동화 도구의 사용 여부 등이 포함됨.

Article 20	Internal complaint-handling system (내부 불만 처리 시스템)	온라인 플랫폼들은 이용자로부터의 이의제기처리 시스템을 갖추어야 함. 예컨대 콘텐츠가 삭제되었을 경우 이용자가 이의 신청을 할 수 있도록 절차 및 권리를 보장해야 함.
Article 21	Out-of-court dispute settlement. (법원 밖 해결)	플랫폼 조치(예: 콘텐츠 삭제, 계정 정지 등)에 대한 이용자 불만이 있을 경우, 사법 외 분쟁해결(중재/조정)을 통할 수 있는 절차 마련.
Article 26	Advertising on online platforms (플랫폼에서의 광고)	광고의 투명성 요구. 플랫폼이 광고를 사용자에게 제시할 때 어떤 프로필링이나 개인 또는 민감한 데이터 기반이었는지, 광고 매개 요소가 어떻게 결정되었는지 등의 정보 제공 및 명시적 표시 의무가 있음.
Article 27	Recommender system transparency (추천시스템 투명성)	플랫폼의 추천 시스템에 대해 투명성을 확보해야 함. 예를 들어, 알고리즘 추천이 어떤 기준으로 작동하는지, 추천 결과가 사용자에게 어떤 영향을 미치는지 등에 대한 정보를 제공해야 함. VLOPs/VLOSEs의 경우, 추천 시스템 중 프로파일링 기반 추천이 아닌 옵션을 사용자에게 제공해야 함.
Article 28	Online protection of minors (미성년자 온라인 보호)	미성년자 보호 규정. 미성년자의 개인정보 또는 행태를 기반으로 타깃 광고를 금지하거나 제한함. 또한 미성년자가 온라인 플랫폼에서 불법 콘텐츠 또는 유해 콘텐츠에 노출되지 않도록 특별 조치를 하도록 요구.
Article 33-37	Obligations for “Very Large Online Platforms/ Very Large Online Search Engines (VLOPs/VLOSEs)” “거대 대규모 온라인 플랫폼/매우 대규모 온라인 검색 엔진(VLOP/VLOSE)”에 대한 의무	매우 큰 플랫폼들에 대해 부과되는 추가 의무들: • Article 34 - 주기적 위험 평가(risk assessment) 시행 • Article 35 - 위험 완화 조치(risk mitigation measures) • Article 36 - 위기 대응 메커니즘(crisis response mechanism) • Article 37 - 독립 감사(independent audits) • Article 39-40 - 광고 투명성 및 데이터 접근(data access) 강화 등

Article 52: 벌칙 (pen-alties)	penalties(벌칙)	DSA 의무 위반 시 매우 큰 매출 기반 벌금이 가능함.

(5) 우리나라 「콘텐츠이용자 보호지침」

우리나라는 「콘텐츠산업진흥법」 제28조 제1항에 따라 콘텐츠사업자가 자율적으로 준수할 내용을 보다 구체화하여 정함으로써 콘텐츠의 건전한 거래 및 유통질서를 확립하고, 이용자를 보호하는 「콘텐츠이용자 보호지침」(문화체육관광부고시 제2024-16호, 2024. 3. 14.)이 있다.

이 지침은 이용자를 보호하기 위해 계약 내용을 명시하고 계약을 해제, 해지하는 경우 불이익을 당하지 않도록 기준을 제시하고 있을 뿐 강행규정으로 처벌할 수 있는 것은 아니다. 「훈령·예규 등의 발령 및 관리에 관한 규정」(대통령훈령 제248호)에 따라 이 고시 발령 후의 법령이나 현실 여건의 변화 등을 검토하여 이 고시의 폐지, 개정 등의 조치를 하여야 하는 기한은 2027년 3월 1일까지로 하는 한시적 지침으로 계속 세부적인 내용을 변경되도록 규정하는 고시(하위법령)이다. 콘텐츠산업진흥법은 콘텐츠 이용자 보호에 초점이 맞추어져 있는 법이라고 보기는 어렵지만 과거 「온라인 디지털콘텐츠산업 발전법」보다 전면적 개정을 통해 콘텐츠 산업의 기본법으로 자리 잡은 바 있다고 칭송된 국내 입법 중 하나이다.

2009년 「온라인 디지털콘텐츠산업 발전법」에서 전면개정으로 법령명도 변경되었던 「콘텐츠산업 진흥법」의 제28조는 이용자보호에 대한 규정이 존재하고 이에 따라 문화체육관광부 고치로서 이용자보호고시가 존재하고 있기는 하지만 그 어떤 강제성도 없는 상황이다.

4. 무늬만 정보화 사회인 우리나라

「디지털포용법」은 한국 사회가 "디지털 격차 해소"를 넘어 디지털 권리 사회로 나아가기 위한 중요한 첫걸음이다. 그러나 현행 법안은 선언적 성격이 강하고, 재원·집행·벌칙 규정이 약해 실효성에 의문이 제기된다. 미국 IIJA처럼 재정 기반의 보편적 접속권, EU DSA처럼 강력한 집행력과 플랫폼 책임을 결합하는 방향으로 제도를 보완해야 한다. 궁극적으로, 「디지털포용법」은 국민 누구도 디지털 사회에서 배제되지 않도록 하는 헌법적 안전망이자, 향후 글로벌 규범 경쟁 속에서 한국이 "규범 수용자"를 넘어 "규범 제정자"로 나아가기 위한 출발점이 되어야 한다. EU의 DSA는 플랫폼 책임을, 미국의 IIJA는 보편적 접속권을, 한국의 「디지털포용법」은 국민의 디지털 권리 보장을 핵심 축으로 삼는다. 접근 방식은 다르지만, 세 가지 모두 디지털 격차가 곧 사회적 불평등으로 이어진다는 문제의식에서 출발한다.

우리나라는 아직 플랫폼 책임과 광고·알고리즘 투명성 영역은 EU 수준에 미치지 못하며, 농촌·취약지역 브로드밴드 보급은 미국처럼 독립적 법안보다는 개별 사업 지원에 의존하는 구조다. 따라서 우리나라가 진정한 디지털포용 사회로 나아가기 위해서는, 플랫폼의 사회적 책임 강화

(EU식 모델)와 농어촌·저소득층 접속권 보장(미국식 모델)을 동시에 제도화해야 한다.

디지털포용은 단순한 기술적 문제가 아니다. 그것은 헌법적 평등과 사회통합의 문제이며, 나아가 국가 경쟁력의 핵심이다. EU, 미국, 한국의 법제는 서로 다른 길을 걷고 있지만, 공통적으로 "누구도 디지털 사회에서 소외되어서는 안 된다"는 원칙을 담고 있다. 우리나라가 글로벌 흐름 속에서 뒤처지지 않으려면, 「디지털포용법」을 단순 선언에 그치지 않고, 플랫폼 책임·접속권 보장·국제적 협력까지 아우르는 실효적 입법과 정책 집행으로 발전시켜야 한다. EU의 GDPR은 개인정보보호를 중심으로 한 이용자 권리 강화 법제이고, DSA는 온라인 플랫폼의 불법 콘텐츠, 알고리즘 투명성, 광고 표시, 아동 보호 등 콘텐츠·플랫폼 이용자의 권리를 제도화한 법이다. 두 법 모두 위반 시 글로벌 기업을 직접 제재할 수 있는 강력한 과징금 체계를 두고 있어, 국제 사회에서 사실상의 표준으로 기능한다.

우리나라의 「개인정보보호법」은 GDPR의 영향을 받아 공공·민간을 포괄적으로 규율하는 기본법으로 발전했으며, 열람·정정·삭제·처리정지권을 명문화하고 있다. 다만 데이터 이동권, 잊힐 권리 등은 아직 제한적이다. 「디지털포용법」은 한 단계 더 나아가 "모든 국민이 디지털을 차별 없이 이용할 권리"를 선언하면서, 접근성 기준, 보조기기 지원, 취약계층 역량 강화를 포함한다. 그러나 법적 강제력이나 재정 기반이 약해 선언적 성격이 강하다는 점에서 한계가 있다.

여기에 우리나라 고유의 규범인 「콘텐츠이용자 보호지침」은 게임, 음악, 영상 등 디지털 콘텐츠 소비자의 권익을 보호하기 위해 2009년 문화체육관광부가 마련한 행정지침이다. 환불 정책, 청소년보호, 과금 투명성, 불법·유해 콘텐츠 대응 등을 포함하지만, 법률이 아니라 지침이므로 구속력이 약하다. 이에 비해 「전자상거래 등에서의 소비자보호에 관한 법률」은 법률적 강제력을 가진 규범으로, 청약철회(환불권), 표시광고의 진실성, 불공정 약관 규제, 소비자 불만 처리 의무 등을 통해 온라인 거래 이용자의 권리를 폭넓게 보장한다.

그에 반해 EU의 「디지털서비스법(DSA)」는 상당히 체계적이고 명확히 콘텐츠 이용자 보호에 대한 청사진을 가지고 있다. 첫째, 불법 콘텐츠 대응에 있어 DSA의 제9조·제16조는 불법 콘텐츠에 대한 신속한 삭제·차단, 신고·조치 체계 마련을 규정한다. 또한 제17조는 삭제 시 그 사유를 반드시 이용자에게 고지하도록 의무화했다. 우리나라도 「정보통신망법」과 「전기통신사업법」을 통해 불법·유해정보 유통 차단 의무를 규정하고 있다. 그러나 국내 법제는 '사전적 의무'보다 '사후적 삭제 명령' 중심이며, 삭제 사유 통지 의무가 제한적으로만 존재한다. 절차적 정당성, 특히 이용자 권리 보장 측면에서 DSA보다 후퇴한 구조라고 할 수 있다.

둘째, 투명성 및 이용자 권리에서 DSA 제14조·제15조는 플랫폼의 약관 공개 의무와 연례 투명성 보고를 요구하고, 제20조는 내부 불복 절차, 제21조는 사법 외 분쟁 해결 절차까지 규정한다. 반면 우리나라 법제는 이용자 보호 규정(「정보통신망법」 제22조의5 등)과 약관 규제(약관법)를 두고 있으나, 투명성 보고·내부 불복 절차까지 의무화하지는 않는다.

최근 윤종오 외 15인 의원이 발의한 의안번호 2211738호(2025년 7월 25일) 「온라인 플랫폼 공정화법」이 일부 영역을 보완할 수 있으나, 이는 '거래 공정성' 중심으로, 이용자의 기본권적 지위 보호에는 한계가 있다.

셋째, 광고와 알고리즘 투명성과 관련해서도 DSA는 제26조에서 광고 표시 및 타기팅 기준 공개를, 제27조에서 추천 알고리즘 투명성을 규정한다. 특히 초대형 플랫폼(VLOPs)은 프로파일링 기반이 아닌 대안적 추천 방식을 반드시 제공해야 한다. 그러나 우리나라는 「개인정보보호법」을 통해 맞춤형 광고 시 동의 의무를 규정하지만, 알고리즘 추천의 투명성·대안 제공 의무까지는 담지 못하고 있다.

넷째, 미성년자와 아동청소년보호에 대한 명확한 지향점이 존재한다. DSA 제28조는 미성년자 대상 타깃 광고를 원칙적으로 금지하고, 유해 콘텐츠 차단 의무를 강조한다. 우리나라는 「청소년보호법」과 「아동·청소년의 성보호에 관한 법률」을 통해 청소년 유해매체물 규제를 두고 있으나, 플랫폼 차원의 알고리즘 기반 위험 노출 통제는 아직 제도화되지 않았다. 메타버스·숏폼 플랫폼에서 아동·청소년 보호 문제가 심각해지고 있는 현실을 고려할 때, DSA식 규제가 시사하는 바가 크다.

다섯째, 그 밖에 초대형 플랫폼 규제에 있어 DSA는 제34조~제37조에서 초대형 플랫폼(VLOPs/VLOSEs)에 대해 위험평가, 위험완화, 위기대응 메커니즘, 독립적 감사 의무를 부과한다. 이는 시장 지배적 사업자의 사회적 책임을 제도화한 대표적 장치다. 우리나라는 공정거래법이나 「온라인 플랫폼 공정화법(안)」이 플랫폼의 불공정 행위를 규율하고 있지만, 사회적 위험 평가와 외부 감사 제도까지 규정하지는 않고 있다. 플랫폼의 영향력이 공론장·민주주의에 미치는 영향을 고려하면, 한국 역시 단순 경쟁법적 접근을 넘어 사회적 책임 법제화를 심각하게 검토할 필요가 분명 존재하는 부분이다.

여섯째, 집행 및 제재에 있어 DSA 제52조는 위반 시 전 세계 매출의 최대 6%를 벌금으로 부과할 수 있도록 하여 실효성을 담보한다. 우리나라는 현재 「정보통신망 이용촉진 및 정보보호등에 관한 법률」, 「개인정보보호법」 위반 시 과징금 부과 규정이 있으나, 그 규모와 집행력은 상대적으로 약하다. 글로벌 기업을 규율하기 위해서는 EU식 '매출 연동 과징금 제도'를 도입할 필요가 있다는 지적이 많다. DSA는 플랫폼을 단순한 기술 사업자가 아니라 공적 책임을 지는 행위자로 재정의했다. 우리나라 역시 「정보통신망 이용촉진 등에 관한 법률」, 「개인정보보호법」, 「온라인 플랫폼 공정화법」 논의를 통해 규제를 보완하고 있으나, 절차적 정당성(이용자 권리 보장), 알고리즘 투명성, 초대형 플랫폼의 사회적 책임 측면에서는 여전히 제도적 공백이 존재한다.

디지털 시대의 법제 경쟁력은 기술 발전을 얼마나 잘 따라잡느냐가 아니라, 글로벌 규범 형성과정에서 규범 제정자(rule maker)로 참여하느냐에 달려 있다. 우리나라는 EU 디지털서비스법(DSA)의 경험을 단순히 수용하는 수준을 넘어, 국제 규범 논의에 적극 참여하고 자국 법제를 선제적으로 정비할 때, 비로소 '디지털 주권'을 확보할 수 있을 것이다.

[표] 보편적 접속권, 이용자 보호 등 디지털포용 관련 입법 비교표

구분	EU 「디지털서비스법(DSA)」	미국 「인프라 투자 및 일자리법(IIJA)」	우리나라 「디지털포용법」
핵심 목표	플랫폼 책임 강화 및 이용자 권리 보장	보편적 브로드밴드 접속 보장	모든 국민의 디지털 권리 보장
중점 영역	불법 콘텐츠 삭제, 광고·알고리즘 투명성, 미성년자 보호, 초대형 플랫폼 위험 관리	브로드밴드 인프라 확충, 농촌·부족 지역 접속 보장, 디지털 형평성	접근성·이용능력·환경 개선, 취약계층 지원, 포용 산업 육성
주요 조항	- 제9·16조: 불법 콘텐츠 삭제 - 제17조: 삭제 사유 고지 - 제26·27조: 광고·추천 알고리즘 투명성 - 제28조: 미성년자 보호 - 제34~37조: VLOPs 위험평가·감사	- BEAD(Broadband Equity, Access, Deployment) - Tribal Broadband Connectivity - Rural Broadband Acts (농촌 기술지원, 서비스 신뢰성 확보)	- 제1조: 디지털포용 증진 목적 - 제2조: 디지털포용 정의 - 정부 중장기 계획 수립 의무 - 접근·이용·능력·환경 개선 규정
권리 보장 방식	플랫폼의 의무 강화로 간접적 권리 보장	물리적 인프라와 재정 지원 통한 보편적 접속권	법률에 국민의 디지털 권리를 명문화
집행 및 제재	매출의 최대 6% 과징금 (제52조)	연방 보조금 관리·감사, 성과 평가	정책 의무·계획 수립 중심 (강력 제재 규정은 상대적으로 미비)
특징	디지털 공공성 규범화, 기업 책임 강조	인프라 중심, 지역 형평성 강조	기본권적 선언과 국가 책임 명시

최근 디지털 사회에서 인권 보호를 위해 각국은 다른 입법방식을 선택했다. EU의 「디지털서비스법(DSA)」은 이용자를 위한 플랫폼 규제를, 미국의 「인프라 투자 및 일자리법」(IIJA, Infrastructure Investment and Jobs Act)은 브로드밴드 인프라 투자를, 우리나라는 「디지털포용법」을

국민 디지털 권리 보장을 각각 핵심 축으로 삼는다. 우리나라는 국제 흐름 속에서 두 모델, EU와 미국 모두를 동시에 참고할 필요가 있다. 플랫폼의 사회적 책임을 EU 수준으로 강화하는 한편, 미국처럼 농촌·취약계층의 디지털 접근권을 보장하는 구체적 제도 장치도 마련해야 한다. 디지털포용은 기술 격차 해소 차원을 넘어 헌법적 평등과 사회통합의 문제다. 우리나라는 여러 측면에서 사회 경제적 약자, 취약한 사람들을 모두 보살펴 주고 있지 못하다. "뒤에 누구도 남겨두지 마세요(Don't leave anyone behind, Not me let alone)"의 선언적 문구는 오직 복지정책에서만 논의될 것은 아니다. 글로벌 규범 제정 과정에서 EU나 자본주의의 끝판왕인 미국조차도 이용자를 규범 수용자(follower)가 아닌 규범 제정자(rule maker)로 자리매김하게 하기 위해 노력하고 있음은 명확하다.

그러므로 우리나라도 이번 「디지털포용법」을 출발점으로 삼아 DSA와 IIJA를 포괄하는 통합적 입법 전략을 모색해야 할 것이다. 우리나라는 오랫동안 정보통신망의 안전성과 규율을 중심으로 한 「정보통신망 이용촉진 및 정보보호 등에 관한 법률(정보통신망법)」에 의존해 왔다. 이 법은 인터넷 이용자의 기본적 권익을 보호하고, 불법 정보 차단이나 통신망 안정성 확보에 초점을 맞추고 있으나, 디지털 격차 해소나 포용보다는 "보안·규제 중심"의 법률이다. 최근 제정된 「디지털포용법」은 이러한 한계를 보완하려는 시도로 볼 수 있다. 이 법은 2026년 시행을 앞두고 있으며, 모든 국민이 차별 없이 디지털 기술과 서비스에 접근하고 이용할 수 있는 권리를 보장한다는 점에서 기본권적 선언을 담았다.

특히 접근성(access), 이용(utilization), 능력(capacity), 환경(environment)의 네 가지 영역을 국가가 책임지고 개선하도록 규정하였고, 장애인·고령자·저소득층 등 디지털 취약계층 지원을 제도적으로 뒷받침한다. 미국은 물리적 인프라와 지역 형평성을 통한 '접속권 보장', 우리나라는 법적·정책적 권리 보장을 통한 '디지털 기본권 확립'이라는 차이를 보이지만 우리나라의 「디지털포용법」은 아직 플랫폼 책임, 알고리즘 투명성, 집행력 있는 제재 규정 등에서는 EU DSA나 미국식 보조금 제도보다 약한 측면이 존재한다. 우리에게 최우선 과제는 무엇보다도 플랫폼을 운영하는 자와 국가 등에 대해 이용자 중심의 법체계로 재편하여 현행 「콘텐츠이용자 보호지침」을 고시 수준이 아닌 「디지털포용법」 내 법률이나 이용자보호법제로 별도로 입법하여 위계를 격상시키는 일이라 하겠다.

알고 갑시다!

1. 국제전기통신연합 (ITU, International Telecommunication Union)의 역할

ITU는 유엔(UN) 산하 전문기구로, 전 세계의 정보통신 표준과 협력을 총괄하는 기관이다. 1865년 '국제전신연합'으로 출발했고, 현재는 디지털·통신 전반을 다루고 있으며 주요 역할은 첫째, 국제 표준 제정(ITU-T 표준화 부문)이다. 통신·인터넷·5G·사이버보안 등 ICT 관련 기술 표준을 수립하는데 예를 들어 전화 국제표준, 인터넷 프로토콜 번호 부여, 인터넷 주소체계, 5G/6G 기술, 사이버보안 프로토콜 등 기술적·법제적 표준을 다룬다. 둘째, 주파수 관리 및 위성 궤도 조정(ITU-R, 무선통신 부문)으로 전 세계 전파자원(주파수 스펙트럼, 위성 궤도)을 국제적으로 배분·관리한다. 국가 간 주파수 간섭을 방지하고 공평한 이용 보장한다. 이와 같은 주파수 스펙트럼과 위성 궤도의 국제적 배분과 관리, 전파 간섭 방지, 국가 간 공정한 주파수 이용 보장은 ITU의 고유권한으로 규정된다. 셋째, 개도국 지원 및 디지털포용(ITU-D, 개발부문)으로 개발도상국의 통신 인프라 구축, 디지털 격차 해소를 지원한다. 즉, 국제 협력 프로젝트와 교육 프로그램을 운영한다.

ITU는 각국 정부, 기업, 학계가 모여 협력할 수 있는 장을 마련하는데 세계전기통신개발회의(WTDC), 세계전파통신회의(WRC) 등을 통해 글로벌 규칙을 정립해 왔다. ITU는 국제적 ICT 질서의 규칙과 표준을 만드는 제정자(regulator of regulators)이자 핵심 무대를 제공해 왔다.

2. 3GPP

ITU와 같은 국제기구는 아니지만 미국 NIST에 대응하여 기술표준을 요구하는 EU의 3GPP(3rd Generation Partnership Project, 제3세대 파트너십 프로젝트)는 흔히 '국제 이동통신 표준화 기구'라고 불린다. 그러나 정확히 말하면 국제 표준기구가 아니라 세계 각 지역의 표준화 단체들이 모여 만든 협력체(파트너십)에 불과하다. 1998년, 유럽 ETSI(유럽전기통신표준협회)를 중심으로 출범하여 공식적인 UN 산하 기구(예: ITU)와 달리, 지역 표준화 기구 간 협력 프로젝트를 하고 있다. 전 세계적으로 호환 가능한 이동통신 표준(3G → 4G LTE → 5G → 현재 6G 논의)을 개발하였으며 세계 주요 표준화 단체(Organizational Partners)와 수천 개 기업·연구소(회원사)가 참여한다.

Organizational Partners(OPs)라고 하는 지역별 표준화 기구가 정회원으로 예를 들면 ETSI(유럽), ATIS(미국), ARIB·TTC(일본), CCSA(중국), TTA(한국), TSDSI(인도)가 회원으로 가입되어 있다.

Market Representation Partners(MRPs) 시장대표 파트너성을 가지므로 산업 협회·포럼이 참여해 시장 요구를 반영한다. 우리나라는 TTA(한국정보통신기술협회)가 회원으로 참여하는데 Member Companies인 전 세계 장비업체, 통신사, 반도체·디바이스 제조사, 연구기관 등이 직접 기술 개발 회의에 참여하는 것이 특징이다.

3GPP에서는 기술 규격(TS, Technical Specification)을 제정하며 각 지역 표준화 기구가 이를 채택해 공식 표준으로 승인하고 3G WCDMA, HSPA, LTE(4G), 5G NR(New Radio) 등 글로벌 이동통신 표준 개발한다. 2025년 현재는 Release 18~20을 통해 5G-Advanced 및 6G 후보 기술 논의 중이다. 주로 무선 접속(RAN), 코어 네트워크, 서비스·시스템 아키텍처, 보안, 시험평가와 같은 일을 하고 있다. 글로벌 단일 표준 창출하는 주요 역할을 하고 있는데 과거 2G 시대처럼 GSM/CDMA로 양분되던 시장을 통합, LTE와 5G 같은 단일 글로벌 생태계를 형성하고 있으며 국제 호환성을 확보하여 국가·사업자·단말기·장비 간 상호 운용성을 보장하고자 노력하고 있다. 무엇보다도 산업 생태계를 주도하고 있는데 퀄컴, 삼성, 노키아, 에릭슨, 화웨이, LG, 애플 등 세계 ICT 기업이 모두 참여하는 특징을 가진다. 이는 6G 논의의 전초기지를 마련하는 것으로 초저지연, 초고신뢰 통신, 위성통합망, AI 기반 네트워크 관리 등 미래 기술의 국제적 합의 미련 중이라는 평가를 받고 있다. 한국정보통신기술협회(TTA)가 공식 OP로 참여, 우리나라 기업(삼성전자, LG전자, SKT, KT, LGU+, ETRI 등)이 적극 활동하고 있으며 4G LTE, 5G 표준화 과정에서 한국은 핵심 기술 제안과 특허 확보를 통해 국제 경쟁력을 크게 높였던 바 있다. 현재 6G 표준화 논의에도 선제적으로 참여해, 2030년 세계 최초 상용화 목표를 추진 중에 있다. 3GPP는 세계 각 지역 표준화 기구와 ICT 기업들이 모여 '글로벌 이동통신 규격'을 만드는 국제 협력 플랫폼으로 덕분에 오늘날

우리는 어디서나 동일한 LTE/5G 스마트폰을 사용할 수 있게 되었다. 3GPP의 릴리즈는 단순한 업그레이드가 아니라, 세대별 이동통신의 진화를 단계적으로 정의하는 과정으로 Release 99~7은 3G(UMTS, HSPA)를, Release 8~14는 4G LTE를, Release 15~17은 5G 표준을, Release 18 이후는 5G-Advanced 및 6G로 가는 다리를 의미한다.

[표] 3GPP 릴리즈별 주요 성과

Release	시기	주요기술, 성과
Release 99 (1999)	1999~2000	최초 3G WCDMA(UMTS) 표준 확정
Release 4 (2001)	2001	회선교환·패킷교환 분리, All-IP 아키텍처 개념 도입
Release 5 (2002)	2002	HSDPA(고속 하향 패킷접속) 표준화, IMS(IP Multimedia Subsystem) 도입
Release 6 (2004)	2004~2005	HSUPA(고속 상향 패킷접속), MBMS(멀티미디어 방송)
Release 7 (2007)	2007	HSPA+(속도 및 효율 개선), 초기 LTE 준비
Release 8 (2008)	2008~2009	LTE(Long Term Evolution, 4G) 최초 규격 제정
Release 9 (2009)	2009~2010	LTE 성능 개선, 위치 기반 서비스, eMBMS(방송)
Release 10 (2011)	2011	LTE-Advanced(4G 진화), 캐리어 어그리게이션, HetNet 지원
Release 11 (2012)	2012	CoMP(Coordinated Multi-Point), HetNet 고도화
Release 12 (2014)	2014	D2D(단말 간 직접 통신), 소형셀 지원 강화
Release 13 (2016)	2016	LTE-Advanced Pro, IoT(MTC, NB-IoT, LTE-M) 지원 강화
Release 14 (2017)	2017	C-V2X(차량통신), 공공안전망 강화
Release 15 (2018)	2018	5G NR(New Radio) 최초 표준 확정(NSA/SA 구조)
Release 16 (2020)	2020	5G 2차 표준, URLLC(초저지연·고신뢰), 산업용 IoT, V2X 고도화
Release 17 (2022)	2022	IoT·위성통합, 5G 저궤도 위성통신, XR·에너지 효율 강화
Release 18 (2024)	2024	5G-Advanced, AI 네이티브 네트워크, 초저전력 통신
Release 19~20	2025~2030	6G 후보 기술: 테라헤르츠 주파수, 위성·지상 통합망, 초정밀 위치·센싱, 지능형 네트워크

3. 미국 NIST와 우리나라 디지털 기술표준기관 현황

NIST(미국 국립표준기술연구소, National Institute of Standards and Technology)는 미국 상무부 산하 기관으로, 측정·표준·기술·사이버 보안 프레임워크(NIST CSF) 등을 개발하는 국가 연구기관이다. 미국은 NIST가 디지털과 관련하여 모든 기술표준을 포괄적으로 관장하는 데 반해 우리나라는 분야별로 나뉜다. 이는 작은 거버넌스의 문제점, 업무중복과 세금낭비의 문제, 칸막이 행정으로 전문성 추구와 과열 행정으로 인한 정보 미교환 등 행정이 하지 않아도 될 비대한 행정의 문제점을 여실히 드러내는 지점이다.

원칙적으로 먼저 표준·측정 분야로 한국표준과학연구원(KRISS, Korea Research Institute of Standards and Science)이 있는데 이곳은 국가 측정표준 확립, 물리량 측정·산업표준 기술 연구를 한다. 즉, NIST의 "표준과 측정" 역할만을 하는 셈이다. 다음으로 측정 외 표준화 분야는 산업통상자원부 국가기술표준원(KATS)이 있는데 이는 대한민국의 국가표준(KS)을 총괄하는 중앙행정기관으로서 ISO, IEC 등 국제표준기구 활동에 한국 대표로 참여해 왔다. 그리하여 디지털 중에서 전자·통신을 포함한 산업 전반의 표준 제정·관리 기능을 담당해 왔다. 그러나 국내에서는 실제 과학기술정보통신부(MSIT)가 업무를 관장한다. 또한 ITU 총회나 국제표준화 협상에서도 과학기술정보통신부 사무관이 국가대표로 참여하고, 법·정책을 최종 집행한다. 우리나라는 국내에서는 사무관이 자주 바뀌기 때문에(부패방지라는 이유로 지나치게 잦은 이동은 우리나라 과학기술 경쟁력에 가장 걸림돌이 되고 있다) 실질적으로 업무를 한 자가 아니기 때문에 기술표준에 있어서 의견서를 제출하는 데 적극적 표명이 어렵다는 지적을 끊임없이 받아왔다.

이 기관은 정보통신·사이버보안 분야를 국내 담당하고 있는 한국인터넷진흥원(KISA, Korea Internet & Security Agency)의 도움을 받는다. 한국인터넷진흥원은 인터넷·정보보호 정책 지원, 보안 위협 대응, 개인정보 보호 업무 수행하는 기관으로 사이버보안 프레임워크와 관련 업무로 볼 때 NIST 역할과 유사하다. 그리하여 TTA는 한국인터넷진흥원의 정보통신·사이버보안 분야 전문 의견을 청취한다. 한편 5G/6G, AI, IoT 등 전자통신 표준화 연구주도기관인 한국전자통신연구원(ETRI, Electronics and Telecommunications Research Institute)[5)]의 전문의견도 TTA는 청취한다. 즉, 산자부 산하의 KATS(국가기술표준원)은 국가 KS 표준을 총괄하며, ISO/IEC 국제표준화와 연결되지만 실질적으로 ICT와 관련하여 기술표준은 과기부 산하의 TTA가 관장하며 과기부가 국제회의에 참석한다. 또한 각종 인증사업 등(ISMS-P, CSAP)은 한국인터넷진흥원이 하고 있고 ETRI는 전자통신에 있어 연구 역할을 담당한다. 이와 같은 복잡한 업무체계는 외국에서 우리나라와 협업할 때에도 걸림돌일 뿐만 아니라 여러 가지 의사결정에서 담당자들 간의 전문성 결여 및 어려움을 드러내고 있다.

5) 이 기관은 1996년 세계 최초 이동통신 CDMA 상용화로 한국이 IT 강국으로 도약하는 계기를 만든 것으로 유명하며 DRAM·SoC 반도체 연구 등반도체 설계·제조 기술 확보에 기여했다. DMB·WiBro와 같은 모바일 방송, 무선인터넷 기술 상용화 선도하였으며 5G 이동통신 표준화를 주도하여 2019년 세계 최초 5G 상용화의 토대를 마련하였던 바 있다.

즉, NIST 하나로 미국이 접근하는 것과 달리 우리는 한국표준과학연구원, 국가기술표준원, 한국인터넷진흥원, 한국전자통신연구원, 한국정보통신기술협회, 과학기술정보통신부, 산업통상자원부 7개 기관의 의사결정이 요구되기 때문이다. 그동안 한국정보통신기술협회(TTA, Telecommunications Technology Association)는 국내 정보통신기술(ICT) 표준 제정·보급·인증을 전문적으로 수행했는데 ITU, 3GPP, oneM2M 등 국제표준화 기구 활동에도 적극 참여해 왔다. 이동통신(5G/6G), 인터넷, IoT, 보안, 방송통신 융합 등 ICT 분야의 사실상 국내 표준화 중심기관으로 볼 수 있다.

4. 시사점

오늘날 디지털 사회는 국경을 넘어선 거대한 네트워크 위에 존재한다. 인터넷, 5G, 위성통신, 클라우드와 인공지능까지, 정보통신기술(ICT)은 국가 간 경계를 가볍게 뛰어넘는다. 이런 시대에 국제적으로 ICT 질서를 조율하는 기관이 바로 국제전기통신연합(ITU, International Telecommunication Union)이다. ITU는 1865년 '국제전신연합'으로 출범해 현재는 유엔 산하 전문기구로 활동하고 있다. 이 기구는 크게 세 가지 축을 중심으로 전 세계 통신 질서를 다잡는다. 첫째, 표준 제정(ITU-T)을 통해 통신 프로토콜, 인터넷 규범, 사이버보안 기술 등 ICT의 공통 언어를 만든다. 둘째, 전파 및 위성 궤도 관리(ITU-R)를 통해 국가 간 전파 간섭을 막고 위성 자원을 공정하게 배분한다. 셋째, 개도국 지원(ITU-D)을 통해 디지털 격차를 줄이고 포용적 성장을 도모한다. 요컨대 ITU는 국제사회가 ICT를 질서 있게, 그리고 공평하게 활용하도록 이끄는 세계 ICT의 규칙 제정자라 할 수 있다.

그렇다면 미국의 NIST(국립표준기술연구소, National Institute of Standards and Technology)와 같은 국가 단위의 표준·보안 연구소는 우리나라에 어떤 기관이 대응할까? 미국의 NIST는 첨단 과학기술 측정부터 사이버보안 프레임워크(NIST CSF)까지 광범위한 역할을 수행한다. 한국에서는 이 역할이 여러 기관으로 나뉘어 있다.

먼저 한국표준과학연구원(KRISS)이 국가 측정표준 확립과 산업계 표준 기술 연구를 담당한다. 이는 NIST의 '측정·표준' 기능과 가장 유사하다. 또 한편으로는 한국인터넷진흥원(KISA)이 인터넷 진흥, 정보보호, 사이버보안 위협 대응, 개인정보 보호를 맡으며 NIST의 '사이버보안' 역할을 담당한다. 여기에 과학기술정보통신부(MSIT)가 ITU 활동을 포함한 국제 협상과 법·정책 집행의 최종 책임을 진다. 국제 표준화와 보안 규범은 단순한 기술 문제가 아니다. 그것은 곧 국가 경쟁력의 문제이며, 동시에 국민의 안전과 직결된 과제다. 특히 인공지능과 양자컴퓨터, 사물인터넷 등 새로운 기술이 확산되는 시점에서 국제 표준을 선도하는 능력이야말로 기술 패권의 핵심이 되고 있다. ITU 무대에서 적극적으로 목소리를 내고, 국내에서는 KRISS와 KISA가 긴밀히 협력하여 표준과 보안을 함께 아우르는 역량을 키우되 모두 한국정보통신기술협회(TTA, Telecommunications Technology Association)로 포섭시켜야 할 필요가 여기에 있다.

인터넷은 글로벌 공공재이자, 사이버보안은 그 공공재를 지켜내는 방패다. ITU가 국제 질서를 만들고, NIST와 같은 국가 기관들이 이를 뒷받침한다면, 한국도 마찬가지다. 이제는 "추종자"가 아니라 "규칙 제정자"로서 역할을 자임해야 한다. 국제 무대에서 우리 기술과 보안 역량이 표준을 이끌어갈 때, 한국은 비로소 디지털 시대의 진정한 주도권을 가질 수 있을 것이다. 작은 쪼개기 거버넌스가 민주주의의 기반이고 다양한 의견을

들을 수는 있지만 적자가 누적되고 있고 고령화, 복지 사회로 가고 있는 우리나라에서 현재 특수 전문분야까지 작은 거버넌스 지향은 지양되어야 한다. 특히 디지털 기술표준기관과 관련하여 표준관련기구들을 일원화하는 체계는 기업친화적 법제도에서도 가장 우선적으로 검토하여야 할 부분이므로 우리나라 표준, 보안기관이 다시 장기적인 표준 선도화 국가가 되기 위해 조직을 재점검할 때다.

우리나라가 디지털 주권을 잃지 않고 사이버 세상에서 패권을 가지려면 다음과 같은 전략이 필요하다.

첫째, 국제 표준화 주도권 확보가 절실하다. 5G·6G, IoT, AI 윤리, 양자암호통신 등 차세대 ICT 규범은 ITU 무대에서 선도적으로 논의되고 있다. 한국이 단순한 규범 수용국을 넘어 규범 생성국으로 자리매김하려면, KRISS와 KISA의 연구 성과가 MSIT의 국제협상 전략과 긴밀히 연결될 수 있도록 TTA 중심으로 업무 재정리가 요구된다.

둘째, NIST형 통합 구조의 검토가 필요하다. 현재 한국의 표준·보안 정책은 기관별 분산 구조로, 신속한 의사결정과 국제 공조에서 효율성이 떨어질 수 있다. 사이버보안 위협이 국가안보와 직결되는 현실을 감안하면, 미국처럼 단일 기관에서 표준·보안·기술 프레임워크를 종합적으로 관리하는 체계 개편 논의가 필요하다.

셋째, 국제 규범과 국내 입법의 정합성을 상화해야 한다. GDPR, NIS2, CISA 등 글로벌 규범과 ITU 표준이 사실상 국제 규범으로 작동하는 만큼, 한국의 「개인정보보호법」, 「정보통신망법」, 「전파법」 등이 이에 조응하도록 조정해야 한다.

ITU는 국제 ICT 질서를 이끄는 무대이며, NIST는 국가 차원에서 표준·보안·기술 신뢰성을 종합적으로 관리하는 기관이다. 우리나라는 KRISS, KISA, MSIT로 기능을 분산 운영하고 있지만, ICT 강국으로서 국제 규범 제정 과정에 보다 적극적·체계적으로 참여할 필요가 있다. 디지털 시대의 국가 경쟁력은 단순한 기술 개발에 있지 않다. 국제 표준을 만들고, 보안 규범을 주도하는 능력이 곧 주권의 핵심이다.

제2장

정보보호법 개요

1. 정보보호법 개념

(1) 디지털 시대의 법치주의와 기본권 보호

디지털 기술의 발전은 행정, 치안, 산업, 개인 생활 전반에 새로운 사회 영역을 만들어 내고 있다. 인공지능, 빅데이터, 온라인 플랫폼과 같은 기술은 국가 운영 방식과 시민의 삶을 동시에 바꾸고 있다. 그러나 기술이 아무리 빠르게 변화하더라도 '법의 지배(법치주의)'라는 원리는 변함없이 유지되어야 한다. 국가 권력은 헌법과 법률의 범위 안에서만 행사되어야 하며, 국민의 기본권 역시 기술 환경이 달라졌다는 이유만으로 축소되어서는 안 된다.

무엇보다도 디지털 시대에 중요한 것은 적법절차이다. 행정기관이나 수사기관이 기술을 활용하여 정보를 수집·분석하거나, 디지털 장비를 통한 수사를 실시할 때에도 반드시 법률에 근거한 적법절차가 필요하다. 예컨대 휴대전화 포렌식, 온라인 계정 수색, CCTV·위치정보 활용 등은 모두 법적 요건이 갖추어져야 하며, 절차의 투명성과 사후 통제도 확보되어야 한다. 디지털 기술을 사용한다는 이유로 기존의 절차를 완화하거나 생략할 수는 없다.

다음으로 권력통제와 디지털 감시에 대해 균형을 잡아야 한다. 빅데이터 수집, 인공지능 기반 분석, 온라인 감시 기술은 상당한 편익을 제공하지만, 동시에 과도한 감시를 초래할 수도 있다. 따라서 디지털 감시 활동 역시 명확한 법률상 통제 아래에서 이루어져야 한다. 목적이 무엇인지, 어떤 범위의 데이터가 어떻게 수집되는지, 누구에게 접근 권한이 있는지, 언제 삭제되는지 등이 법률로 정해져야 하며, 이를 위반할 경우 책임을 물을 수 있는 체계도 갖추어야 한다. 이는 권력 남용을 막고 민주적 통제를 실현하기 위한 필수 요소이다.

셋째, 기술 변화와 기본권 보호 즉 디지털 기술은 국민의 기본권에 새로운 형태의 위험을 가져올 수 있다. 개인정보, 통신의 자유, 표현의 자유, 알고리즘에 의해 차별받지 않을 권리 등은 기술 발전 속에서 더욱 중요해졌다. 기본권 제한 여부를 판단할 때에는 다음 기준이 충족되어야 한다. 먼저 목적의 정당성이다. 입법 목표가 공익상 타당한가이다. 다음으로 방법의 적절성이다. 선택한 기술적 조치가 그 목적을 달성하는 데 실제로 도움이 되는가이다. 또한 피해의 최소성도 중요하다. 보다 침해가 적은 다른 수단이 없는가를 살피는 것으로 이는 다음 요건인 법익의 균형성과도 연계된다. 기본권 침해 정도와 공익이 균형을 이루는가이다. 이 네 가지 기준은 디지털 환경에서도 변함없이 적용되며, 기술로 인해 새롭게 등장한 위험에 대해서도 적극적으로 기본권을 보호하기 위한 방향으로 해석·운용되어야 한다.

[표] 정보보호의 3요소

기밀성 (Confidentiality)	허가받지 않은 자는 정보에 접근할 수 없도록 보호하는 것
무결성 (Integrity)	정보가 변조·훼손되지 않고 정확성을 유지하도록 하는 것
가용성 (Availability)	필요한 때에 정보와 시스템에 접근할 수 있도록 유지하는 것

결국 정보보호는 사이버 범죄로부터 보호하는 것이기 때문에 디지털 환경에서의 범죄는 대부분 데이터 형태의 증거를 통해 입증된다. 하지만 디지털 정보는 쉽게 변조되거나 복제될 수 있기 때문에, 법정에서 증거로 인정받기 위해서는 다음과 같은 요건을 충족해야 한다. 먼저 동일성은 제출된 디지털 증거가 실제 사건에서 생성된 것과 동일하다는 점이 입증되어야 한다. 둘째, 무결성은 저장 과정에서 정보가 변형되거나 손상되지 않았다는 사실이 보장되어야 한다. 셋째, 신뢰성은 증거를 수집·보관·분석한 절차가 공정하고 객관적이며, 누구나 그 과정을 검증할 수 있어야 한다. 이러한 요건을 충족할 때 디지털 증거는 다른 유형의 증거와 마찬가지로 법정에서의 효력을 가지게 된다. 디지털 기술이 발전할수록 법치주의의 중요성은 오히려 더 커진다. 기술이 법을 앞서가는 현실에서도 국가 권력은 법률에 따라 통제되어야 하며, 국민의 기본권은 기술 환경의 변화와 무관하게 동일하게 보장되어야 한다. 디지털 시대의 법적 규범은 기술의 편리함과 혁신을 누리면서도 민주적 통제와 기본권 보호를 흔들림 없이 유지하는 데 그 목적이 있다.

(2) 정보보호법의 개념

정보보호법이란 정보의 안전한 처리와 보호를 위해 필요한 법적 규범의 총체를 말한다. 정보보호는 기술적 영역을 넘어 법적·제도적 영역까지 포함하므로, 단순한 보안기술의 문제가 아니라 사회적 규범과 국가 운영의 기본원칙과도 연결되어 있다. 디지털 시대의 정보는 개인의 생활, 기업의 경영, 국가의 안보를 좌우하는 핵심 자원이다. 따라서 정보가 불법적으로 접근되거나, 무단 유출되거나, 변조·파괴되는 것을 막기 위해 다양한 법적 장치가 마련되어 있다. 정보보호법은 이러한 위험으로부터 사회 전체를 보호하기 위한 법적 기반의 보안 체계라 할 수 있다. 우리나라의 정보보호 관련 법령은 다음과 같은 목적을 가진다. 첫째, 기본권 보호로서 개인정보·통신 비밀·프라이버시와 같은 국민의 권리를 침해하지 않도록 하는 역할을 한다. 둘째, 국가·사회 안전 확보이다. 국가 기반시설과 공공 시스템을 사이버 공격으로부터 보호한다. 셋째, 디지털 경제의 신뢰성 확보이다. 기업과 이용자가 안심하고 디지털 서비스를 사용할 수 있도록 법적 신뢰성을 부여한다. 넷째, 기술 발전과 보안의 균형이다. 혁신을 저해하지 않으면서도 필요한 법적 규제 마련한다. 즉, 정보보호법은 기술적 편의성, 국가안보, 기본권 보호라는 세 축의 균형을 추구한다.

정보보호와 사이버 보안은 두 용어가 혼용되기도 하지만, 정보보호는 법·제도까지 포함하는 폭넓은 개념임을 이해할 필요가 있는데 정보보호(Information Security)는 정보의 안전한 처리·보관·전송을 포함하는 넓은 개념을 말하며 사이버보안(Cybersecurity)은 네트워크·시스템을 공격으로부터 보호하는 기술 중심 개념이다. 기술이 고도화되더라도 국가 권력의 행사는 반드시 헌법과 법률에 기반해야 한다. 디지털 포렌식, 온라인 수색, CCTV·위치정보 활용 등도 모두 법률상 근거를 필요로 한다. 이는 디지털 시대에도 변하지 않는 법치(法治)의 핵심 원칙이다. 또한 적법절차의 보장으로서 정보 수집·처리·수사 과정에서는 다음 요건이 필요한데 바로 법률상 근거, 절차의 투명성, 사후 통제 제도(감사·법원 통제)이다. 즉, 기술이 편리하더라도 절차적 정당성을 생략할 수는 없다. 특히 개인정보 자기결정권, 통신비밀, 표현의 자유는 디지털 시대에 더욱 보호가 요구된다.

2. 국내 정보보호 법제의 구성

우리나라에서 정보보호를 규율하는 법체계는 크게 세 가지 축으로 구분할 수 있다. 먼저 개별 정보의 보호 중심 법제, 국가 차원의 사이버 보안 법제, 분야별 특수정보 보호 법제가 그것이다. 국내 정보보호법 체계는 하나의 법에 국한되지 않고, 다양한 분야에서 상호 연결되며 작동하므로 아래의 체계로 구성된다.

[표] 국내 정보보호 법체계

<table>
<tr><td rowspan="3">개별 정보의 보호 중심 법제</td><td>개인정보보호법</td><td>국내 정보보호법의 중심, 공공·민간을 포괄하는 개인정보 보호의 일반법</td></tr>
<tr><td>정보통신망 이용촉진 및 정보보호 등에 관한 법률</td><td>인터넷·통신 서비스 제공자의 정보보호 의무
사이버 침해사고 대응 규정 포함</td></tr>
<tr><td>신용정보의 이용 및 보호에 관한 법률</td><td>금융·신용 데이터의 안전한 처리와 활용에 관한 규정</td></tr>
<tr><td rowspan="4">국가 차원의 사이버보안 체계 법제</td><td>국가사이버안보 기본법(안)</td><td>유용원의원안, 김상훈의원안</td></tr>
<tr><td>국가사이버안전관리 규정(훈령)</td><td>국가 기반시설 보호
공공기관 사이버보안 관리체계</td></tr>
<tr><td>전자정부법</td><td>공공시스템의 보안 관리 기준</td></tr>
<tr><td>국가정보보호 기본지침</td><td>국가기관 정보보호의 표준 기준</td></tr>
<tr><td rowspan="2">분야별·특수 목적 법제</td><td>전기통신사업법</td><td>통신 비밀·이용자 보호</td></tr>
<tr><td colspan="2">클라우드컴퓨팅 발전 및 이용자 보호법
산업기술보호법, 국가핵심기술보호법(기술 정보의 보호)
의료법, 바이오법령(민감한 의료정보 보호)
전자금융거래법(금융 보안)</td></tr>
</table>

3. 정보보호법의 전망

사이버 범죄, 온라인 사기, 디지털 기록 조작 등은 대부분 데이터 형태의 증거로 입증된다. 따라서 법정에서 증거로 인정받기 위해서는 다음 요건을 충족해야 한다. 먼저 동일성(Identity)으로 제출된 자료가 실제 사건에서 생성된 것과 같은 것인지 여부이다. 둘째, 무결성(Integrity)은 저장·전송 과정에서 변조되거나 손상되지 않았는지이다. 셋째, 신뢰성(Reliability)은 증거 수집 과정이 적법하고 절차가 투명한지이다. 디지털 증거의 신뢰성 확보는 수사기관뿐 아니라 기업의 보안 담당자에게도 중요한 책임이다. 정보보호법의 전망으로서 국내 정보보호법을 이해하기 위해서는 국제적 규범의 변화도 함께 살펴볼 필요가 있다. 먼저 EU GDPR(유럽데이터보호법, 2018)은 글로벌 개인정보보호의 기준이 되었다. 또한 미국은 주·연방 단위 데이터 보호 규제가 증가하고 있다. 중국 역시 「개인정보보호법」, 「데이터보안법」을 제정한 상태이다. 또한 국제기구는 국제표준을 ISO/IEC 27001, 27701 등으로 제시한 바 있는데 국내 기업도 글로벌 서비스를 제공하는 경우 국제 규범을 준수해야 한다. 국제 규범은 국내 입법에도 영향을 주는데 먼저 국내 법령의 정비 및 고도화가 필요하며 국제 데이터 이전 규정을 강화한다. 그 밖에 기술 기업의 준법감시를 강화한다. 정보보호법은 단순한 기술 규정이 아니라 기본권 보호·국가안보·디지털 경제 신뢰성을 모두 아우르는 법제적 기반임을 이해하는 것이 중요하다.

[표] KISA 관할 정보보호법

법, 시행령, 시행규칙	고시
개인정보보호법 개인정보보호법 시행령	개인정보 보호 자율규제단체 지정 및 운영 등에 관한 규정
	개인정보 영향평가에 관한 고시
	개인정보보호법 위반에 대한 과징금 부과기준
	개인정보의 안전성 확보조치 기준
	정보보호 및 개인정보보호 관리체계 인증 등에 관한 고시
	표준 개인정보 보호지침
	가명정보의 결합 및 반출 등에 관한 고시
	개인정보 보호위원회의 조사 및 처분에 관한 규정
	개인정보 처리 방법에 관한 고시
	개인정보 국외 이전 운영 등에 관한 규정
	개인정보 보호수준 평가에 관한 고시
	개인정보 전송 및 개인정보관리 전문기관 지정 등에 관한 고시
	개인정보 처리방침 평가에 관한 고시
	자동화된 결정에 대한 개인정보처리자의 조치 기준
	통신 분야 개인정보 전송에 관한 고시
	보건의료 분야 개인정보 전송에 관한 고시
	개인정보보호위원회 사전적정성 검토제 운영규정
	개인정보 보호책임자 경력 인정에 관한 고시
	개인정보 분야 전문용어 표준화
	한국으로 이전된 개인정보의 처리와 관련한 「개인정보보호법」의 해석과 적용을 위한 보완규정

정보통신망 이용촉진 및 정보보호 등에 관한 법률 정보통신망 이용촉진 및 정보보호 등에 관한 법률 시행령 정보통신망 이용촉진 및 정보보호 등에 관한 법률 시행규칙	정보보호 및 개인정보보호 관리체계 인증 등에 관한 고시 정보보호 관리등급 부여에 관한 고시 정보보호 취약점 신고자에 대한 포상업무 위탁 고시 정보보호조치에 관한 지침 집적정보 통신시설 보호지침 정보보호 사전점검에 관한 고시 인터넷 프로토콜 주소를 할당받아 독자적으로 정보통신망을 운영하는 민간사업자 중 침해사고 관련정보 제공자의 범위 정보통신망연결기기등 정보보호인증에 관한 고시 본인확인기관 지정 등에 관한 기준 영리목적의 광고성 정보 전송 기준 위반행위자 등에 대한 과태료 부과 업무처리 지침 연계정보의 생성·처리 등에 관한 기준 청소년 유해매체물의 표시방법 통신과금서비스 운영에 관한 고시
위치정보의 보호 및 이용 등에 관한 법률 위치정보의 보호 및 이용 등에 관한 법률 시행령	개인위치정보사업 양수 및 법인의 합병 등의 인가 세부심사기준별 평가방법 개인위치정보사업등록 세부심사기준별 평가방법 위치정보보호 법규 위반에 대한 과징금 부과기준 위치정보의 관리적·기술적 보호조치 기준 위치정보의 보호 및 이용 등에 관한 법률 시행에 관한 방송통신위원회 규정 위치정보의 보호 및 이용 등에 관한 법률에 따른 행정처분 및 과태료의 가중처분에 관한 세부 지침 시정명령을 받은 사실의 공표기준 재난피해자 등의 개인 및 위치정보 요청·제공·이용지침
인터넷주소자원에 관한 법률 인터넷주소자원에 관한 법률 시행령	인터넷주소분쟁조정세칙
전기통신사업법 전기통신사업법 시행령	거짓으로 표시된 전화번호로 인한 이용자의 피해 예방 등에 관한 고시

정보보호산업의 진흥에 관한 법률 **정보보호산업의 진흥에 관한 법률 시행령** **정보보호산업의 진흥에 관한 법률 시행규칙**	정보보호 전문서비스 기업 지정 등에 관한 고시 정보보호제품 성능평가 운영지침 정보보호 공시에 관한 고시 정보보호시스템 구축 사업의 하도급 승인 및 관리 지침 우수 정보보호 기술 등·우수 정보보호기업의 지정 및 지원 등에 관한 규정
전자문서 및 전자거래 기본법 **전자문서 및 전자거래 기본법 시행령** **전자문서 및 전자거래 기본법 시행규칙**	공인전자주소의 구성 및 체계 등에 관한 규정 전자문서보관 등 표준업무준칙 공인전자문서센터 인력·기술능력, 시설·장비 규정 공인전자문서중계자 설비에 관한 규정 공인전자문서중계자 업무준칙 전자화문서의 작성 절차 및 방법에 관한 규정
전자서명법 **전자서명법 시행령** **전자서명법 시행규칙**	전자서명인증업무준칙 작성방법 국제통용평가 선정 고시 전자서명인증업무 운영기준
전자정부법 / 전자정부법 시행령	
정보통신기반 보호법 **정보통신기반 보호법 시행령** **정보통신기반 보호법 시행규칙**	주요정보통신기반시설 취약점 분석·평가 기준 취약점 분석·평가를 수행하는 정보공유·분석센터의 기준 및 기준심사에 관한 고시
클라우드컴퓨팅 발전 및 이용자 보호에 관한 법률 **클라우드컴퓨팅 발전 및 이용자 보호에 관한 법률 시행령** **클라우드컴퓨팅 발전 및 이용자 보호에 관한 법률 시행규칙**	클라우드컴퓨팅서비스 보안인증에 관한 고시 행정기관 및 공공기관의 클라우드컴퓨팅서비스 이용 기준 및 안전성 확보 등에 관한 고시
지능정보화 기본법 **지능정보화 기본법 시행령** **지능정보화 기본법 시행규칙**	정보보호시스템 공통평가기준 정보보호시스템 평가·인증 등에 관한 고시
소프트웨어 진흥법 **소프트웨어 진흥법 시행령** **소프트웨어 진흥법 시행규칙**	소프트웨어 진흥법령의 업무위탁에 관한 고시

제3장

네트워크와 정보보호시스템의 안정성 확보와 법

1. 개요

"네트워크와 정보보호 시스템의 안정성 확보"란 정보보호 관련 법령, 정보보호정책, ISMS 제도 전반에서 가장 핵심적인 개념 중 하나이다. 즉, 단순히 '망이 끊기지 않게 유지한다'는 기술적 의미를 넘어, 국가·조직·이용자 수준에서 정보의 신뢰성과 가용성을 지속적으로 보장하는 법적·기술적·관리적 목표를 뜻하며 이는 ICT 트러스트 체계를 구축하는 기초 시스템이라 할 것이다.

먼저 네트워크의 안정성(Network Stability) 확보란 정보통신망(인터넷, 전용망, 기업 내부망 등)이 항시 가동되고, 정상적 품질로 서비스가 제공되며, 외부 공격이나 장애로부터 지속적으로 보호되는 상태를 유지하는 것을 의미한다. 법적 맥락에서는 「정보통신망 이용촉진 및 정보보호 등에 관한 법률」 제1조(목적)와 제48조(정보통신망의 안정성 확보 등)에서 "정보통신망의 안정성 및 정보의 신뢰성 확보"라는 표현을 통해 이를 명시적으로 규정한다. 즉, 네트워크의 중단·오류·침해사고로 인한 국가적 피해를 방지하고, 지속적이고 신뢰할 수 있는 통신환경을 보장하는 것을 의미한다.

다음으로 정보보호시스템의 안정성(Security System Reliability)이라 함은 단순히 보안장비가 잘 작동한다는 의미가 아니라, 조직 전체의 보안체계(ISMS 등)가 위험에 대응할 수 있는 상태로 유지되는 것을 뜻한다. 즉, 방화벽·침입탐지·암호화 등의 기술적 요소뿐 아니라, 관리적·물리적 통제까지 포함한 보안 거버넌스 체계의 지속적 유효성을 의미한다.

[표] 네트워크와 정보보호시스템 구성요소별 안정성의 의미

구분	구성요소	안전성의 의미
기술적 측면	네트워크 장비(라우터, 스위치), 서버, 보안장비, 암호화·인증 시스템	장애나 침입이 발생하더라도 신속히 복구하고, 정상성·무결성을 유지할 수 있는 구조
관리적 측면	보안정책, 위험관리, 접근권한, 모니터링 체계	인적 실수나 관리부재로 인한 침해를 방지하고, 통합된 통제·대응 절차를 유지
물리적 측면	전원·환경·출입통제·시설보호	시스템을 물리적으로 안정적으로 보호하고 중단 가능성을 최소화
법제·정책 측면	법정 인증(ISMS 등), 보안기준 고시, 침해대응체계(KISA, CERT)	법률상 의무와 감독을 통해 사회적 신뢰 기반을 제도적으로 보장

2. '안정성'이라는 법정책적 의미

안정성이란 흔히 단순히 "고장 없이 잘 작동한다"는 의미를 넘어서, 장애·고장·침해 등의 위협이 발생했을 때도 시스템이 지속적으로 기능을 유지하거나 신속히 복구할 수 있는 능력을 말하며, 네트워크 및 정보보호시스템 관점에서 보면 다음 세 가지 핵심 요소와 밀접하다. 기밀성(Confidentiality)이란 권한 없는 접근·열람으로부터 정보를 보호하는 것을 말하며 무결성(Integrity)은 정보가 승인되지 않은 수정·삭제·변조 없이 온전하게 유지되는 것이다. 또한 가용성(Availability)은 필요할 때 승인된 사용자가 정보나 시스템 자원에 접근할 수 있는 상태가 유지되는 것을 뜻한다. 따라서 정보보호시스템의 안정성은 위의 CIA 요소들이 확보된 상태에서, 더 나아가 장애·사고·침해 등이 발생했을 때 시스템이 얼마나 잘 버티고 복구하는가까지 고려하는 개념이다. 실제로 우리나라 정부도, 2025년 10월 23일, 범부처 정보보호 종합대책 이후, "네트워크 안정성 확보방안"에서 "코어망 계층화·이중화·AI·SDN 적용 등으로 장애 발생 시 영향범위를 줄이고 복원력을 높이겠다"고 언급했다. 미국 국립 표준 기술연구원(NIST)은 사이버 안정성 프레임워크의 네 가지 주요 목표를 설정하고 있는데 첫째, 예상에 있어 사이버 안정성이 뛰어난 기업은 피해를 입히고 비즈니스 연속성을 방해할 가능성이 가장 높은 공격과 위협의 종류를 명확하게 파악한다. 이러한 위협을 방어하기 위해 보안팀은 ID 및 접속 관리, 취약점 평가, 마이크로세그멘테이션, 침투 테스트, 보안 인식 교육과 같이 관행, 보호 및 관리에 집중한다. 둘째, 저항의 경우 사이버 안정성이 뛰어난 기업은 모든 공격이나 자연 재해를 방지할 수 없다는 사실을 잘 알고 있다. 그리하여 안정성이란 예방 조치를 유지하면서 위협을 탐지하고, 공격을 신속하게 방어하며, 피해를 효과적으로 제한하는 데 도움이 되는 프로그램과 기술을 도입해야 한다. 셋째, 복구에 있어 기업은 공격 또는 중단 후 최대한 빨리 시스템을 가동하고 실행할 수 있어야 한다. 넷째, 대응. 각 IT 위협 또는 도전 과제를 해결한 후 보안팀은 대응을 분석하고 보안 프로그램 및 IT 관행을 조정하여 사이버 안정성을 더욱 강화하여야 한다.

국가 차원에서 안정성이란 「정보통신망 이용 촉진 및 정보보호 등에 관한 법률」, 「국가정보화 기본법」, 「사이버안보 기본계획」 등에서 국가 기반망의 연속성과 사이버위협 대응체계 확보를 "안정성 확보"로 규정한다. 즉, 단순한 기술보안이 아니라 국가 안보·경제안정의 필수 인프라 보호를 뜻한다. 조직(기업) 차원에서는 ISMS/ISMS-P 인증의 목적조항에서도 "정보통신서비스의 안정적 제공"을 핵심 가치로 명시하고 이는 기업의 서비스 가용성(Availability), 데이터 무결성(Integrity), 이용자 신뢰(Trust)의 3요소를 보호하는 체계로 이해된다. 끝으로 이용자(개인) 차원에서는 정보의 위조·변조·유출로부터 보호받고, 언제든 정상적 서비스에 접근할 수 있는 권리이다. 즉, "디지털 신뢰의 보장"을 제도적으로 실현하는 기반이 된다.

[표] 국제표준과의 연계

국제표준 관련	개념	설명
ISO/IEC 27001	정보보호 관리체계(Confidentiality·Integrity·Availability)	안정성 확보는 Availability 중심이지만, 세 요소의 균형을 뜻함
ISO/IEC 27035	보안사고 대응관리	사고 발생 시 신속 복구와 지속 운영(Continuity) 보장
NIST SP 800-53/CSF	Protect-Detect-Respond-Recover	"Recover" 기능이 안정성 확보의 핵심 구성요소
ITU-T X.1051	국가정보통신망 보호 프레임워크	통신망 안정성 확보를 국가적 의무로 규정

그러므로 안정성 확보란 네트워크와 정보보호시스템이 외부 침해, 내부 오류, 자연재해 등 위협에도 불구하고 지속적·예측가능하게 작동하는 상태를 유지하는 것으로 핵심가치는 ① 가용성(Availability) ② 무결성(Integrity) ③ 신뢰성(Trustworthiness) ④ 회복력(Resilience)이다. 결국 기술적 보안뿐 아니라, 운영·거버넌스·정책·법제까지 포함한 전 주기적 신뢰 확보 체계를 말하며 "네트워크와 정보보호 시스템의 안정성

확보"란 정보통신망이 중단 없이 가동되고, 데이터가 위·변조 없이 보호되며, 조직과 이용자가 신뢰할 수 있는 디지털 환경을 지속적으로 유지하도록 하는 기술적·관리적·법제적 통합개념이다. 이는 단순한 기술문제가 아니라, 국가의 사이버안보와 사회적 신뢰, 기업의 서비스 연속성, 이용자의 기본권 보호가 결합된 디지털 법치주의(digital rule of law)의 실질적 토대라고 할 수 있다.

3. 관련 규정

우리나라에서 정보보호의 근간이 되는 대표 법률인 이 법은 1986년 5월 12일 「전산망 보급 확장과 이용 촉진에 관한 법률」에서 제정되어 미국의 「컴퓨터 등 사기남용법」과 같이 "컴퓨터"가 아닌 "전산망"이라는 유통과 확산을 전제로 한 법령으로 정보법을 이해하기 시작한 법령이다. 무엇보다도 이 법은 우리나라의 인터넷 법의 시작을 알린 법이며, 사이버 공간에서 발생하는 사회적 행위를 규율하기 위한 법의 총체를 시작한 법으로 그 가치가 있다.

인터넷 법이란 정보통신기술(ICT)의 발전으로 생성·유통·저장되는 디지털 정보의 흐름을 대상으로, 그 이용, 보호, 책임, 권리 관계를 규정하는 법 영역이다. 인터넷 법은 단일한 법률명이 아니라, 여러 개별 법률의 집합적 개념이지만 이후에 등장하게 된 「개인정보보호법」, 「위치정보법」, 「전기통신사업법」, 「인터넷주소자원법」 「정보통신기반 보호법」, 「정보보호산업진흥법」, 「전자문서 및 전자거래 기본법」, 「전자서명법」,

「클라우드컴퓨팅법」, 「지능정보화기본법」, 「소프트웨어진흥법」 등 모든 법이 각기 적용 영역은 다르지만, 모두 '디지털 네트워크상의 신뢰 확보와 이용자 보호'라는 공통 목적을 지니는데 이 법을 참고한 것으로 볼 수 있을 만큼 이 법은 인터넷에 기본법의 위상을 가지고 있음은 분명하다. 그리하여 이 법은 그 목적을 제1조에서 밝히고 있다시피 "정보통신망의 이용을 촉진하고 정보통신서비스를 이용하는 자를 보호함과 아울러 정보통신망을 건전하고 안전하게 이용할 수 있는 환경을 조성하여 국민생활의 향상과 공공복리의 증진에 이바지함"을 목적으로 한다.

이 법에서 가장 주요 내용은 제45조 "정보통신망의 안정성 확보"로 정보통신서비스 제공자는 네트워크 및 시스템의 안정성 확보를 위한 기술적·관리적 조치를 해야 한다. 그리하여 정보통신서비스 제공자, 정보통신망에 연결되어 정보를 송·수신할 수 있는 기기·설비·장비 중 대통령령으로 정하는 기기·설비·장비를 제조하거나 수입하는 자는 정보통신서비스의 제공에 사용되는 정보통신망의 안정성 및 정보의 신뢰성을 확보하기 위한 보호조치를 하여야 한다. 이 정보보호지침에는 ① 정당한 권한이 없는 자가 정보통신망에 접근·침입하는 것을 방지하거나 대응하기 위한 정보보호 시스템의 설치·운영 등 기술적·물리적 보호조치 ② 정보의 불법 유출·위조·변조·삭제 등을 방지하기 위한 기술적 보호조치 ③ 정보통신망의 지속적인 이용이 가능한 상태를 확보하기 위한 기술적·물리적 보호조치 ④ 정보통신망의 안정 및 정보보호를 위한 인력·조직·경비의 확보 및 관련 계획수립 등 관리적 보호조치 ⑤ 정보통신망연결기기등의 정보보호를 위한 기술적 보호조치가 포함되어야 한다. 정보통신망과 정보보호시스템의 가용성·무결성·기밀성 확보하고 산업과 국가 인프라의 연속성을 보장하는 정보통신망 이용촉진 및 정보보호 등에 관한 법률 내 관련 규정은 다음과 같다.

[표] 「정보통신망법」상 네트워크와 정보보호 시스템 관련 규정

1	제45조 제45조의2	안정성 확보 의무·지침, 보호조치, 사전점검,
2	제45조의3	거버넌스 운영(정보보호책임자, CISO 지정)
3	제46조~제46조의2	집적정보통신시설(데이터센터 등)[6] 보호
4	제47조~제47조의2, 제47조의5~제47조의7	정보보호체계(ISMS) 인증
5	제48조~제48조의5	침해사고 대응(금지·신고·조사·분석·명령)
6	제48조의6	정보통신망연결기기(IoT 등) 인증[7]
7	제49조~제50조의8	비밀보호·속임수 수집 금지·스팸 규제 산업지원
8	제51조	중요정보의 국외유출 제한
9	제52조	KISA(한국인터넷진흥원)의 법정 기능

4. 안정성 확보와 각 기관별 주의의무

(1) 정부의 역할

1) 정보보호 사전점검기준에 따른 보호조치 권고

과학기술정보통신부장관은 ① 이 법 또는 다른 법령에 따라 과학기술정보통신부장관의 인가·허가를 받거나 등록·신고를 하도록 되어 있는 사

6) 다수 이용자/서비스를 위해 통합 운영되는 설비(주로 데이터센터 등)

7) 망에 연결돼 송수신 가능한 기기·설비·장비(IoT 포함)

업으로서 대통령령으로 정하는 정보통신서비스 또는 전기통신사업[8] ② 과학기술정보통신부장관이 사업비의 전부 또는 일부를 지원하는 사업으로서 대통령령으로 정하는 정보통신서비스 또는 전기통신사업[9] 중 어느 하나에 해당하는 정보통신서비스 또는 전기통신사업을 시행하고자 하는 자에게는 대통령령으로 정하는 정보보호 사전점검기준에 따라 보호조치를 하도록 권고할 수 있다(법 제45조의2 제2항). 제2항에 따른 정보보호 사전점검의 기준·방법·절차·수수료 등 필요한 사항은 대통령령으로 정한다(법 제45조의2 제3항).[10] IT 사업은 출발선에서부터 보안이 튼튼해야

8) 시행령 제36조의4(정보보호 사전점검 권고 대상) ① 법 제45조의2 제2항 제1호에서 "대통령령으로 정하는 정보통신서비스 또는 전기통신사업"이란 정보시스템 구축에 필요한 투자금액이 5억 원 이상(하드웨어·소프트웨어의 단순한 구입비용은 제외한 금액을 말한다)인 정보통신서비스 또는 전기통신사업을 말한다.

9) 시행령 ② 법 제45조의2 제2항 제2호에서 "대통령령으로 정하는 정보통신서비스 또는 전기통신사업"이란 과학기술정보통신부장관이 신규 정보통신서비스 또는 전기통신사업의 발굴·육성을 위하여 사업비의 전부 또는 일부를 지원하는 정보통신서비스 또는 전기통신사업을 말한다.

10) 시행령 제36조의5(정보보호 사전점검의 방법 및 절차 등) ① 법 제45조의2제2항에 따른 정보보호 사전점검은 서면점검, 현장점검 또는 원격점검(외부에서 정보통신망을 통하여 제36조의3제1호에 따른 시스템에 접속하여 보안 관련 사항을 점검하는 것을 말한다)의 방법으로 실시한다. ② 법 제45조의2 제2항에 따른 정보보호 사전점검은 다음 각 호의 순서로 진행한다. 1. 사전점검 준비 2. 설계 검토 3. 보호대책 적용 4. 보호대책 구현현황 점검 5. 사전점검 결과 정리 ③ 법 제45조의2 제2항에 따른 과학기술정보통신부장관의 권고를 받은 자는 정보보호 사전점검을 직접 실시하거나 인터넷진흥원 또는 외부 전문기관으로 하여금 실시하게 할 수 있다. 이 경우 정보보호 사전점검은 별표 2에 따른 정보보호 기술인력의 자격기준을 갖춘 사람만 수행할 수 있다.④ 제1항부터 제3항까지에서 규정한 사항 외에 정보보호 사전점검의 방법 및 절차에 관하여 필요한 세부사항은 과학기술정보통신부장관이 정하여 고시한다.

제36조의6(정보보호 사전점검 수수료) ① 법 제45조의2 제2항에 따른 과학기술정보통신부장관의 권고를 받은 자가 정보보호 사전점검을 인터넷진흥원이나 외부 전문기관으로 하여금 실시하게 한 경우에는 인터넷진흥원이나 외부 전문기관에 수수료를 납부하여야 한다. ② 과학기술정보통신부장관은 다음 각 호의 사항을 고려하여 정보보호 사전

한다는 취지에서 대규모·신규 정보통신서비스는 초기 보안결함이 곧 대형 사고로 직결되므로 투자 5억 원 이상 또는 정부 지원 신규 서비스는 공공적 파급력이 크기 때문에 설계 단계에서부터 보안이 미비하지 않도록 해야 한다는 요구가 급증하였다. 즉, 보안 내재화를 제도화하여야 한다는 신설 배경과 취지(2012. 2. 17. 개정, 2012. 8. 18. 시행)는 "대규모 개인정보 유출 사고 방지"를 위해 정보보호 사전점검 제도의 법적 근거를 마련하고, 기업의 보안 관리체계를 강화하는 방향으로 법을 개정하였으며 같은 개정에서 정보보호 최고책임자, CISO 제도(법 제45조의 3)도 함께 근거 마련하면서 입법화되었던 것이다. 당시 개인정보의 대량 유출 위험과 국가 기반시설의 위험 가능성에 대해 사전 예방을 강화하고자 하는 규정이 요구되었고, 설계·구축 단계부터 접근 통제, 암호화, 로그관리 등이 철저한지 반영하도록 강제하고 서비스 출시 전 보안이 설계도에 포함되도록 하려는 움직임이 강화되었다. 특히 많은 분야에서 정부 지원사업이 많았으므로 정부지원사업의 안전성을 담보하고자 하고 재정 투입의 정당성을 확보하고자 하였다. 왜냐하면 국민의 세금인 국가 재정이 투입되는 만큼 보안 사고에 있어 공공 책임 문제가 불거질 수 있었기 때문이다. 그리하여 정부는 "보안 최소 기준" 설립을 위해 선제적 규정을 마련하였다.

점검 수수료의 산정기준을 정하여 고시한다. 1. 정보보호 사전점검을 받는 정보통신서비스 또는 전기통신사업의 규모 2. 정보보호 사전점검에 참가하는 자의 전문성 3. 정보보호 사전점검에 필요한 기간

2) 보호조치의 구체적 기준 고시와 이행점검

과학기술정보통신부장관은 관련 사업자의 의견을 수렴하여 제2항에 따른 보호조치의 구체적인 기준을 정하여 고시한다(시행령 제37조 제3항). 과학기술정보통신부장관은 정기적으로 제1항에 따른 보호조치의 이행 여부를 점검하고, 보완이 필요한 사항에 대하여 집적정보통신시설 사업자 등에게 시정을 명할 수 있다. 다만, 집적정보통신시설 사업자 등에 대하여 「방송통신발전 기본법」 제36조의2 제2항에 따른 점검을 실시한 사항의 경우에는 제1항에 따른 보호조치의 이행 여부 점검 사항에서 제외한다(법 제46조 제3항). 과학기술정보통신부장관은 법 제46조 제3항에 따른 보호조치의 이행 여부 점검(이하 "이행점검"이라 한다)을 매년 실시해야 한다(시행령 제39조 제1항). 과학기술정보통신부장관은 이행점검이 다른 행정기관의 업무분야와 관계되는 경우에는 해당 기관의 장과 미리 협의해야 한다(시행령 제39조 제2항).

과학기술정보통신부장관은 법 제46조 제3항에 따른 보호조치의 이행 여부 점검을 매년 실시해야 한다(시행령 제39조 제1항). 과학기술정보통신부장관은 이행점검이 다른 행정기관의 업무분야와 관계되는 경우에는 해당 기관의 장과 미리 협의해야 한다(시행령 제39조 제2항). 과학기술정보통신부장관은 제3항에 따른 점검과 제6항에 따른 기술적 지원에 관한 업무를 대통령령으로 정하는 전문기관에 위탁할 수 있다(법 제46조 제8항). 이때 "대통령령으로 정하는 전문기관"이란 ① 「공공기관의 운영에 관한 법률」 제4조에 따른 공공기관 ② 「민법」 제32조에 따라 과학기술정보통신부장관의 허가를 받아 설립된 비영리법인 중 집적된 정보통신시설의 안정성 확보와 관련된 업무를 수행하는 법인 ③ 그 밖에 집적된 정보통신시설의 안정성에 관한 전문성이 있다고 과학기술정보통신부장관이 인정하는 기관 또는 단체를 말하며(시행령 제42조 제1항) 과학기술정보통신부장관은 법에 따라 이 업무를 위탁하는 경우에는 위탁받는 전문기관 및 위탁할 업무의 내용을 고시해야 한다(시행령 제42조 제2항).

3) 이용자 정보보호에 필요한 기준설정과 점검 및 지원

정부는 이용자의 정보보호에 필요한 기준을 정하여 이용자에게 권고하고, 침해사고의 예방 및 확산 방지를 위하여 취약점 점검, 기술 지원 등 필요한 조치를 할 수 있다(법 제47조의4 제1항). 정부는 제1항에 따른 조치에 관한 업무를 한국인터넷진흥원 또는 대통령령으로 정하는 전문기관에 위탁할 수 있다(법 제47조의4 제2항). 즉, 중앙행정기관의 장은 법 제47조의4 제1항에 따른 조치에 관한 업무를 인터넷진흥원 또는 이용자의 정보보호와 관련된 전문기관으로서 해당 중앙행정기관의 장이 과학기술정보통신부장관과 협의하여 정하는 기관에 위탁할 수 있다(시행령 제54조의3 제1항). 중앙행정기관의 장은 위탁기관을 지정하는 경우에는 위탁받는 기관 및 위탁할 업무의 내용을 고시해야 한다(시행령 제54조의3 제2항).

4) 포상금의 지급

정부는 침해사고의 예방 및 피해 확산 방지를 위하여 정보통신서비스, 정보통신망연결기기등 또는 소프트웨어의 보안에 관한 취약점을 신고한 자에게 예산의 범위에서 포상금을 지급할 수 있다(법 제47조의6 제1항). 제1항에 따른 포상금의 지급 대상·기준 및 절차 등은 대통령령으로 정한다(법 제47조의6 제2항). 정부는 제1항에 따른 포상금 지급에 관한 업무를 한국인터넷진흥원에 위탁할 수 있다(법 제47조의6 제3항).

정보보호 취약점 신고자에 대한 포상금의 지급 대상·기준 및 절차를 살펴보면[11] 포상금의 지급 대상은 침해사고의 원인이 될 수 있는 법 제47조의6 제1항에 따른 정보보호 취약점으로서 아직 일반에게 알려지지 않은 취약점(신규정보보호 취약점)을 신고한 대한민국 국민으로 한다. 한편 포상금은 5만 원 이상 1천만 원 이하의 범위에서 해당 정보보호 취약점으로 발생할 수 있는 침해사고의 범위·정도, 해당 정보보호 취약점의 악용의 용이성 등을 고려하여 과학기술정보통신부장관이 정하는 바에 따라 산정한다. 포상금의 지급 절차는 먼저 과학기술정보통신부장관은 정보보호 취약점의 신고를 받으면 신고내용 등을 바탕으로 그 취약점이 신규정보보호 취약점에 해당하는지 여부를 판단한다. 이 경우 신고내용이 불분명하거나 사실과 다르다고 인정되는 경우에는 신고자에게 신고내용의 보완을 요청할 수 있다. 다음으로 과학기술정보통신부장관은 신고된 정보보호 취약점이 신규정보보호 취약점에 해당하지 않는다고 판단되는 경우에는 신고자에게 포상금 지급 대상이 아님을 알려야 한다. 끝으로 과학기술정보통신부장관은 신고된 정보보호 취약점이 신규정보보호 취약점에 해당한다고 판단되는 경우에는 제1호 나목에 따라 포상금 지급액을 산정하고 지체 없이 신고자에게 포상금을 지급해야 한다.

그러나 과학기술정보통신부장관은 ① 신고한 정보보호 취약점을 일정기간 외부에 공개하지 않을 것을 조건으로 포상금을 지급했으나 해당 조

---

11) 시행령 제55조의6 제1항 관련, 별표 4의 2, 제55조의6(정보보호 취약점 신고자에 대한 포상) ② 과학기술정보통신부장관은 법 제47조의6 제3항에 따라 포상금 지급에 관한 업무를 인터넷진흥원에 위탁하는 경우에는 위탁업무의 내용을 고시해야 한다.

건을 위반한 경우 ② 내부 정보 활용, 사전 공모 등 부정한 방법으로 정보보호 취약점 정보를 획득하여 신고한 경우 ③ 동일한 원인으로 다른 법령에 따른 포상금을 지급받은 경우 ④ 착오 등의 사유로 포상금이 잘못 지급된 경우 ⑤ 그 밖에 가목부터 라목까지의 사유와 유사한 사유로 포상금을 환수할 필요가 있다고 과학기술정보통신부장관이 판단하는 경우 중 어느 하나에 해당하는 경우에는 지급한 포상금의 전부 또는 일부를 환수할 수 있다.

5) 침해행위에 대한 처벌

정보통신망 침해, 비밀 침해는 금지된다. 누구든지 정당한 접근권한 없이 또는 허용된 접근권한을 넘어 정보통신망에 침입하여서는 아니 된다(법 제48조 제1항). 누구든지 정당한 사유 없이 정보통신시스템, 데이터 또는 프로그램 등을 훼손·멸실·변경·위조하거나 그 운용을 방해할 수 있는 프로그램("악성프로그램")을 전달 또는 유포하여서는 아니 된다(법 제48조 제2항). 누구든지 정보통신망의 안정적 운영을 방해할 목적으로 대량의 신호 또는 데이터를 보내거나 부정한 명령을 처리하도록 하는 등의 방법으로 정보통신망에 장애가 발생하게 하여서는 아니 된다(법 제48조 제3항). 누구든지 정당한 사유 없이 정보통신망의 정상적인 보호·인증 절차를 우회하여 정보통신망에 접근할 수 있도록 하는 프로그램이나 기술적 장치 등을 정보통신망 또는 이와 관련된 정보시스템에 설치하거나 이를 전달·유포하여서는 아니 된다(법 제48조 제4항). 누구든지 정보통신망에 의하여 처리·보관 또는 전송되는 타인의 정보를 훼손하거나 타인의 비밀을 침해·도용 또는 누설하여서는 아니 된다(법 제49조). 더 나아가 중요 정보의 국외유출이 제한되는데 정부는 국내의 산업·경제 및 과학기술 등에 관한 중요 정보가 정보통신망을 통하여 국외로 유출되는 것을 방지하기 위하여 정보통신서비스 제공자 또는 이용자에게 필요한 조치를 하도록 할 수 있다(법 제51조 제1항). 이때 중요 정보의 범위는 정보를 처리하는 정보통신서비스 제공자에게 ① 국가안전보장과 관련된 보안정보 및 주요 정책에 관한 정보 ② 국내에서 개발된 첨단과학 기술 또는 기기의 내용에 관한 정보로서(법 제51조 제2항) 정부는 ① 정보통신망의 부당한 이용을 방지할 수 있는 제도적·기술적 장치의 설정 ② 정보의 불법파괴 또는 불법조작을 방지할 수 있는 제도적·기술적 조치 ③ 정보통신서비스 제공자가 처리 중 알게 된 중요 정보의 유출을 방지할 수 있는 조치에 따른 조치를 하도록 할 수 있다(법 제51조 제3항).

(2) 한국인터넷진흥원의 역할

한국인터넷진흥원은 국가 인터넷 인프라의 지속적 운영, 정보보호 시스템의 표준화·인증, 침해사고 분석·대응, 취약점 점검, 보안 정책·가이드 제정 등을 통해 대한민국의 네트워크와 정보보호시스템을 '예방-탐지-대응-복구' 전 과정에서 안정적으로 유지하는 핵심 국가기관이다.

우리나라는 정보통신망의 고도화(정보통신망의 구축·개선 및 관리에 관한 사항은 제외한다)와 안전한 이용 촉진 및 방송통신과 관련한 국제협력·국외진출 지원을 효율적으로 추진하기 위하여 한국인터넷진흥원을 설립하였으며(법 제52조 제1항) 이를 법인으로 하였다(법 제52조 제2항).

한국인터넷진흥원의 사업(법 제52조 제3항)

1. 정보통신망의 이용 및 보호, 방송통신과 관련한 국제협력·국외진출 등을 위한 법·정책 및 제도의 조사·연구
2. 정보통신망의 이용 및 보호와 관련한 통계의 조사·분석
3. 정보통신망의 이용에 따른 역기능 분석 및 대책 연구
4. 정보통신망의 이용 및 보호를 위한 홍보 및 교육·훈련
5. 정보통신망의 정보보호 및 인터넷주소자원 관련 기술 개발 및 표준화
6. 정보보호산업 정책 지원 및 관련 기술 개발과 인력양성
7. 정보보호 관리체계의 인증, 정보보호시스템 평가·인증, 정보통신망 연결기기등의 정보보호인증, 소프트웨어 개발보안 진단 등 정보보호 인증·평가 등의 실시 및 지원
8. 「개인정보보호법」에 따른 개인정보 보호를 위한 대책의 연구 및 보호기술의 개발·보급 지원
9. 「개인정보보호법」에 따른 개인정보침해 신고센터의 운영
10. 광고성 정보 전송 및 인터넷광고와 관련한 고충의 상담·처리
11. 정보통신망 침해사고의 처리·원인분석·대응체계 운영 및 정보보호 최고책임자를 통한 예방·대응·협력 활동
12. 「전자서명법」 제21조에 따른 전자서명인증 정책의 지원
13. 인터넷의 효율적 운영과 이용활성화를 위한 지원
14. 인터넷 이용자의 저장 정보 보호 지원
15. 인터넷 관련 서비스정책 지원
16. 인터넷상에서의 이용자 보호 및 건전 정보 유통 확산 지원

17. 「인터넷주소자원에 관한 법률」에 따른 인터넷주소자원의 관리에 관한 업무
18. 「인터넷주소자원에 관한 법률」 제16조에 따른 인터넷주소분쟁조정위원회의 운영 지원
19. 「정보보호산업의 진흥에 관한 법률」 제25조 제7항에 따른 조정위원회의 운영지원
20. 방송통신과 관련한 국제협력·국외진출 및 국외홍보 지원
21. 본인확인업무 및 연계정보 생성·처리 관련 정책의 지원
22. 제1호부터 제21호까지의 사업에 부수되는 사업
23. 그 밖에 이 법 또는 다른 법령에 따라 인터넷진흥원의 업무로 정하거나 위탁한 사업이나 과학기술정보통신부장관·행정안전부장관·방송통신위원회 또는 다른 행정기관의 장으로부터 위탁받은 사업

한국 인터넷진흥원이 사업을 수행하는 데 필요한 경비는 ① 정부의 출연금 ② 위 사업수행에 따른 수입금 ③ 그 밖에 인터넷진흥원의 운영에 따른 수입금으로 충당한다. 한국인터넷진흥원에 관하여 이 법에서 정하지 아니한 사항에 대하여는 「민법」의 재단법인에 관한 규정을 준용한다(법 제52조 제5항). 인터넷진흥원이 아닌 자는 한국인터넷진흥원의 명칭을 사용하지 못한다(법 제52조 제6항). 인터넷진흥원의 운영 및 업무수행에 필요한 사항은 대통령령으로 정한다(법 제52조 제7항).

(3) 정보통신망 안정성 확보 의무자의 일반 의무

이 법에서 정보통신망 안정성을 확보해야 하는 의무자는 ① 정보통신서비스 제공자 ② 정보통신망에 연결되어 정보를 송·수신할 수 있는 기기·설비·장비 중 대통령령으로 정하는 기기·설비·장비를 제조하거나 수입하는 자이다.

시행령 제36조의2는 정보통신망에 연결되어 정보를 송·수신할 수 있는 기기·설비·장비 중 대통령령으로 정하는 기기·설비·장비를 제조하거나 수입하는 자를 정하면서 '정보통신망연결기기 등의 범위'를 정하고 있는데 법 제45조 제1항 제2호에서 "대통령령으로 정하는 기기·설비·장비"란 별표 1의3에 따른 분야 중 ① 침해사고가 발생했거나 발생할 가능성이 큰 기기·설비·장비이거나 ② 침해사고가 발생할 경우 정보통신망의 안정성 및 정보의 신뢰성 확보에 중대한 위험성을 가져오는 기기·설비·장비를 말한다. 이때 별표 1의 3이 열거한 정보통신망연결기기 등의 각 분야는 다음과 같다.

분야별 정보통신망연결기기등
(제36조의2 각 호 외의 부분 관련)

1. 가전 분야: 스마트 홈 네트워크에 연결되는 멀티미디어 제품, 주방 가전 제품 또는 생활가전 제품 등의 가전제품 또는 그 제품에 사용되는 기기·설비·장비
2. 교통 분야: 다음 각 목의 제품 등에 사용되는 기기·설비·장비
   가. 「국가통합교통체계효율화법」 제2조 제16호에 따른 지능형교통체계
   나. 「드론 활용의 촉진 및 기반조성에 관한 법률」 제2조 제1호에 따른 드론
   다. 「자동차관리법」 제2조 제1호에 따른 자동차
   라. 「선박법」 제1조의 2 제1항에 따른 선박
3. 금융 분야: 「전자금융거래법」 제2조 제8호에 따른 전자적 장치
4. 스마트도시 분야: 「스마트도시 조성 및 산업진흥 등에 관한 법률」 제2조 제2호에 따른 스마트도시서비스에 사용되는 기기·설비·장비
5. 의료 분야: 「의료기기법」 제2조 제1항에 따른 의료기기 중 통신기능을 보유한 기기·설비·장비
6. 제조·생산 분야: 제품의 제조·생산 또는 용역을 관리하기 위하여 제어·점검·측정·탐지 등의 용도로 사용되는 기기·설비·장비
7. 주택 분야: 「건축법」 제2조 제1항 제4호에 따른 건축설비 중 지능형 홈 네트워크에 연결되는 기기·설비·장비
8. 통신 분야: 「전파법」 제2조 제16호에 따른 방송통신기자재 중 무선 또는 유선으로 통신이 가능한 방송통신기자재

정보통신망 안정성을 확보해야 하는 의무자는 네이버·카카오·KT·SKT·LGU+ 같은 통신·플랫폼·클라우드 사업자뿐 아니라 시스코·삼성전자·안랩·화웨이처럼 '인터넷에 연결되는 네트워크 장비·보안장비·스마트기기'를 제조·수입하는 사업자 전체가 포함된다.

[표] 정보통신망 안정성 확보 의무자의 예

구분	내용	예
정보통신서비스 제공자 (법 제45조의2 제2항 제1호)[12]	인터넷서비스제공자(ISP) → 대한민국의 인터넷 백본·접속망을 운영하는 대표 3사	KT SK브로드밴드(SKB) LG유플러스
	기간통신사업자(전기통신사업법) → 통신망 기반의 음성·데이터 서비스를 제공하는 사업자	SK텔레콤, KT, LG유플러스
	클라우드·데이터센터 사업자 → 정보통신서비스를 제공하며 대규모 ICT 인프라를 운영하는 사업자	네이버클라우드(NBP) KT Cloud NHN Cloud (해외) AWS Korea, Microsoft Azure Korea, Google Cloud Korea
	온라인 플랫폼·콘텐츠 사업자(CP) → "이용자에게 정보통신서비스를 제공하는 사업자" → 트래픽이 크거나 대규모 이용자의 개인정보·콘텐츠를 처리하는 사업자는 거의 대부분 포함	네이버, 카카오, 쿠팡, 배달의민족, 토스, 당근마켓, 유튜브, 넷플릭스, 인스타그램, 페이스북(메타)
	금융·전자결제·핀테크 서비스 → 정보통신망 기반으로 금융서비스 제공 → 안정성 확보 의무 있음	카카오뱅크, 케이뱅크, 토스뱅크, 신한은행·국민은행 등 시중은행의 온라인뱅킹 KG이니시스, 토스페이, 네이버페이, 카카오페이

12) 정보통신망을 구축·운영하여 정보통신서비스를 제공하는 자로, ISP·CP·온라인서비스 사업자 전체

정보통신망에 연결되는 기기·설비를 제조·수입하는 자[13] (법 제45조의2 제2항 제2호 및 시행령 제36조의5 관련)	네트워크 장비 제조·수입업자 →라우터·스위치 등 네트워크 핵심장비 제조기업	Cisco(시스코) Juniper Networks(주니퍼) HPE Aruba Huawei(화웨이) ZTE 삼성전자 네트워크사업부 LS전선/LS일렉트릭(산업용 네트워크)
	방화벽·보안게이트웨이·IPS/IDS 제조사	안랩(Ahnlab) 휴네시온(Hunetion) 파이오링크(PAONetworks) 시큐아이(Secul) 이스트시큐리티 팔로알토(PaloAlto Networks) 포티넷(Fortinet)
	무선 AP(Access Point), 네트워크 모듈 제조사	삼성전자, LG전자, 아이피타임(ipTIME) Aruba, Ubiquiti, TP-Link, ASUS
	정보통신망 연결 가능 기기(스마트기기·IoT) 제조·수입업자[14]	스마트폰·태블릿·PC 제조사 (삼성전자, LG전자, 애플코리아, Lenovo, HP, Dell) IoT 기기 제조사 스마트홈기기: 삼성 SmartThings, 샤오미, LG ThinQ CCTV/IP 카메라: 한화테크윈, 하이크비전, 다후아
	산업제어(ICS/OT)·스마트팩토리 관련 설비 제조사 → 네트워크 연결되는 산업제어 장비는 국가기반시설 안전과 직결됨	LS일렉트릭(PLC·산업제어기) 현대로보틱스, 삼성전자 자동화 설비 Siemens(산업용 제어기) Schneider Electric

13) 인터넷에 연결되어 정보 송·수신이 가능한 기기·설비 중 보안 취약 시 사회적 피해가 큰 장비를 지정

14) 인터넷 연결 장치이므로 취약점 발생 시 대규모 침입·좀비화(DDoS 활용)가 가능하여 안정성 확보 대상

그러므로 위의 각 분야에 해당하는 기기·설비·장비의 제공, 수입 사업자 등 정보통신망 안정성 확보 의무자로 지정된 자는 정보통신서비스의 제공에 사용되는 정보통신망의 안정성 및 정보의 신뢰성을 확보하기 위한 보호조치를 하여야 한다. 이때 이 안정성과 신뢰성을 확보하기 위한 보호조치가 매우 막연하기 때문에 법 제45조 제1항에 따른 보호조치의 구체적 내용을 정한 정보보호조치에 관한 지침을 정하여 과학기술정보통신부장관은 고시하고 정보통신망 안정성 확보 의무자가 이를 지키도록 권고할 수 있다(법 제45조 제2항). 이 권고 지침에 들어갈 조치의 내용은 ① 정당한 권한이 없는 자가 정보통신망에 접근·침입하는 것을 방지하거나 대응하기 위한 정보보호시스템의 설치·운영 등 기술적·물리적 보호조치 ② 정보의 불법 유출·위조·변조·삭제 등을 방지하기 위한 기술적 보호조치 ③ 정보통신망의 지속적인 이용이 가능한 상태를 확보하기 위한 기술적·물리적 보호조치 ④ 정보통신망의 안정 및 정보보호를 위한 인력·조직·경비의 확보 및 관련 계획수립 등 관리적 보호조치 ⑤ 정보통신망연결기기등의 정보보호를 위한 기술적 보호조치 이다(법 제45조 제3항). 과학기술정보통신부장관은 관계 중앙행정기관의 장에게 소관 분야의 정보통신망연결기기등과 관련된 시험·검사·인증 등의 기준에 정보보호지침의 내용을 반영할 것을 요청할 수 있다(법 제45조 제4항). 그러므로 정보통신망 안정성 확보 의무자의 정보보호조치 기준은 정부의 정보보호지침이라 할 수 있을 것이다.

(4) 정보통신서비스 제공자의 의무

"정보통신서비스 제공자"란 「전기통신사업법」 제2조 제8호[15]에 따른 전기통신사업자와 영리를 목적으로 전기통신사업자의 전기통신역무를 이용하여 정보를 제공하거나 정보의 제공을 매개하는 자를 말한다(법 제2조 제3호). 이때 "정보통신망"이란 「전기통신사업법」 제2조 제2호에 따른 전기통신설비를 이용하거나 전기통신설비와 컴퓨터 및 컴퓨터의 이용기술을 활용하여 정보를 수집·가공·저장·검색·송신 또는 수신하는 정보통신체제를 말하며(법 제2조 제1호) "정보통신서비스"란 「전기통신사업법」 제2조 제6호에 따른 전기통신역무와 이를 이용하여 정보를 제공하거나 정보의 제공을 매개하는 것을 말한다(법 제2조 제2호). 정보통신서비스 제공자는 이용자를 보호하고 건전하고 안전한 정보통신서비스를 제공하여 이용자의 권익보호와 정보이용능력의 향상에 이바지하여야 한다(법 제3조 제1항). 정보통신망 안전성 확보 의무자와 정보통신서비

15) 1. "전기통신"이란 유선·무선·광선 또는 그 밖의 전자적 방식으로 부호·문언·음향 또는 영상을 송신하거나 수신하는 것을 말한다(전기통신사업법 제2조).

6. "전기통신역무"란 전기통신설비를 이용하여 타인의 통신을 매개하거나 전기통신설비를 타인의 통신용으로 제공하는 것을 말한다.

8. "전기통신사업자"란 이 법에 따라 등록 또는 신고(신고가 면제된 경우를 포함한다)를 하고 전기통신역무를 제공하는 자를 말한다.

10. "보편적 역무"란 모든 이용자가 언제 어디서나 적절한 요금으로 제공받을 수 있는 기본적인 전기통신역무를 말한다.

11. "기간통신역무"란 전화·인터넷접속 등과 같이 음성·데이터·영상 등을 그 내용이나 형태의 변경 없이 송신 또는 수신하게 하는 전기통신역무 및 음성·데이터·영상 등의 송신 또는 수신이 가능하도록 전기통신회선설비를 임대하는 전기통신역무를 말한다. 다만, 과학기술정보통신부장관이 정하여 고시하는 전기통신서비스(제6호의 전기통신역무의 세부적인 개별 서비스를 말한다. 이하 같다)는 제외한다.

12. "부가통신역무"란 기간통신역무 외의 전기통신역무를 말한다.

스 제공자는 같지만 다른 존재로 인식할 필요가 있는데 정보통신서비스 제공자는 새로이 정보통신망을 구축하거나 정보통신서비스를 제공하고자 하는 때에는 그 계획 또는 설계에 정보보호에 관한 사항을 고려하여야 한다(법 제45조의2 제1항).

[표] 정보통신망 안전성 확보의무자와 정보통신서비스제공자 비교표

	정보통신망 안전성 확보 의무자	정보통신서비스제공자
주요 규정	「정보통신기반 보호법」	「정보통신망 이용촉진 및 정보보호 등에 관한 법률」
대상 범위	국가·지자체, 공공기관, 주요 정보통신기반시설 운영자	포털, 메신저, 온라인쇼핑몰, 게임사, 클라우드기업 등 대부분 민간 서비스 제공자
핵심 역할	국가 기반시설의 사이버보안 확보	이용자 보호·서비스 보안관리
규제 목적	국가안보, 사회기반 유지	이용자 보호 및 정보보호
핵심 자산	기반시설(국가 중요 인프라)	개인 데이터, 서비스 운영 시스템
감독 기관	과기정통부, 국가정보원	과기정통부, 한국인터넷진흥원
제재 수위	매우 강함(국가안보 차원)	상대적으로 완화(민간 규제)

그러므로 정보통신서비스 제공자는 정보통신시스템 등에 대한 보안 및 정보의 안전한 관리를 위하여 대통령령으로 정하는 기준에 해당하는 임직원[16]을 정보보호 최고책임자, CISO로 지정하고 과학기술정보통신

---

16) 시행령 36조의7(정보보호 최고책임자의 지정 및 겸직금지 등) ① 법 제45조의3 제1항 본문에서 "대통령령으로 정하는 기준에 해당하는 임직원"이란 다음 각 호의 구분에 따른 사람을 말한다.

1. 다음 각 목의 어느 하나에 해당하는 정보통신서비스 제공자: 사업주 또는 대표자

가. 자본금(법인의 경우 납입자본금을 말하고, 법인이 아닌 경우 영업용 자산평가액

부장관에게 신고하여야 하는 의무를 지게 되었다. 다만, 자산총액, 매출액 등이 대통령령으로 정하는 기준[17]에 해당하는 정보통신서비스 제공자의 경우에는 정보보호 최고책임자를 신고하지 아니할 수는 있다(법 제45조의3 제1항). 제1항에 따른 신고의 방법 및 절차 등에 대해서는 대통령령으로 정한다(법 제45조의3 제2항). 정보보호책임자는 일정한 자격

을 말한다)이 1억 원 이하인 자

나.「중소기업기본법」 제2조 제2항에 따른 소기업

다.「중소기업기본법」 제2조 제2항에 따른 중기업으로서 다음의 어느 하나에 해당하지 않는 자

1)「전기통신사업법」에 따른 전기통신사업자

2) 법 제47조 제2항에 따라 정보보호 관리체계 인증을 받아야 하는 자

3)「개인정보보호법」 제30조 제2항에 따라 개인정보 처리방침을 공개해야 하는 개인정보처리자

4)「전자상거래 등에서의 소비자보호에 관한 법률」 제12조에 따라 신고해야 하는 통신판매업자

2. 다음 각 목의 어느 하나에 해당하는 정보통신서비스 제공자: 이사(「상법」 제401조의2 제1항 제3호에 따른 자와 같은 법 제408조의2에 따른 집행임원을 포함한다)

가. 직전 사업연도 말 기준 자산총액이 5조원 이상인 자

나. 법 제47조 제2항에 따라 정보보호 관리체계 인증을 받아야 하는 자 중 직전 사업연도 말 기준 자산총액이 5천억 원 이상인 자

3. 제1호 및 제2호에 해당하지 않는 정보통신서비스 제공자: 다음 각 목의 어느 하나에 해당하는 사람

가. 사업주 또는 대표자

나. 이사(「상법」 제401조의2 제1항 제3호에 따른 자와 같은 법 제408조의2에 따른 집행임원을 포함한다)

다. 정보보호 관련 업무를 총괄하는 부서의 장

17) ② 법 제45조의3제1항 단서에서 "자산총액, 매출액 등이 대통령령으로 정하는 기준에 해당하는 정보통신서비스 제공자"란 정보통신서비스 제공자로서 제1항 제1호 각 목의 어느 하나에 해당하는 자를 말한다. ③ 법 제45조의3 제1항 단서에 해당하는 자가 정보보호 최고책임자를 신고하지 않은 경우에는 사업주나 대표자를 정보보호 최고책임자로 지정한 것으로 본다.

을 갖추어야 하며,[18] 자신의 업무에 집중할 수 있도록 다른 업무를 겸직할 수는 없다(법 제45조의3 제3항). 또한 정보통신서비스 제공자는 침해사고에 대한 공동 예방 및 대응, 필요한 정보의 교류, 그 밖에 대통령령으로 정하는 공동의 사업을 수행하기 위하여 제1항에 따른 정보보호 최고책임자를 구성원으로 하는 정보보호 최고책임자 협의회를 구성·운영할 수 있다(법 제45조의3 제5항).

이때 침해사고라 함은 ① 해킹, 컴퓨터바이러스, 논리폭탄, 메일폭탄, 서비스거부 또는 고출력 전자기파 등의 방법 또는 ② 정보통신망의 정상적인 보호·인증 절차를 우회하여 정보통신망에 접근할 수 있도록 하는 프로그램이나 기술적 장치 등을 정보통신망 또는 이와 관련된 정보시스

---

18) 법 제45조의3 ⑦ 정보보호 최고책임자의 자격요건 등에 필요한 사항은 대통령령으로 정한다.

시행령 제36조의7 ④ 법 제45조의3 제1항 및 제7항에 따라 정보통신서비스 제공자가 지정·신고해야 하는 정보보호 최고책임자는 다음 각 호의 어느 하나에 해당하는 자격을 갖추어야 한다. 이 경우 정보보호 또는 정보기술 분야의 학위는 「고등교육법」 제2조 각 호의 학교에서 「전자금융거래법 시행령」 별표 1 비고 제1호 각 목에 따른 학과의 과정을 이수하고 졸업하거나 그 밖의 관계법령에 따라 이와 같은 수준 이상으로 인정되는 학위로 하고, 정보보호 또는 정보기술 분야의 업무는 같은 비고 제3호 및 제4호에 따른 업무로 한다.

1. 정보보호 또는 정보기술 분야의 국내 또는 외국의 석사학위 이상 학위를 취득한 사람
2. 정보보호 또는 정보기술 분야의 국내 또는 외국의 학사학위를 취득한 사람으로서 정보보호 또는 정보기술 분야의 업무를 3년 이상 수행한 경력(학위 취득 전의 경력을 포함한다)이 있는 사람
3. 정보보호 또는 정보기술 분야의 국내 또는 외국의 전문학사학위를 취득한 사람으로서 정보보호 또는 정보기술 분야의 업무를 5년 이상 수행한 경력(학위 취득 전의 경력을 포함한다)이 있는 사람
4. 정보보호 또는 정보기술 분야의 업무를 10년 이상 수행한 경력이 있는 사람
5. 법 제47조 제6항 제5호에 따른 정보보호 관리체계 인증심사원의 자격을 취득한 사람
6. 해당 정보통신서비스 제공자의 소속인 정보보호 관련 업무를 담당하는 부서의 장으로 1년 이상 근무한 경력이 있는 사람

템에 설치하는 방법으로 정보통신망 또는 이와 관련된 정보시스템을 공격하는 행위로 인하여 발생한 사태를 말한다.

정보보호 최고책임자의 업무[19)]

1. 정보보호 최고책임자는 다음 각 목의 업무를 총괄한다.

가. 정보보호 계획의 수립·시행 및 개선

나. 정보보호 실태와 관행의 정기적인 감사 및 개선

다. 정보보호 위험의 식별 평가 및 정보보호 대책 마련

라. 정보보호 교육과 모의 훈련 계획의 수립 및 시행

2. 정보보호 최고책임자는 다음 각 목의 업무를 겸할 수 있다.

가. 「정보보호산업의 진흥에 관한 법률」 제13조에 따른 정보보호 공시에 관한 업무

나. 「정보통신기반 보호법」 제5조 제5항에 따른 정보보호책임자의 업무

다. 「전자금융거래법」 제21조의2 제4항에 따른 정보보호최고책임자의 업무

라. 「개인정보보호법」 제31조 제2항에 따른 개인정보 보호책임자의 업무

마. 그 밖에 이 법 또는 관계 법령에 따라 정보보호를 위하여 필요한 조치의 이행

---

19) 법 제45조의3 제4항

정보통신서비스 제공자는 침해사고에 대한 공동 예방 및 대응, 필요한 정보의 교류, 그 밖에 대통령령으로 정하는 공동의 사업을 수행하기 위하여 제1항에 따른 정보보호 최고책임자를 구성원으로 하는 정보보호 최고책임자 협의회를 구성·운영할 수 있다(법 제45조의3 제5항).[20] 정부는 제5항에 따른 정보보호 최고책임자 협의회의 활동에 필요한 경비의 전부 또는 일부를 지원할 수 있다(법 제45조의3 제6항). 정보통신서비스 제공자가 지정·신고해야 하는 정보보호 최고책임자는 제4항에 따른 자격과 다음 각 호의 어느 하나에 해당하는 자격을 추가로 갖춰야 하며, 상근해야 한다(시행령 제36조의7 제6항). 이 경우 정보보호 또는 정보기술 분야의 업무는 「전자금융거래법 시행령」 별표1 제3호 및 제4호에 따른 업무로 한다. ① 정보보호 분야의 업무를 4년 이상 수행한 경력이 있는 사람 ② 정보보호 또는 정보기술 분야의 업무를 5년 이상 수행(그중 2년 이상은 정보보호 분야의 업무를 수행해야 한다)한 경력이 있는 사람이 그것이다. 법 제45조의2는 권고 성격이 강하고, 직접 벌칙·과징금 조항은 아니지만 사전점검을 하지 않은 상태에서 다른 의무 위반과 결합되면 상당한 행정제재, 과징금, 형사책임 리스크가 커질 수 있다.

---

20) 시행령 제36조의7(정보보호 최고책임자의 지정 및 겸직금지 등) ⑤ 법 제45조의3 제3항에서 "자산총액, 매출액 등 대통령령으로 정하는 기준에 해당하는 정보통신서비스 제공자"란 정보통신서비스 제공자로서 제1항 제2호 각 목의 어느 하나에 해당하는 자를 말한다. 다만, 제1항 제2호 가목에 해당하는 자 중 「독점규제 및 공정거래에 관한 법률」 제2조 제7호에 따른 지주회사로서 자회사의 경영관리업무와 그에 부수하는 업무 외에 영리를 목적으로 하는 다른 업무를 영위하지 않는 자는 제외한다. (제1항 제2호 2. 다음 각 목의 어느 하나에 해당하는 정보통신서비스 제공자: 이사(「상법」 제401조의2 제1항 제3호에 따른 자와 같은 법 제408조의2에 따른 집행임원을 포함한다) 가. 직전 사업연도 말 기준 자산총액이 5조 원 이상인 자, 나. 법 제47조 제2항에 따라 정보보호 관리체계 인증을 받아야 하는 자 중 직전 사업연도 말 기준 자산총액이 5천억 원 이상인 자)

주요정보통신서비스 제공자는 정보통신망에 중대한 침해사고가 발생하여 자신의 서비스를 이용하는 이용자의 정보시스템 또는 정보통신망 등에 심각한 장애가 발생할 가능성이 있으면 이용약관으로 정하는 바에 따라 그 이용자에게 보호조치를 취하도록 요청하고, 이를 이행하지 아니하는 경우에는 해당 정보통신망으로의 접속을 일시적으로 제한할 수 있다(시행령 제54조의3 제3항). 「소프트웨어 진흥법」 제2조에 따른 소프트웨어사업자는 보안에 관한 취약점을 보완하는 프로그램을 제작하였을 때에는 한국인터넷진흥원에 알려야 하고, 그 소프트웨어 사용자에게는 제작한 날부터 1개월 이내에 2회 이상 알려야 한다(시행령 제54조의3 제4항). 제3항에 따른 보호조치의 요청 등에 관하여 이용약관으로 정하여야 하는 구체적인 사항은 대통령령으로 정한다(시행령 제54조의3 제5항). 법 제47조의4 제3항에 따라 이용자에 대한 보호조치의 요청에 관하여 이용약관으로 정해야 하는 사항은 ① 이용자에게 보호조치를 요청할 수 있는 사유 및 요청하는 방법 ② 이용자가 하여야 할 보호조치의 내용 ③ 이용자가 보호조치를 이행하지 아니할 경우 정보통신망으로의 접속 제한 기간 ④ 이용자의 보호조치 불이행에 대하여 부당한 접속 제한을 한 경우 이용자의 이의제기 및 배상 절차와 같다(시행령 제55조).

[표] 한국인터넷진흥원의 정보보호 점검사업

구분	사전점검(「망법」 제45조의2)	CSAP[21]	ISMS-P[22]
법적 근거	「망법」 제45조의2, 시행령 제36조의4~제36조의6	「클라우드컴퓨팅 발전 및 이용자 보호에 관한 법률」 제23조의2 및 고시	「망법」 제47조, 「개인정보보호법」 제32조의2 및 고시
목적	출시 전·설계 단계의 보안 내재화(예방)	클라우드 서비스의 보안 기준 충족 여부 인증	조직 전반의 ISMS+개인정보보호 관리체계 인증
적용 대상	① 5억 원 이상 구축 사업 ② 정부 지원 신규 ICT 사업 등	공공조달·공공이용을 목표로 하는 CSP의 IaaS-·SaaS 등	법·시행령 기준 충족 기업, 의무대상 또는 자율신청
성격	장관 권고에 따른 사전 점검	평가·인증 제도	평가·인증 제도
시점	사전(준비 → 설계검토 → 대책 적용 → 구현점검)	출시·제공 전후, 갱신·사후관리 포함	심사·갱신(정기), 상시 운영 증빙
수행, 기관	점검은 한국인터넷진흥원 또는 외부 전문기관 수행 가능(별표 2 자격 인력[23])	정책: 과기정통부, 인증평가: 한국인터넷진흥원 및 지정기관, 공공 기술자문: NSR	정책: 과기정통부·PIPC 공동, 인증: 한국인터넷진흥원/인증기관

21) https://isms.kisa.or.kr/main/csap/intro/

22) https://isms.kisa.or.kr/main/ispims/intro/

23) 1. 유관자격이나 유관학력을 보유한 자로서 다음 각 목의 어느 하나에 해당하는 자
   가. 학사 이상의 학위를 취득한 후 2년 이상의 정보보호 유관경력이 있거나 3년 이상의 정보통신 유관경력이 있는 자
   나. 기사 또는 기술사 자격을 취득한 후 2년 이상의 정보보호 유관경력이 있거나 3년 이상의 정보통신 유관경력이 있는 자
   다. 전문학사 학위를 취득한 후 4년(3년제 전문대학의 경우에는 3년) 이상의 정보보호 유관경력이 있거나 5년(3년제 전문대학의 경우에는 4년) 이상의 정보통신 유관경력이 있는 자
   라. 산업기사의 자격을 취득한 후 4년 이상의 정보보호 유관경력이 있거나 5년 이상의 정보통신 유관경력이 있는 자
   2. 다음 각 목의 어느 하나에 해당하는 자
   가. 학사 이상의 학위를 취득한 후 4년 이상의 정보보호 유관경력이 있거나 5년 이상의 정보통신 유관경력이 있는 자

효과	권고 이행으로 설계 결함 사전 차단, 미이행 시 사후책임 리스크 ↑	인증 마크로 공공조달·신뢰성 확보	인증 마크로 법 준수·거버넌스 신뢰 확보
제재	직접 벌칙 규정은 약함(권고 성격). 다만 사고 시 다른 조항으로 제재	인증 실패 시 공공조달 제한, 사후관리 미흡 시 인증 취소 가능	인증 미이행·부실 시 의무대상은 과태료·시정명령 등

(5) 집적정보통신시설 사업자의 의무

집적정보통신시설 사업자는 정보통신서비스 제공자와 달리 법 제46조에 별도로 규정되어 있으며 일정한 규모에 해당되어야 하고,[24] ① 타인

나. 전문학사 학위를 취득한 후 6년(3년제 전문대학의 경우에는 5년) 이상의 정보보호 유관경력이 있거나 7년(3년제 전문대학의 경우에는 6년) 이상의 정보통신 유관경력이 있는 자

다. 한국인터넷진흥원의 정보보호 관리체계 인증 심사원 또는 정보보호전문가(SIS), 「전자정부법」 제60조에 따른 감리원, 국제정보시스템감사통제협회(Information Systems Audit and Control Association)의 공인정보시스템감사사(CISA) 또는 국제정보시스템보안자격협회(International Information System Security Certification Consortium)의 공인정보시스템보호전문가(CISSP)의 자격을 취득한 자

라. 변호사나 공인회계사로서 2년 이상의 정보보호 유관경력이나 3년 이상의 정보통신 유관경력이 있는 자

24) 시행령 제37조 ① 법 제46조 제1항 각 호 외의 부분에서 "대통령령으로 정하는 기준에 해당하는 자"란 다음 각 호의 어느 하나에 해당하는 자를 말한다. 다만, 「공공기록물 관리에 관한 법률 시행령」 제3조에 따른 공공기관은 제외한다.

1. 법 제46조 제1항 제1호에 해당하는 자로서 운영·관리하는 집적된 정보통신시설의 전산실 바닥 면적이 500제곱미터 이상인 자
2. 법 제46조 제1항 제2호에 해당하는 자로서 다음 각 목의 요건을 모두 충족하는 자

가. 운영·관리하는 집적된 정보통신시설의 전산실 바닥 면적이 500제곱미터 이상일 것

나. 정보통신서비스 부문 전년도(법인인 경우에는 전 사업연도를 말한다) 매출액이 100억 원 이상일 것

다. 전년도 말 기준 직전 3개월 간 하루 평균 국내 이용자 수가 100만 명 이상일 것

의 정보통신서비스 제공을 위하여 집적된 정보통신시설을 운영·관리하는 자 또는 ② 자신의 정보통신서비스 제공을 위하여 직접 집적된 정보통신시설을 운영·관리하는 자 중 하나이다(법 제46조 제1항). 집적정보통신시설 사업자와 정보통신서비스제공자 둘 다 「망법」상 정보통신 인프라와 서비스 운영 주체로서 안정성과 보호의무를 지는 '망 운영 책임자' 역할을 한다. 그러나 다른 점은 집적시설사업자는 물리적·시스템 인프라 운영자에 초점을 둔 개념이며, 정보통신서비스 제공자는 정보·서비스 제공자(혹은 매개자)라는 서비스 운영자 개념이다.

[표] 집적정보통신시설 사업자와 정보통신서비스 제공자의 역할과 의무

항목	집적정보통신시설 사업자	정보통신서비스 제공자
정의	타인의 정보통신서비스 제공을 위하여 집적된 정보통신시설을 운영·관리하는 자	「전기통신사업법」 제2조제8호에 따른 전기통신사업자와 영리를 목적으로 전기통신사업자의 전기통신역무를 이용하여 정보를 제공하거나 정보의 제공을 매개하는 자
역할	인프라 측면: 서버실, 데이터센터, 네트워크 집적시설 등 물리·시스템 기반시설 운영·관리	서비스 측면: 정보통신서비스를 제공하거나 매개하는 서비스 운영 주체
의무	시설의 안정적 운영·보호, 물리적·기술적 조치, 내부관리계획, 재해 대비, 보험가입의무 등	이용자 및 개인정보 보호, 서비스 제공과 이용자 간 책임, 청소년 보호, 정보통신망 안전관리 등
대상 범위	대규모 집적시설을 운영하는 사업자, 예컨대 데이터센터, 호스팅업체 등 형식으로 특히 '시설을 제공하는' 성격이 강조됨	웹서비스, 앱서비스, 플랫폼, 통신서비스 등 다양한 형태의 정보통신서비스 제공자
규제 강도	'시설 중단 보고', '보험가입의무' 등 물리적·시스템적 리스크에 대한 규율이 있음	개인정보보호, 광고·전송제한, 통신과금서비스 등 더 광범위한 서비스형 규제 존재

집적정보통신시설 사업자의 의무는 다음과 같다.

첫째, 집적정보통신시설 사업자[25]는 정보통신시설을 안정적으로 운영하기 위하여 대통령령으로 정하는 바에 따른 보호조치를 하여야 한다(법 제46조 제1항).

보호조치의 내용은 ① 정보통신시설에 대한 접근 권한이 없는 자의 접근 통제 및 감시를 위한 기술적·관리적 조치 ② 정보통신시설의 지속적·안정적 운영을 확보하고 화재·지진·수해 등의 각종 재해와 테러 등의 각종 위협으로부터 정보통신시설을 보호하기 위한 물리적·기술적 조치 ③ 정보통신시설의 안정적 관리를 위한 관리인원 선발·배치 등의 조치 ④ 정보통신시설의 안정적 운영을 위한 내부관리계획(비상시 계획을 포함한다)의 수립 및 시행 ⑤ 침해사고의 확산을 차단하기 위한 기술적·관리적 조치의 마련 및 시행이다(시행령 제37조 제2항).

둘째, 집적정보통신시설 사업자는 집적된 정보통신시설의 멸실, 훼손, 그 밖의 운영장애로 발생한 피해를 보상하기 위하여 대통령령으로 정하는

---

25) 시행령 제37조(집적정보통신시설 사업자 등의 보호조치) ① 법 제46조 제1항 각 호 외의 부분에서 "대통령령으로 정하는 기준에 해당하는 자"란 다음 각 호의 어느 하나에 해당하는 자를 말한다. 다만, 「공공기록물 관리에 관한 법률 시행령」 제3조에 따른 공공기관은 제외한다. 〈신설 2023. 7. 3.〉

1. 법 제46조 제1항 제1호에 해당하는 자로서 운영·관리하는 집적된 정보통신시설의 전산실 바닥 면적이 500제곱미터 이상인 자
2. 법 제46조 제1항 제2호에 해당하는 자로서 다음 각 목의 요건을 모두 충족하는 자
   가. 운영·관리하는 집적된 정보통신시설의 전산실 바닥 면적이 500제곱미터 이상일 것
   나. 정보통신서비스 부문 전년도(법인인 경우에는 전 사업연도를 말한다) 매출액이 100억 원 이상일 것
   다. 전년도 말 기준 직전 3개월 간 하루 평균 국내 이용자 수가 100만 명 이상일 것

바에 따라 보험에 가입하여야 한다(법 제46조 제2항). 법 제46조 제1항 제1호에 따른 집적정보통신시설 사업자는 법 제46조 제2항에 따라 사업 개시와 동시에 책임보험에 가입하여야 한다(시행령 제38조 제1항). 이때 사업자가 가입해야 하는 책임보험의 최저 보험금액은 다음과 같다.[26] 여기서 "매출액"이란 책임보험에 가입하여야 할 연도의 직전 사업연도의 매출액을 말하고, 직전 사업연도의 매출액이 없거나 매출액 산정이 곤란할 경우에는 해당 사업자가 예측한 향후 1년간의 매출액을 말한다.

[표] 집적정보통신시설사업자의 최저보험금액

적용대상 사업자	최저보험금액
매출액 100억 이상인 사업자	10억 원
매출액 10억 이상 100억 미만인 사업자	1억 원
매출액 10억 미만인 사업자	5천만 원

셋째, 집적정보통신시설 사업자 등은 재난이나 재해 및 그 밖의 물리적·기능적 결함 등으로 인하여 대통령령으로 정하는 기간 동안 정보통신서비스 제공의 중단이 발생한 때에는 그 중단 현황, 발생원인, 응급조치 및 복구대책을 지체 없이 과학기술정보통신부장관에게 보고하여야 한다. 이 경우 과학기술정보통신부장관은 집적된 정보통신시설의 복구 및 보호에 필요한 기술적 지원을 할 수 있다(법 제46조 제6항). 이때 대통령령으로 정하는 중단 기간이라 함은 ① 연속해서 30분 이상 또는 ② 24시간 이내에 2회 이상 중단된 경우에는 그 중단된 기간의 합이 45분 이

26) 시행령 제38조 제2항, 별표 3

상에 해당하는 경우를 말한다(시행령 제40조 제1항). 이때 보고에는 ① 정보통신서비스 제공의 중단이 발생한 일시 및 장소 ② 정보통신서비스 제공의 중단이 발생한 원인 및 피해내용 ③ 응급조치 사항 ④ 대응 및 복구대책 ⑤ 향후 조치계획 ⑥ 그 밖에 정보통신서비스 제공의 중단에 대한 대응 및 복구에 필요한 사항이 포함되어야 한다(시행령 제40조 제2항). 집적정보통신시설 사업자 등은 법 제46조 제6항에 따라 정보통신서비스 제공의 중단이 발생하였을 때에는 과학기술정보통신부장관에게 문서로 보고해야 한다(시행령 제40조 제3항).

넷째, 집적정보통신시설 사업자가 제공하는 집적된 정보통신시설을 임차한 정보통신서비스 제공자는 집적정보통신시설 사업자의 보호조치의 이행 등에 적극 협조하여야 하며, 보호조치에 필요한 설비를 직접 설치·운영하거나 출입 통제를 하는 등 임차시설을 배타적으로 운영·관리하는 경우에는 대통령령으로 정하는 바에 따라 보호조치의 이행, 재난 등으로 인한 서비스 중단 시 보고 등의 조치를 하여야 한다(법 제46조 제7항). 이때 보호조치의 내용은 ① 정보통신시설에 대한 접근 권한이 없는 자의 접근 통제 및 감시를 위한 기술적·관리적 조치 ② 정보통신시설의 지속적·안정적 운영을 확보하고 화재·지진·수해 등의 각종 재해와 테러 등의 각종 위협으로부터 정보통신시설을 보호하기 위한 물리적·기술적 조치 ③ 정보통신시설의 안정적 관리를 위한 관리인원 선발·배치 등의 조치 ④ 정보통신시설의 안정적 운영을 위한 내부관리계획(비상시 계획을 포함한다)의 수립 및 시행 ⑤ 침해사고의 확산을 차단하기 위한 기술적·관리적 조치의 마련 및 시행이다(시행령 제37조 제2항). 이는 집적된 정보통신시설을 임차하여 배타적으로 운영·관리하는 정보통신서비스 제공자도 같은 조치의무를 진다(시행령 제41조). 그 밖에도 집적된 정보통신시설을 임차한 정보통신서비스 제공자는 재난 등으로 인하여 정보통신서비스가 ① 연속해서 30분 이상 또는 ② 24시간 이내에 2회 이상 중단된 경우에는 그 중단된 기간의 합이 45분 이상에 해당하는 경우 과학기술정보통신부장관에게 보고하고 시설을 임대한 집적정보통신시설 사업자에게 통지할 의무 및 그 보고방법 역시 시행령 제40조 제2항 및 제3항을 준용한다(시행령 제41조).

다섯째, 집적정보통신시설 사업자의 긴급한 경우로서 집적정보통신시설 사업자는 일정한 경우에는 이용약관으로 정하는 바에 따라 해당 서비스의 전부 또는 일부의 제공을 중단할 수 있다(법 제46조의2 제1항). 먼저 집적정보통신시설을 이용하는 자의 정보시스템에서 발생한 이상현상으로 다른 시설이용자의 정보통신망 또는 집적된 정보통신시설의 정보통신망에 심각한 장애를 발생시킬 우려가 있다고 판단되는 경우, 둘째, 외부에서 발생한 침해사고로 집적된 정보통신시설에 심각한 장애가 발생할 우려가 있다고 판단되는 경우, 셋째, 중대한 침해사고가 발생하여 과학기술정보통신부장관이나 한국인터넷진흥원이 요청하는 경우 중 어느 하나에 해당하는 경우가 그러하다. 집적정보통신시설 사업자는 제1항에 따라 해당 서비스의 제공을 중단하는 경우에는 중단사유, 발생일시, 기간 및 내용 등을 구체적으로 밝혀 시설이용자에게 즉시 알려야 한다(법 제46조의2 제2항). 집적정보통신시설 사업자는 중단사유가 없어지면 즉시 해당 서비스의 제공을 재개하여야 한다(법 제46조의2 제3항).

제4장

정보보호 관련 인증과 법

1. 정보보호 관리체계 인증

(1) 정보보호 관리체계 인증의 정의

"정보보호 관련 인증법의 필요성"은 오늘날 디지털 국가·산업사회에서 신뢰 기반의 정보통신환경을 유지하기 위한 법적 인프라를 마련하려는 근본적 논의이다. 현대 사회의 모든 경제활동과 공공서비스는 정보통신망과 데이터시스템을 기반으로 이루어진다. 이러한 디지털 인프라는 효율성과 편의를 제공하지만, 동시에 사이버공격·정보유출·서비스마비(DDoS) 등 보안사고 위험의 상시화, IoT·클라우드·AI 확산으로 인한 공급망 취약성 확대, 개인정보·산업기밀의 대량 유통에 따른 신뢰 붕괴 위험이라는 구조적 위협을 동반한다. 이러한 환경에서 정보보호의 핵심가치는 "신뢰(Trust)"이며, 그 신뢰를 사회적으로 보증하는 수단이 바로 법정 인증제도(Legal Certification System) 라고 할 것이다.

「정보보호 인증법」이란, 정보보호 관리체계·보안시스템·기기·서비스 등에 대해 법률상 인증근거를 두고, 정부 또는 지정기관이 객관적·공식적으로 보안 적합성을 검증하는 절차를 규정한 법적 제도체계이다. 즉, 자율적 보안활동을 법적 신뢰로 승격시키는 장치이며, 공공·민간을 막론하고 '보안 수준이 일정 기준 이상임'을 사회적으로 증명하는 법률적 보증장치이다.

「정보보호 인증법」은 먼저 국가 기반의 안정성을 확보하고 정보통신망·전력망·금융망 등 주요 국가기반시설의 연속성(Continuity)과 회복력

(Resilience)을 보장해야 하는 목적을 추진한다. 또한 민간기업의 보안 실패가 국가 전체의 사이버위기·경제혼란으로 이어질 수 있으므로, 최소한의 법정 보안기준과 인증체계를 의무화할 필요가 있다. "보안은 개인이 아닌 공공재(public good)"라는 인식이 법적 근거로 제도화되어야 된다. 둘째, 산업적으로 시장 신뢰와 경쟁력 제고상 요구된다. 글로벌 공급망에서는 보안 인증은 조달·거래의 전제조건이 되고 있는 것이 현실이다. 예를 들어 미국은 정부부처에 CMMC, EUCS인증 없이 또는 우리나라 역시 강제는 아니지만 클라우드 분야에서 CSAP 등 인증 장려책이 뚜렷하다. 특히 최근 사이버 보안 사고 등은 ISO/IEC 27001, ISMS, CSAP 등의 인증은 국제무역에서 품질인증(ISO9001)과 동일한 신뢰 기준 없이 기업운영은 어려움을 보여주고 있다. 국내 산업이 국제시장에서 경쟁력을 가지려면, 국가인증과 국제상호인정(MRA) 기반의 법정 인증체계가 필수이며 "보안 인증은 기술규제이자 무역패스포트"가 되어가고 있는 것이 현실이다. 셋째, 법제적 필요이다. 최근 자율규제의 한계를 극복하면서 현재 기업 자율에 맡긴 보안수준은 편차가 심하며, 사고 발생 후 제재 중심의 사후규제는 실효성이 낮다는 지적으로 교통질서 수준으로 보안도 법률에 근거한 사전 인증제도(Pre-emptive Regulation)를 통해 보안수준을 사전에 검증·강화할 수 있게 되는 "위험의 사전관리(Risk Governance)"를 실현하는 법제적 수단이 도모될 필요가 강화되고 있다. 넷째, 이용자 보호 필요 강화이다. 최근 논의되는 ESG 경영은 오직 환경보호만이 아니라 주주 외 다양한 당사자, 근로자 이용자(소비자) 등 모든 관여자들의 개인정보·신뢰 서비스를 확보하는 책임경영을 요구하고 있다. 이용자는 자신이 사용하는 서비스의 보안 신뢰도를 확인할 권리가 있고 정보보호 인

증은 이용자 선택의 객관적 지표로 작동하게 되는 것이 분명하다. 특히 개인정보 대량 처리기관의 경우, ISMS-P 등 인증이 GDPR Art.42, ISO 27701과 연계되어 국제적으로 보호수준을 증명하는 수단이 되고 적합성 원칙을 증명하는 가장 기초이므로 “보안 인증은 소비자 정보권의 핵심 인프라”가 아닐 수 없다. 끝으로 정책적 필요이다. 중소기업·신산업의 보안역량 격차 해소하기 위해 단순히 국가가 특례만을 둘 것이 아니라 교육과 지도, 지원을 통해 그들의 경쟁력을 뒷받침할 필요가 있다. 중소기업은 보안전문인력·예산이 부족하여 보안투자 미비한 것이 사실이다. 인증제도는 표준화된 가이드라인과 정부지원 체계를 통해 중소기업의 보안수준을 일정 수준 이상으로 끌어올릴 수 있다. 즉, “공정한 경쟁과 안전한 디지털 생태계 조성”이라는 것은 중소기업 대기업 모두에게 닥치는 보안사고에 대해 똑같이 튜브를 나누어주는 일과도 같다. 이는 국제적으로 글로벌 규범 정합성을 확보하게 해준다. EU, 미국, 일본, 싱가포르 등은 이미 법정 인증체계를 통해 자국 기업의 보안 신뢰를 제도적으로 보증하여 우리나라가 ISMS·CSAP 제도를 법률화·국제상호인정 체계로 발전시켜 글로벌 조달·무역시장에서의 ‘보안 신뢰 국가(Status of Trustworthy Nation)’로서 신뢰를 확보한다면 이는 기술 주권과 무역주권의 기초로서 보안인증이 제 역할을 하게 될 것이다.

정보보호 인증제도란, “정보통신서비스, 시스템, 기기 또는 조직이 일정한 정보보호 기준에 적합함을 국가기관 또는 지정된 인증기관이 공식적으로 확인하는 제도” 즉, 민간의 자율적 보안활동을 법적 효력을 지닌 공적 신뢰(legal trust)로 승격시키는 장치이다. 법적 성질상 공법적 행정행위, 정부 또는 공인기관이 법에 근거하여 인증을 부여·취소하는 공적 확인 행위이고 위험관리형 규제수단으로 인증을 통해 사전예방적 규제(preemptive regulation) 기능을 수행하며, 시장 신뢰도구로서 인증이 공공조달, 금융, 의료, 국방, 개인정보 처리 등에서 신뢰의 전제조건으로 작용한다. 따라서 정보보호 인증은 행정규제, 시장거래, 이용자보호를 포괄하는 혼합형 공법제도라 할 수 있다. 현재 정보보호와 관련하여 여러 제도가 존재하므로 인증법 제정이 별도로 필요한 시기에 와 있다.

첫째, 공익적으로 필요한데 국가 기반의 안정성 확보 차원에서 정보보호는 더 이상 기업 차원의 관리문제가 아니라, 국가경제와 공공서비스의 연속성과 회복력(resilience)을 담보하는 공공재적 성격을 가진다. 최근의 사이버공격은 금융결제, 발전소, 병원, 교통 등 국가기반망을 직접 겨냥하고 있으며, 단일 기업의 보안 실패가 국가 전체의 위기로 확산될 수 있음을 보여준다. 그러므로 법률에 근거한 인증체계를 통해 최소한의 보안역량을 공통기준으로 확보해야 한다. 둘째, 글로벌 경쟁력과 시장 신뢰 확보차원에서 글로벌 공급망과 조달시장에서 정보보호 인증은 거래의 필수조건이다. 미국의 CMMC(국방 공급망 보안인증), EU의 EUCS(클라우드 사이버보안 인증), 싱가포르의 MTCS, 일본의 ISMS 인증(JIS Q 27001) 등이 대표적이다. 국내 기업이 해외 조달·클라우드·데이터시장에 진출하기 위해서는 국가 차원의 법정 인증체계와 국제상호인정(MRA) 체계가 필요하다. 즉, 정보보호 인증법은 산업경쟁력의 법적 인프라이기도 하다. 셋째, 법제적 필요성에서 볼 때 현행 제도의 파편화를 극복할 필요가 있다. 현재 정보보호 인증제도는 「정보통신망법」(ISMS, ISMS-P), 「클라우드컴퓨팅 발전 및 이용자 보호에 관한 법률」(CSAP), 「전자금융거래법」(전자금융감독규정상 보안검증), 「개인정보보호법」(안전성 확보조치·인증근거) 등에 분산되어 있다. 이로 인해 인증기준이 중복·충돌하고, 기업은 여러 부처에 이중 인증 부담을 지고 있다. 이를 통합적으로 정비할 법률적 근거가 필요하다. 넷째, 이용자 보호 필요성으로 신뢰 가능한 서비스 선택권을 보장할 필요가 존재한다. 이용자는 자신이 사용하는 서비스가 안전하게 운영되는지, 개인정보가 보호되는지 확인할 수 있는 객관적 신뢰지표를 요구한다. 정보보호 인증은 이러한 디지털 소비자 보호의 핵심 메커니즘이다. GDPR 제42조의 인증제도나 우리나라의 ISMS-P가 그 예이다. 중소기업 지원의 필요성 역시 명확하게 지원이 요구된다. 중소기업은 전문인력·보안예산이 부족하여 침해사고에 취약하다. 법정 인증제도는 중소기업이 표준화된 절차를 따라 보안체계를 구축할 수 있는 가이드라인이자 역량 강화 수단이다. 영국의 Cyber Essentials, 한국의 ISMS 특례제도가 그러한 취지를 보여준다.

"정보보호 관리체계"라 함은 정보통신망의 안정성·신뢰성 확보를 위하여 관리적·기술적·물리적 보호조치를 포함한 종합적 관리체계로서 과학기술정보통신부장관은 정보보호 관리체계를 수립·운영하고 있는 자에 대하여 제4항에 따른 기준에 적합한지에 관하여 인증을 할 수 있다(법 제47조 제1항). 우리나라에서 정보보호 관리체계 인증과 관련된 규정은 「정보통신망 이용촉진 및 정보보호 등에 관한 법률」 제47조~제47조의2, 제47조의5~제47조의7이다. 그 밖에 개인정보보호법 제32조의2, 정보보호 및 개인정보보호 관리체계 인증 등에 관한 고시도 관련 규정이라 할 수 있다.

[표] 정보보호 관리체계 인증의 기능

기능	구분
신뢰 보증기능	인증을 통해 기업, 서비스의 보안수준을 공식적으로 입증
예방 기능	인증심사 과정에서 위험 요소를 사전 식별하거나 시정함
법적 근거 기능	행정명령, 제재 이전 단계의 예방적 합법화 수단
시장 투명성 기능	이용자, 거래상대방에게 객관적 보안정보 제공
상호인정, 국제경쟁력 기능	ISO, NIST 등 국제표준과의 정합성을 기반으로 글로벌 신뢰 확보

(2) 의무 대상자

정보통신망 서비스 제공 사업자(ISP), 직접정보통신시설 사업자(IDC), 정보통신서비스 부문 전년도 매출액 100억 원 이상 또는 전년도 일일 평균 이용자 수 100만 명 이상인 자, 전년도 매출액 또는 세입이 1,500억 원 이상인 상급종합병원 및 재학생 수 1만 명 이상인 학교는 반드시 정보보호 관리체계의 인증을 받아야 한다.

정보통신망 이용촉진 및 정보보호 등에 관한 법률

제47조(정보보호 관리체계의 인증)

① 과학기술정보통신부장관은 정보통신망의 안정성·신뢰성 확보를 위하여 관리적·기술적·물리적 보호조치를 포함한 종합적 관리체계(이하 "정보보호 관리체계"라 한다)를 수립·운영하고 있는 자에 대하여 제4항에 따른 기준에 적합한지에 관하여 인증을 할 수 있다.

② 「전기통신사업법」 제2조 제8호에 따른 전기통신사업자와 전기통신사업자의 전기통신역무를 이용하여 정보를 제공하거나 정보의 제공을 매개하는 자로서 다음 각 호의 어느 하나에 해당하는 자는 제1항에 따른 인증을 받아야 한다.

1. 「전기통신사업법」 제6조 제1항에 따른 등록을 한 자로서 대통령령으로 정하는 바에 따라 정보통신망서비스를 제공하는 자(이하 "주요정보통신서비스 제공자"라 한다)
2. 집적정보통신시설 사업자
3. 전년도 매출액 또는 세입 등이 1,500억 원 이상이거나 정보통신서비스 부문 전년도 매출액이 100억 원 이상 또는 전년도 일일평균 이용자수 100만 명 이상으로서, 대통령령으로 정하는 기준에 해당하는 자

이때 법 제47조 제2항 제3호에서 "대통령령으로 정하는 기준에 해당하는 자"는 ① 전년도 매출액 또는 세입이 1,500억 원 이상인 자이면서 ② 「의료법」 제3조의4에 따른 상급종합병원이거나 ③ 직전연도 12월 31일 기준으로 재학생 수가 1만 명 이상인 「고등교육법」 제2조에 따

른 학교 ④ 정보통신서비스 부문 전년도(법인인 경우에는 전 사업연도를 말한다) 매출액이 100억 원 이상인 자(다만, 「전자금융거래법」 제2조 제3호에 따른 금융회사[27]는 제외) ⑤ 전년도 일일평균 이용자 수가 100만

---

27) 3. "금융회사"란 다음 각 목의 어느 하나에 해당하는 기관이나 단체 또는 사업자를 말한다.

가. 「금융위원회의 설치 등에 관한 법률」 제38조 제1호부터 제5호까지, 제7호 및 제8호에 해당하는 기관

나. 「여신전문금융업법」에 따른 여신전문금융회사

다. 「우체국예금·보험에 관한 법률」에 따른 체신관서

라. 「새마을금고법」에 따른 새마을금고 및 새마을금고중앙회

마. 그 밖에 법률의 규정에 따라 금융업 및 금융 관련 업무를 행하는 기관이나 단체 또는 사업자로서 대통령령이 정하는 자

시행령 제2조(금융회사의 범위) 「전자금융거래법」(이하 "법"이라 한다) 제2조 제3호 마목에서 "대통령령이 정하는 자"라 함은 다음 각 호의 어느 하나에 해당하는 자를 말한다.

1. 「한국산업은행법」에 따른 한국산업은행
2. 「중소기업은행법」에 따른 중소기업은행
3. 「한국수출입은행법」에 따른 한국수출입은행
4. 「산림조합법」에 따른 조합과 그 중앙회의 신용사업부문
5. 「농업협동조합법」에 따른 조합
6. 「수산업협동조합법」에 따른 조합
7. 「자본시장과 금융투자업에 관한 법률」에 따른 거래소
8. 「자본시장과 금융투자업에 관한 법률」에 따른 한국예탁결제원

8의2. 「주식·사채 등의 전자등록에 관한 법률」에 따른 전자등록기관

9. 「금융지주회사법」에 따른 금융지주회사와 「금융지주회사법 시행령」 제2조 제2항 제1호에 해당하는 회사
10. 「보험업법」에 따른 보험협회와 보험요율산출기관
11. 「화재로 인한 재해보상과 보험가입에 관한 법률」에 따른 한국화재보험협회
12. 「자본시장과 금융투자업에 관한 법률」에 따른 한국금융투자협회
13. 삭제 〈2008. 7. 29.〉
14. 「신용정보의 이용 및 보호에 관한 법률」에 따른 신용정보회사, 채권추심회사 및 종합신용정보집중기관
15. 「한국자산관리공사 설립 등에 관한 법률」에 따른 한국자산관리공사
16. 「한국주택금융공사법」에 따른 한국주택금융공사
17. 「신용보증기금법」에 따른 신용보증기금
18. 「기술보증기금법」에 따른 기술보증기금

명 이상인 자(다만, 「전자금융거래법」 제2조 제3호에 따른 금융회사는 제외)이다.

(3) 정보보호 및 개인정보보호 관리체계 인증 등에 관한 고시에의 위임

과학기술정보통신부장관은 제2항에 따라 인증을 받아야 하는 자가 과학기술정보통신부령으로 정하는 바에 따라 국제표준 정보보호 인증을 받거나 정보보호 조치를 취한 경우에는 제1항에 따른 인증 심사의 일부를 생략할 수 있다. 이 경우 인증 심사의 세부 생략 범위에 대해서는 과학기술정보통신부장관이 정하여 고시한다(법 제47조 제3항). 과학기술정보통신부장관은 제1항에 따른 정보보호 관리체계 인증을 위하여 관리적·기술적·물리적 보호대책을 포함한 인증기준 등 그 밖에 필요한 사항을 정하여 고시할 수 있다(법 제47조 제4항).

이 내용은 「정보보호 및 개인정보보호 관리체계 인증 등에 관한 고시」로서[28] 총 39조로 되어 있다. 정보보호 관리체계 인증의 유효기간은 3년으로 한다. 다만, 제47조의5 제1항에 따라 정보보호 관리등급을 받은 경우 그 유효기간 동안 제1항의 인증을 받은 것으로 본다(법 제47조 제5항). 과학기술정보통신부장관은 한국인터넷진흥원 또는 과학기술정보통

---

19. 「온라인투자연계금융업 및 이용자 보호에 관한 법률」 제2조 제3호에 따른 온라인투자연계금융업자

28) 과학기술정보통신부고시 제2024-30호 「정보보호 및 개인정보보호 관리체계 인증 등에 관한 고시」(제2024-30호, 2024. 7. 24.)

신부장관이 지정한 기관으로 하여금 인증업무를 하게 할 수 있는데 이러한 기관을 인증심사원이라고 한다(법 제47조 제6항).[29)]

인증심사원의 업무는 ① 인증 신청인이 수립한 정보보호 관리체계가 제4항에 따른 인증기준에 적합한지 여부를 확인하기 위한 심사 ② 인증심사 결과의 심의 ③ 인증서 발급·관리 ④ 인증의 사후관리 ⑤ 정보보호 관리체계 인증심사원의 양성 및 자격관리 ⑥ 그 밖에 정보보호 관리체계 인증에 관한 업무를 할 수 있으며(법 제47조 제6항) 한국인터넷진흥원, 정보보호 관리체계 인증기관 및 정보보호 관리체계 심사기관은 정보보호 관리체계의 실효성 제고를 위하여 연 1회 이상 사후관리를 실시하고 그 결과를 과학기술정보통신부장관에게 통보하여야 한다(법 제47조 제8항).

(4) 인증심사원의 지정 취소

과학기술정보통신부장관은 제47조에 따라 정보보호 관리체계 인증기관 또는 정보보호 관리체계 심사기관으로 지정받은 법인 또는 단체가 다음 각 호의 어느 하나에 해당하면 그 지정을 취소하거나 1년 이내의 기간을 정하여 해당 업무의 전부 또는 일부의 정지를 명할 수 있다. 다만, 제1호나 제2호에 해당하는 경우에는 그 지정을 취소하여야 한다(법 제

---

29) 제47조 ⑦ 과학기술정보통신부장관은 인증에 관한 업무를 효율적으로 수행하기 위하여 필요한 경우 인증심사 업무를 수행하는 기관(이하 "정보보호 관리체계 심사기관"이라 한다)을 지정할 수 있다.

47조의2 제1항).

1. 거짓이나 그 밖의 부정한 방법으로 정보보호 관리체계 인증기관 또는 정보보호 관리체계 심사기관의 지정을 받은 경우
2. 업무정지기간 중에 인증 또는 인증심사를 한 경우
3. 정당한 사유 없이 인증 또는 인증심사를 하지 아니한 경우
4. 제47조 제11항을 위반하여 인증 또는 인증심사를 한 경우
5. 제47조 제12항에 따른 지정기준에 적합하지 아니하게 된 경우

이때 지정취소 및 업무정지 등에 필요한 사항은 대통령령으로 정한다(법 제47조의2 제2항).

(5) 인증의 표시와 홍보에의 활용

1) 인증의 표시

정보보호 관리체계의 인증을 받은 자는 대통령령으로 정하는 바에 따라 인증의 내용을 표시하거나 홍보할 수 있다(법 제47조 제9항). 또한 정보보호 관리체계 인증을 받은 자는 기업의 통합적 정보보호 관리수준을 제고하고 이용자로부터 정보보호 서비스에 대한 신뢰를 확보하기 위하여 과학기술정보통신부장관으로부터 정보보호 관리등급을 받을 수 있다(법 제47조의5 제1항). 과학기술정보통신부장관은 한국인터넷진흥원으로 하여금 등급 부여에 관한 업무를 수행하게 할 수 있다(법 제47조의5 제2항). 정보보호 관리등급을 받은 자는 대통령령으로 정하는 바에 따라 해당 등급의 내용을 표시하거나 홍보에 활용할 수 있다(법 제47조의5 제3항).

[표] 인증 표시

정보보호 및 개인정보보호 관리체계 인증(ISMS-P)	정보보호 및 개인정보보호를 위한 일련의 조치와 활동이 인증기준에 적합함을 인터넷진흥원 또는 인증기관이 증명하는 제도
정보보호 관리체계 인증 (ISMS)	정보보호를 위한 일련의 조치와 활동이 인증기준에 적합함을 인터넷진흥원 또는 인증기관이 증명하는 제도
정보보호 관리체계 예비인증 (ISMS 예비인증)	신규 가상자산사업자에 대해 시험운영 환경에서의 정보보호를 위한 일련의 조치와 활동이 인증기준에 적합함을 인터넷진흥원이 증명하는 제도

2) 등급제의 실시

정보보호 관리체계(Information Security Management System, 이하 'ISMS')는 정보통신서비스 제공자 등 일정 규모 이상의 기업이 정보보호 활동을 체계적으로 관리하도록 의무화한 제도이다. ISMS는 정보통신망의 안정성과 개인정보 보호 수준을 높이는 데 일정한 기여를 해왔지만, 제도의 운영 과정에서 몇 가지 구조적 한계가 드러났다.

첫째, 인증제도의 특성상 "인증 취득 여부"만이 법적 판단 기준이 되기 때문에, 인증을 획득한 기업 간의 실질적인 보안역량 차이가 평가되지 않았다.

둘째, 인증을 한 번 취득하면 일정 기간 동안 유지되는 구조로 인해, 지속적인 보안 수준 개선을 유도할 인센티브가 부족했다.

셋째, 이용자 입장에서는 "이 기업이 ISMS 인증을 받았다"는 사실만으로는 실제 보안 수준을 직관적으로 파악하기 어려웠다.

이러한 문제의식을 반영하여 2012년 2월 17일 신설된 「정보통신망법」 제47조의5(정보보호 관리등급 부여)는, ISMS 인증을 받은 기업의 관리수준을 다시 평가해 정보보호 역량을 등급화하는 제도의 법적 근거를 마련하였다.

이 규정은 행정법상 '인센티브형 평가제도'로서의 성격으로 정보보호 관리등급제는 의무규제가 아닌 임의적 제도이다. ISMS 인증을 받은 자가 신청을 통해 등급을 받을 수 있으며, 등급의 부여 여부가 사업의 지속에 직접적인 법적 제재를 수반하지 않는다. 따라서 이 제도는 행정상 인센티브 제도(incentive-based regulation)의 성격을 지닌다. 즉, 법률상 의무가 아니라, 정보보호 역량이 높은 기업에게 사회적·경제적 보상(시장 내 신뢰·홍보 효과 등)을 제공하여 자율적인 보안투자를 촉진하는 구조이다. 이는 행정법상 "명령형 규제"와 대비되는 "유도형 규제(regulatory guidance)" 또는 "자율규제형 행정행위"로 평가할 수 있다.

또한 인증제도의 '2단계 구조', ISMS 제도가 "기본 수준의 준수여부"를 평가하는 적합성 심사제도라면, 정보보호 관리등급제는 "보안관리 수준의 성숙도"를 평가하는 성과평가제도(performance evaluation)로 기능한다. 즉, 등급제는 인증을 받은 기업들 사이의 질적 차이를 가시화함으로써, 인증 이후의 개선노력을 유도하는 제도적 장치이다.

이러한 점에서 본 제도는 단순한 인증의 '부속절차'가 아니라, 정책적 목적(정보보호 수준 향상)을 달성하기 위한 2차적 규제수단으로서의 법적 독자성을 가진다. 즉, 정보보호 관리등급의 부여는 행정청(과기정통부)의 재량적 판단에 따라 이루어지는 행정처분이다. 다만, 그 효과가 "허가"나 "인가"처럼 법적 권리를 창설하는 것은 아니며, "공신력 있는 평가결과의 공표"에 가까운 성격을 가진다. 따라서 이는 행정지도적 요소를 포함한 사실행위적 행정작용으로 이해된다. 등급의 취소(제4항)는 반대로 제도의 공신력을 유지하기 위한 제재적 행정처분의 성격을 가진다.

제도의 실효성과 한계를 살피건대 실효성 측면에서 정보보호 관리등급제는 다음과 같은 긍정적 효과를 기대할 수 있다.

첫째, 보안수준의 가시화를 통해 기업 간의 자율경쟁을 촉진하였다. 등급이 높은 기업은 이를 홍보·표시할 수 있어 이용자의 신뢰를 확보하고, 결과적으로 시장에서 보안이 경쟁력으로 작용한다.

둘째, 보안투자의 인센티브 강화이다. 기존 ISMS 인증이 '최소기준 충족'을 목표로 했다면, 등급제는 '우수 수준 달성'을 목표로 하는 자발적 투자 유인을 제공한다.

셋째, 이용자 보호 강화이다. 이용자는 등급정보를 통해 서비스 선택 시 보안수준을 참고할 수 있어, "보안이 투명하게 평가되는 시장 환경"이 조성된다.

그러나 실효성의 한계 역시 존재하는데 제도 운영 초기부터 다음과 같은 한계가 지적되어 왔다. 첫째, 평가기준의 불명확성이다. 등급부여 기준이 구체적으로 공개되지 않아 기업들이 어떠한 추가 노력을 해야 상위 등급을 받을 수 있는지 명확히 알기 어렵다.

둘째, 시장활용도 저조이다. 정보보호 등급이 소비자나 거래파트너의 의사결정에 실질적으로 반영되는 사례가 적고, 정부조달이나 공공입찰에서 가점 요소로 활용되지 않아 실질적 보상이 약하다.

셋째, 중복규제 우려이다. ISMS, ISMS-P, CSAP(클라우드 보안인증) 등 여러 인증·평가제도가 병존하면서, 기업들은 동일한 항목을 반복적으로 심사받는 행정비용 부담을 지고 있다.

넷째, 지속적 개선의 유인 부족이다. 등급을 받은 이후의 사후관리 체계가 미비하여, 일정 기간 경과 후 보안수준이 하락하더라도 즉각적인 조정이 이루어지지 않는다. 이로 인해 등급이 실질적 품질지표로 기능하지 못하는 문제가 있다.

그러므로 첫째, 등급평가 기준의 명확화 및 공개가 필요하다. 평가기준을 세분화·공개함으로써 기업이 자율적으로 보안역량을 향상시킬 수 있도록 해야 한다. 이를 위해 ISO/IEC 27001 성숙도 모델이나 NIST CSF 기반의 등급별 체크리스트를 제도적으로 연동할 수 있다.

둘째, 인센티브 구조의 강화가 요구된다. 상위 등급을 받은 기업에 대해 조달 우대, 공공사업 가점, 금융평가 우대 등 실질적 혜택을 제공함으로써 등급 취득의 유인을 높여야 한다.

셋째, 다른 인증제도와의 상호인정 체계 구축이 필요하다. 예컨대, ISMS-P나 CSAP 인증을 받은 기업이 일정 요건을 충족하면 자동으로 관리등급 평가 대상에 포함되도록 하여, 중복평가를 최소화할 수 있다.

넷째, 지속적 평가체계로의 전환이다. 정기심사 외에도 AI 기반 모니터링, 보안사고 발생률, 평균 대응시간 등 실시간 지표를 활용하여 동적(Dynamic) 등급평가를 시도할 필요가 있다. 이러한 방식은 "사후적 인증"을 "상시적 보증(continuous assurance)"으로 발전시킬 수 있다.

정보보호 관리등급제는 「정보통신망법」 제47조의5에 근거한 임의적 제도로서, 정보보호 관리체계(ISMS)의 질적 성숙도를 제고하기 위한 정책적 장치이다. 그 법적 성격은 강제적 규제가 아닌 행정상 유도형 평가제도, 즉 "자율규제형 행정행위"로 분류할 수 있다. 이는 단순한 행정인증을 넘어, 보안을 시장의 신뢰기반 요소로 전환하려는 정책적 실험이라는 점에서 중요한 의미를 가진다.

그러나 제도의 실효성을 높이기 위해서는 평가기준의 투명성, 인센티브의 실질화, 다른 인증제도와의 연계, 지속적 평가체계 구축이 필수적이다. 결국 정보보호 관리등급제의 목적은 '보안의 형식적 준수'가 아니라, 기업의 정보보호 역량을 자율적·지속적으로 발전시키는 생태계 조성에 있다. 따라서 향후 정부와 산업계는 등급제를 단순한 평가제도가 아닌, 정보보호 신뢰경제(Security Trust Economy)의 핵심 인프라로 발전시킬 필요가 있다.

3) ICT 트러스트의 표준, ISO 27001

ISO/IEC 27001은 전 세계적으로 가장 널리 사용되는 정보보호 관리체계(Information Security Management System, ISMS) 국제표준이다. 우리나라 ISMS 제도(정보통신망법 제47조)도 바로 이 표준을 기반으로 설계되었다.

ISO/IEC 27001(ISO/IEC 27001:2022 Information Security, Cybersecurity and Privacy Protection — Information Security Management Systems — Requirements) 제정 기관은 ISO(국제표준화기구, International Organization for Standardization), IEC(국제전기기술위원회, International Electrotechnical Commission) 공동으로 제정한 국제표준(ISO/IEC JTC 1/SC 27 소위원회 관할)으로 목적은 조직이 정보보호 관리체계(ISMS)를 수립·운영·유지·개선하여 정보의 기밀성(Confidentiality), 무결성(Integrity), 가용성(Availability)을 체계적으로 보호하도록 하는 데 있다. 즉, "어떤 보안기술을 써야 하는가"를 강제하지 않고, "어떻게 조직이 보안을 관리해야 하는가"를 제도적으로 정의

한 관리체계 표준이다.

주요 구성 요소는 ISO/IEC 27001은 두 개의 큰 축으로 이루어지는데 첫째, 본문(Clauses 4~10) 관리체계(ISMS)의 구조와 운영 절차를 규정하여(조직의 맥락, 리더십, 계획, 지원, 운영, 성과평가, 개선 등), 부속서 A(Annex A) 정보보호 통제항목(controls) 93개 제시(2022 개정판 기준)로 이루어진다.

Clause 4~10의 주요 내용을 살펴보면 4조는 조직의 맥락(Context)에서 이해관계자, 법적요구사항, 위험·기회 식별과 이해관계자분석, ISMS 범위 설정하고 5조 리더십(Leadership)에서 최고경영자의 역할, 정보보호정책, 책임·권한, CISO 리더십, 톱매니지먼트, 6조 계획(Planning), 위험관리 프로세스 수립, 목표 설정, 위험평가, 리스크 트리트먼트, 7조 지원(Support), 인적·물적 자원, 인식·교육, 문서화, 인적보안, 교육, 커뮤니케이션, 8조 운영(Operation), 보안조치 실행, 리스크 관리, 운영통제, 변경관리, 9조 성과평가(Performance Evaluation), 모니터링, 내부심사, 경영검토 KPI, 내부감사, 지속개선, 10조 개선(Improvement) 시정조치, 개선계획, PDCA 사이클, Continual Improvement의 내용이 포함된다.

한편 Annex A의 정보보호 통제항목(Controls)에는 2022년 개정판에서는 기존의 114개 통제를 93개로 재정비하면서, 4개의 도메인으로 단순화되었는데 A.5 Organizational Controls(37개) 조직 수준의 정책·절차, 정보보호 정책, 역할·책임, 공급망보안, 사고대응조직, A.6 People Controls(8개)로 인적보안, 교육·훈련, 인사보안, 퇴직자 관리, A.7

Physical Controls(14개) 물리적 부분으로 접근·환경보호, 출입통제, 장비보호, 폐기, A.8 Technological Controls(34개), 기술적 보안조치 암호화, 접근통제, 로그관리, 취약점관리, 백업, 클라우드 보안이 규정되어 있다.

2022년 판에서는 클라우드, 위탁관리, 데이터 유출방지(DLP), 위협정보 공유, 보안모니터링 등 현대적 환경을 반영한 항목이 추가되었다. 그 밖에 운영원리가 들어있는 ISO/IEC 27001의 핵심인 PDCA(Plan-Do-Check-Act) 구조는 단발성 인증이 아니라 지속적 개선(continuous improvement)을 전제로 하는데 ① Plan 위험식별 → 정책 수립 → 목표설정, ② Do 관리통제 실행 → 교육·운영, ③ Check 내부심사 → 경영검토 → 성과평가, ④ Act 개선조치 → 새로운 계획 수립 이 과정을 통해 조직은 정보보호 수준을 끊임없이 개선하게 된다.

즉, 인증 절차를 통해 ISMS 구축(내부 정책·절차 수립, 위험평가 수행)하여 내부심사/Internal Audit, 경영검토/Management Review, 외부심사(1단계 문서심사 → 2단계 현장심사), 인증발급(3년 유효, 매년 사후심사)의 절차를 거치게 된다.

우리나라는 KISA가 운영하는 ISMS 인증제도가 사실상 ISO/IEC 27001의 국내버전이라고 할 수 있다. 국제표준 인증은 국제인증기관(예: BSI, TÜV, DNV, KISA 인증기관 등[30])이 수행하고 있다. 우리나라

---

30) BSI(British Standards Institution,영국표준협회)는 영국의 국가표준기구(National Standards Body, NSB) ISO 표준 제정에도 적극 참여하며, 정보보호 분야에서는 ISO/IEC 27001 인증기관으로 세계적으로 널리 사용된다. TÜV(Technischer Überwachungsverein, 독일 기술 검사 협회)는 독일·유럽에서 기술·안전·품질 검사를 수행하는 민간 기관 그룹으로 여러 지역별 TÜV가 있다.(TÜV SÜD, TÜV Rheinland, TÜV NORD 등) ISO 인증뿐 아니라 제품안전, 산업안전, 자동차 검사 분야에서 권위가 높다. DNV(Det Norske Veritas, 노르웨이 검증기관)은 노르웨이 기반 국제 인증·검증

는「정보통신망법」 제47조(ISMS 인증 의무)와「개인정보보호법」 제32조의2(ISMS-P 인증) 두 제도 모두 ISO/IEC 27001을 기반으로 한 국내 표준으로 국제적 상호인정은 ISO 27001 인증은 대부분 국가에서 공공조달·금융·클라우드 보안 기준으로 인정된다. 유럽의 GDPR, 미국의 NIST CSF, 일본의 ISMS 인증(JIPDEC)과 상호 호환된다고 볼 수 있다.

이와 같은 보안체계 인증은 국제적 공통언어로서 기업의 신뢰도 구축에 있어 ISO/IEC 27001은 글로벌 기업 간 정보보호 신뢰를 구축하는 보안의 언어 역할을 한다. 법적 규제의 기초 인프라일 뿐만 아니라 국내외 대부분의 정보보호 관련 법률(예: NIS2, DORA, 개인정보보호법 등)은 ISO/IEC 27001을 참조기준으로 삼고 있다.

또한 경영책임을 강화하는 데 있어 최고경영자의 리더십과 조직문화의 중요성을 명시함으로써, 단순 기술보안이 아닌 거버넌스 기반 보안(Information Security Governance)으로 전환한다. 지속가능한 보안경영 모델을 제시할 뿐 아니라 PDCA 구조를 통해 보안을 경영시스템 내에 내재화하여 ESG 및 리스크관리체계와 통합 가능하게 되는 것이다.

ISO/IEC 27001은 기술 중심의 보안이 아니라 경영 중심의 정보보호 체계를 확립하는 국제표준이다. 이는 "보안을 위한 관리시스템"이라는 점에서, 단일 기술이나 정책보다 훨씬 포괄적이며, 조직의 규모·산업·국가를 초월해 정보보호의 최소 공통분모(Global Baseline) 역할을 한다.

기관은 해양·에너지·조선 분야에 강점을 가지고 있는데 현재 명칭은 DNV만 사용(예전엔 DNV GL)한다. ISO 27001, ISO 9001, ISO 14001 등 글로벌 인증기관이다. 우리나라 KISA(Korea Internet & Security Agency, 한국인터넷진흥원)는 우리나라 정보보호·인터넷 정책 전문기관으로 ISMS/ISMS-P 인증기관이며 국내 정보보호 정책, 개인정보보호, 인터넷진흥, 사이버보안 대응을 수행한다. 규제와 인증을 한 기관에서 하는 부분에 있어 상당한 문제가 있어 보인다.

우리나라의 ISMS·ISMS-P 제도, EU의 NIS2 지침, 미국의 NIST CSF 등은 모두 이 표준을 변형·확장한 형태로, ISO/IEC 27001은 현대 정보보호 규범체계의 근간이자 국제적 신뢰의 언어로 자리 잡고 있다.

[표] ISMS-P 평가항목

1. 관리체계 수립 및 운영(16)	1.1 관리체계 기반 마련(6) 1.2 위험관리(4) 1.3 관리체계 운영(3) 1.4 관리체계 점검 및 개선(3)
2. 보호대책 요구사항(64)	2.1 정책, 조직, 자산 관리(3) 2.2 인적보안(6) 2.3 외부자 보안(4) 2.4 물리보안(7) 2.5 인증 및 권한 관리(6) 2.6 접근통제(7) 2.7 암호화 적용(2) 2.8 정보시스템 도입 및 개발 보안(6) 2.9 시스템 및 서비스 운영관리(7) 2.10 시스템 및 서비스 보안관리(9) 2.11 사고 예방 및 대응(5) 2.12 재해복구(2)
3. 개인정보 처리단계별 요구사항(21)	3.1 개인정보 수집 시 보호조치(7) 3.2 개인정보 보유 및 이용 시 보호조치(5) 3.3 개인정보 제공 시 보호조치(4) 3.4 개인정보 파기 시 보호조치(2) 3.5 정보주체 권리보호(3)

(6) 인증등급의 재검토

과학기술정보통신부장관은 다음 각 호의 어느 하나에 해당하는 사유를 발견한 경우에는 부여한 등급을 취소할 수 있다. 다만, 제1호에 해당하는 경우에는 부여한 등급을 취소하여야 한다(법 제47조의5 제4항).

1. 거짓이나 그 밖의 부정한 방법으로 정보보호 관리등급을 받은 경우
2. 제5항에 따른 등급기준에 미달하게 된 경우

등급 부여의 심사기준 및 등급 부여의 방법·절차·수수료, 등급의 유효기간, 제4항에 따른 등급취소의 방법·절차, 그 밖에 필요한 사항은 대통령령으로 정한다(법 제47조의5 제5항).

(7) 인증의 취소

과학기술정보통신부장관은 다음 각 호의 어느 하나에 해당하는 사유를 발견한 경우에는 인증을 취소할 수 있다. 다만, 제1호에 해당하는 경우에는 인증을 취소하여야 한다(법 제47조 제10항).

1. 거짓이나 그 밖의 부정한 방법으로 정보보호 관리체계 인증을 받은 경우
2. 제4항에 따른 인증기준에 미달하게 된 경우
3. 제8항에 따른 사후관리를 거부 또는 방해한 경우

위의 2호와 3호는 그 즉시 인증이 취소될 수 있으며, 인증의 방법·절차·범위·수수료, 제8항에 따른 사후관리의 방법·절차, 제10항에 따른 인

증취소의 방법·절차, 그 밖에 필요한 사항은 대통령령으로 정한다(법 제47조 제11항). 정보보호 관리체계 인증기관 및 정보보호 관리체계 심사기관 지정의 기준·절차·유효기간 등에 필요한 사항은 대통령령으로 정한다(법 제47조 제12항).

(8) 인증의 특례

과학기술정보통신부장관은 제47조 제1항 및 제2항에 따른 인증을 받으려는 자 중 다음 각 호의 어느 하나에 해당하는 자에 대하여 제47조에 따른 인증기준 및 절차 등을 완화하여 적용할 수 있다(법 제47조의7 제1항).

1. 「중소기업기본법」 제2조 제2항에 따른 소기업
2. 그 밖에 정보통신서비스의 규모 및 특성 등에 따라 대통령령으로 정하는 기준에 해당하는 자

과학기술정보통신부장관은 정보통신망의 안정성·신뢰성 확보를 위하여 이와 관련된 비용 및 기술 등 필요한 지원을 할 수 있다(법 제47조의7 제2항).

[표] 인증 특별 제도

위반행위	근거 법조문
예비인증	「특정금융정보법」 시행 후 신규로 가상자산서비스 제공을 위해 가상자산사업자 신고 의무를 이행하려는 자
ISMS 인증특례	중소기업기본법 제2조 제2항에 따른 소기업, 정보통신서비스 부문 매출액이 300억 원 미만인 중기업, 정보통신서비스 부문 매출액이 300억 원 이상인 경우 자체 서비스 제공을 위한 주요 정보통신 설비를 보유하지 않은 중기업

법 제47조의7과 시행령 제49조의2는 ISMS 의무제도의 중소기업 부담 완화와 규제 효율화라는 정책목적 아래 만들어진 조항이다.

1) 입법 배경

중소기업의 과도한 규제 부담 완화를 위해 마련된 본 규정은 기존의 「정보통신망법」 제47조 제2항에 따라 일정 규모 이상의 사업자는 ISMS 인증을 반드시 취득해야 하는 부담에서 중소 IT기업·스타트업·콘텐츠사업자들은 인증 준비·심사 비용(수천만~억 원대), 관리체계 문서·인력 유지 부담, 중복된 외부 보안 심사(예: 클라우드·IDC·PG사 심사) 등으로 현실적으로 큰 어려움을 겪는 부분을 규제 샌드박스(일정 기간 법 적용의 예외로 하는 제도)로만 해결하기에는 어렵다는 것을 알게 되었다.

그리하여 이에 2021년 이후 정부와 국회는 "정보보호 관리체계 인증의 특례제도"를 신설하여 중소기업 중 일정 요건을 충족하면 완화된 인증기준을 적용받도록 했다. 즉, 'ISMS Lite' 또는 '간소 인증 제도'의 법적 근거라고 할 수 있다.

2) 내용

가. 시행령 제49조의2 제1항

법 제47조의7 제1항 제2호에 따른 정보보호 관리체계 인증의 특례 대상은 「중소기업기본법」 제2조 제2항에 따른 중기업으로서 다음 각 호의 어느 하나에 해당하는 자로 한다. 1. 정보통신서비스 부문 전년도(법인인 경우에는 전 사업연도를 말한다) 매출액이 300억 원 미만인 자 2. 정보통신서비스 부문 전년도(법인인 경우에는 전 사업연도를 말한다) 매출액이 300억 원 이상인 자 중 주요 정보통신설비를 직접 설치·운영하지 않는 자로서 다음 각 목의 어느 하나에 해당하는 서비스(법 제47조 제1항에 따른 인증, 「개인정보보호법」 제32조의2 제1항에 따른 인증 또는 「클라우드컴퓨팅 발전 및 이용자 보호에 관한 법률」 제23조의2 제1항에 따른 인증을 받은 자가 제공하는 서비스로 한정한다)를 이용하는 자 가. 호스팅서비스(인터넷 홈페이지 구축 및 웹서버 관리 등을 해주는 서비스를 말한다) 나. 「클라우드컴퓨팅 발전 및 이용자 보호에 관한 법률 시행령」 제3조 제2호 및 제3호에 따른 클라우드컴퓨팅서비스이다.

제1항 — 특례의 대상 범위 설정

"중기업 중 일정 매출 이하 또는 클라우드 등 외부서비스 이용 기업"

이는 "중소기업이라도 모두 완화 대상은 아니다"라는 점을 명확히 하며, 보안위험이 상대적으로 낮은 기업에게만 완화 혜택을 주려는 취지로 보인다. 제1호는 매출 300억 미만의 정보통신서비스 부문이 작고 자체 인프라가 작을 경우 위험도 낮다고 판단한 것이며 제2호는 클라우드·호스팅 이용자로서 자체 IDC를 운영하지 않고, 이미 ISMS 인증받은 클라우드/호스팅 서비스를 활용하는 기업은 중복 보안통제를 적용받고 있으므로, ISMS를 경감한 것이다. 즉, 보안 책임이 클라우드 제공자(KISA 인증 보유)에게 상당 부분 이전된 경우, 이용 기업에게 동일한 수준의 인증 의무를 다시 부과할 필요가 없다는 것이다.

나. 시행령 제49조의2 제2항

> ② 제1항에도 불구하고 다음 각 호의 어느 하나에 해당하는 자는 법 제47조의7 제1항 제2호에 따른 정보보호 관리체계 인증의 특례 대상에서 제외한다.
> 1. 법 제47조 제2항 제1호 또는 제2호에 해당하는 자
> 2. 제49조 제2항 제1호 또는 제3호에 해당하는 자
> 3. 「특정 금융거래정보의 보고 및 이용 등에 관한 법률」 제2조 제1호 하목에 따른 가상자산사업자
> 4. 「전자금융거래법」 제2조 제3호에 따른 금융회사

제2항 — 특례에서 제외되는 고위험 업종 명시

다음 업종은 보안사고의 사회적 파급력이 크거나 이미 별도 규제체계가 존재하기 때문에 특례 적용에서 제외된 것이다. 먼저 제1호는 ISMS 의무대상(법 제47조 제2항 제1·2호)으로 이미 법적으로 기본 인증 의무 있는 것이며 제2호는 대형 매출·이용자 기준 초과자로 대규모 서비스 사

업자는 사고 시 영향이 크므로 완화가 불가함을 명확히 하고 있다. 3호 가상자산사업자는 특수업종으로 「특정금융정보법」상 별도 신고·보안관리 의무(특금법 7조 이하)가 가장 중요한 의무이므로 규모로서 면제될 수 없으며 4호 금융회사는 「전자금융거래법」 및 감독규정·금융보안원 체계로 별도 규율 중이다. 즉, 보안위험이 큰 산업(금융·가상자산 등)은 완화의 예외로 두어 보안 수준을 유지하면서, 저위험·영세사업자의 부담을 줄이려는 절충안이다.

3) 추후 입법 방향

정보보호 관리체계(Information Security Management System, 이하 'ISMS')는 「정보통신망 이용촉진 및 정보보호 등에 관한 법률」(이하 「정보통신망법」) 제47조에 근거하여, 일정 규모 이상의 정보통신서비스 제공자에게 정보보호 관리체계를 수립·운영하도록 의무화한 제도이다. 그러나 제도 시행 이후 중소규모 사업자들은 과도한 인증 비용, 인력 및 문서관리 부담 등으로 인해 제도의 실효성에 의문을 제기하였다. 특히 스타트업, 콘텐츠 플랫폼, 클라우드 이용 기업은 보안 수준에 비해 동일한 심사기준을 적용받아 진입장벽으로 작용한다는 비판이 지속되었다. 이러한 문제의식 속에서 2021년 신설된 「정보통신망 이용촉진 및 정보보호 등에 관한 법률 시행령」 제49조의2는 '정보보호 관리체계 인증의 특례' 제도를 도입하였다. 본 논문은 동 조항의 법적 성격을 분석하고, 그 입법정책적 함의를 규명함으로써 향후 정보보호 규제의 합리적 개선 방향을 제시하고자 한다.

시행령 제49조의2 제1항은 '중소기업기본법상 중기업'을 기본 전제로, ① 정보통신서비스 부문 매출 300억 원 미만, 또는 ② 매출 300억 원 이상이더라도 자체 인프라 없이 ISMS 인증을 받은 호스팅·클라우드 서비스를 이용하는 경우를 특례 대상으로 규정한다. 이는 "위험기반 차등규제(risk-based regulation)"의 원리에 따라, 자체 보안자산을 보유하지 않거나 위험도가 낮은 기업에게 완화된 인증을 허용하려는 취지이다. 반면, 제2항에서는 금융회사, 가상자산사업자, 대규모 이용자 기반 사업자 등을 특례 적용에서 제외함으로써, 고위험 산업에 대한 규제수준을 유지하도록 하고 있다.

본 규정은 행정규제의 차등적 완화 장치로서의 '예외규정'으로서 ISMS 특례제도는 법률상 인증의무를 면제하거나 축소하는 행정규제 완화형 예외조항으로서의 성격을 가진다. 즉, 본질적으로 정보보호 의무를 경감하는 것이 아니라, 동일 목적(정보보호 수준 확보)을 '간소화된 수단'으로 달성하도록 허용한 것이다. 따라서 이는 단순한 면제(exemption)가 아닌, 규제의 수단적 합리화(instrumental rationalization)로 평가할 수 있다. 그리하여 법적 성격이 '인증절차의 차등화'로 볼 것이냐 '의무의 감경'으로 볼 것이냐에 대한 논의의 대립이 있는 바 특례제도는 인증제도의 본질적 의무를 유지하면서도, 그 절차를 완화하는 점에서 ① 인증대상 축소형 특례(적용범위 제한)와 ② 심사항목 경감형 특례(절차 간소화)로 이원화되어 있으나 이는 「행정규제기본법」 제5조[31]에 부합하게 본질적 내용

31) 제5조(규제의 원칙) ① 국가나 지방자치단체는 국민의 자유와 창의를 존중하여야 하며, 규제를 정하는 경우에도 그 본질적 내용을 침해하지 아니하도록 하여야 한다.
② 국가나 지방자치단체가 규제를 정할 때에는 국민의 생명·인권·보건 및 환경 등의 보호와 식품·의약품의 안전을 위한 실효성이 있는 규제가 되도록 하여야 한다.
③ 규제의 대상과 수단은 규제의 목적 실현에 필요한 최소한의 범위에서 가장 효과적인 방법으로 객관성·투명성 및 공정성이 확보되도록 설정되어야 한다.

(보안확보)은 유지하면서 형식적 부담만 감경하는 '조건부 의무이행제도'로 보는 것이 타당하다. 본 제도는 다음과 같은 점에서 우수한 점이 존재한다. 첫째, 중소기업의 보안역량과 규제의 형평성 조정 견지에서 볼 때 ISMS 제도의 경직성은 정보보호 역량이 취약한 중소기업에게 불균형한 부담을 초래했다. 특례제도는 규제 형평성(equity of regulation)의 관점에서, 기업 규모·리스크 수준에 따라 책임을 차등화함으로써 제도의 실효성을 제고하였다. 이와 함께, 정부는 클라우드 이용 촉진 및 스타트업 보안역량 제고라는 산업정책적 목표를 병행 달성하고자 했다. 둘째, 클라우드 전환과 책임 분담의 명문화, 즉 시행령 제49조의2 제1항 제2호는 ISMS 인증을 받은 클라우드 또는 호스팅 서비스를 이용하는 중소기업에 대해 특례를 인정한다. 이는 클라우드 제공자(CSP)의 ISMS 인증이 이용자 보안의 일정 부분을 대체할 수 있음을 제도적으로 승인한 것이다. 정보보호의 책임이 공급자-이용자 간에 합리적으로 분담되는 구조를 제도적으로 명문화한 셈이다. 셋째, 고위험 산업(금융·가상자산)의 예외 설정하여 가상자산사업자와 금융회사는 이미 「특정금융정보법」과 「전자금융거래법」에 따라 별도의 보안관리체계(금융보안원·FIU 감독)를 운영하고 있으므로 합리적인 제외규정이 존재한다. 이는 특례 적용 시 오히려 감독체계의 중복 및 규제 공백이 발생할 우려가 있어 제외한 것이다. 그리하여 본조는 규제체계 간 기능적 분담(functional differentiation)의 사례로 평가된다. 그럼에도 불구하고 다음과 같은 정책적 한계와 과제가 있는데 보안사고는 중소기업이라고 일어나지 않는 것은 아니기 때문이다. 첫째, 특례제도 적용 범위가 협소하여 소규모 스타트업 중 일부만 혜택을 받는다는 지적이다. 둘째, 인증항목 경감기준이 구체적으로 공개되지 않아

예측가능성이 낮으며 셋째, 클라우드 서비스 의존도가 높은 경우, 책임소재 불명확성(shared responsibility ambiguity)의 문제가 존재한다. 넷째, 무엇보다도 ISMS 특례와 「클라우드 보안인증」(CSAP) 간의 기준 불일치 등 제도 간 정합성 문제가 해결되지 않고 있다는 것이다. 그러므로 ISMS 특례제도는 정보보호 의무의 본질을 유지하면서, 중소기업의 현실적 부담을 완화하기 위한 '규제 합리화형 제도개선'으로서 법적·정책적 의의를 가진다. 이는 행정규제의 형식적 완화를 통해 실질적 보호효과를 유지하려는, 위험기반 규제(Risk-Based Regulation)와 자율·책임형 보안 정책(Self-Regulated Security Governance)의 방향성과 일치한다. 그러므로 향후 보다 인증체계를 실효성을 담보화하기 위해서는 첫째, 특례 대상 선정 기준을 보다 세분화하고, 산업별 보안위험지표(K-ISRI 등)를 반영한 등급제 적용이 필요하다. 둘째, 클라우드·핀테크 등 신산업 영역에서는 공급망 기반 위험(Supply Chain Risk)을 고려한 공유책임 모델(Shared Responsibility Model)의 법적 명확화가 필요하다. 셋째, ISMS 특례제도와 CSAP, ISMS-P, 금융보안 규제 간의 상호인정(Mutual Recognition) 체계를 구축함으로써 중복심사를 해소하고, 산업계의 자율보안 역량을 강화해야 한다. 결국 ISMS 특례제도는 "보안은 강화하되, 규제는 효율화한다"는 디지털 규제혁신의 상징적 모델로 자리 잡을 수 있을 것이다.

(9) 인증의 면제

과학기술정보통신부장관은 제2항에 따라 인증을 받아야 하는 자가 과학기술정보통신부령으로 정하는 바에 따라 국제표준 정보보호 인증을 받거나 정보보호 조치를 취한 경우에는 제1항에 따른 인증 심사의 일부를 생략할 수 있다. 이 경우 인증 심사의 세부 생략 범위에 대해서는 과학기술정보통신부장관이 정하여 고시한다(법 제47조 제3항). 과학기술정보통신부장관은 「정보통신망 이용촉진 및 정보보호 등에 관한 법률」 제47조 제2항에 따라 인증을 받아야 하는 자가 다음 각 호의 어느 하나에 해당하는 국제표준 정보보호 인증을 받거나 정보보호 조치를 취한 경우에는 같은 조 제3항에 따라 같은 조 제1항에 따른 인증심사의 일부를 생략할 수 있다(시행규칙 제3조 제1항).

1. 「품질경영 및 공산품안전관리법」 제7조 제2항[32]에 따른 국제인정기관협력기구에 가입된 인정기관이 인정한 인증기관으로부터 받은 국제표준 정보보호경영시스템 인증
2. 「개인정보보호법」 제32조의2[33]에 따른 개인정보 보호 인증
3. 「정보통신기반 보호법」 제9조[34]에 따른 주요정보통신기반시설의

---

32) ② 다음 각 호의 어느 하나에 해당하는 업무를 수행하고자 하는 자는 제1항의 규정에 의한 지정을 받은 자(이하 "인정기관"이라 한다)로부터 인정받거나, 국제인정기관협력기구의 관리를 받는 외국 소재 인정기관으로부터 인정을 받아야 한다.
1. 품질경영체제인증
2. 품질경영체제의 인증심사업무를 담당하는 인증심사원(認證審査員)의 자격인증
3. 그 밖의 품질경영체제에 관한 업무로서 산업자원부령이 정하는 업무 (이하 생략)

33) 제32조의2(개인정보 보호 인증) ① 보호위원회는 개인정보처리자의 개인정보 처리 및 보호와 관련한 일련의 조치가 이 법에 부합하는지 등에 관하여 인증할 수 있다. (이하 생략)

34) 제9조(취약점의 분석·평가) ① 관리기관의 장은 대통령령으로 정하는 바에 따라 정기적으로 소관 주요정보통신기반시설의 취약점을 분석·평가하여야 한다.
② 중앙행정기관의 장은 다음 각 호의 어느 하나에 해당하는 경우 해당 관리기관의 장에게 주요정보통신기반시설의 취약점을 분석·평가하도록 명령할 수 있다.
1. 새로운 형태의 전자적 침해행위로부터 주요정보통신기반시설을 보호하기 위하여 필요한 경우

취약점 분석·평가

4. 「전자정부법」 제56조 제3항[35)]에 따른 보안조치[36)]

제1항에 따라 정보보호 관리체계 인증심사의 일부를 생략하려는 경우에는 다음 각 호의 요건을 모두 충족하여야 한다(시행규칙 제3조 제2항).

1. 해당 국제표준 정보보호 인증 또는 정보보호 조치의 범위가 영 제47조 제2항에 따른 정보보호 관리체계 인증의 범위와 일치할 것
2. 정보보호 관리체계 인증 신청 및 심사 시에 해당 국제표준 정보보호 인증이나 정보보호 조치가 유효하게 유지되고 있을 것

법 제47조 제3항에 따라 정보보호 관리체계 인증심사 일부의 생략을 받으려는 자는 인증심사 일부의 생략을 신청하는 서류에 국제표준 정보보호 인증서, 정보보호 조치 결과보고서, 「전자정부법」 제56조 제3항에 따른 보안조치에 관하여 과학기술정보통신부장관이 정하여 고시하는 결과보고서(제1항 제4호에 해당하는 경우로 한정한다) 등 인증심사의 일부 생략 대상인 사실을 증명할 수 있는 서류를 첨부하여 제출해야 한다(시행규칙 제3조 제3항).

---

2. 주요정보통신기반시설에 중대한 변화가 발생하여 별도의 취약점 분석·평가가 필요한 경우

③ 관리기관의 장은 제1항 또는 제2항에 따라 취약점을 분석·평가하고자 하는 경우에는 대통령령이 정하는 바에 따라 취약점을 분석·평가하는 전담반을 구성하여야 한다.(이하 생략)

35) ③ 행정기관의 장은 정보통신망을 이용하여 전자문서를 보관·유통할 때 위조·변조·훼손 또는 유출을 방지하기 위하여 국가정보원장이 안전성을 확인한 보안조치를 하여야 하고, 국가정보원장은 그 이행 여부를 확인할 수 있다.

36) 영 제49조 제2항 제1호 나목에 해당하는 자가 법 제47조 제2항에 따라 인증을 받아야 하는 해를 기준으로 그 전년도에 해당 보안조치를 한 경우로 한정한다.

(10) 인증 흐름도

1) 신청

법 제47조 제1항 또는 제2항에 따라 정보보호 관리체계의 인증을 받으려는 자는 정보보호 관리체계 인증기관 또는 정보보호 관리체계 심사기관에 ① 정보보호 관리체계 인증신청서(전자문서로 된 신청서를 포함한다)와 ② 정보보호 관리체계 명세서를 제출하여야 한다.

정보보호 관리체계 명세서 작성 내용[37]
1. 정보보호 관리체계의 범위 2. 정보보호 관리체계의 범위에 포함되어 있는 주요 정보통신설비의 목록과 시스템 구성도 3. 정보보호 관리체계를 수립·운영하는 방법과 절차 4. 정보보호 관리체계와 관련된 주요 문서의 목록 5. 정보보호 관리체계와 관련된 국내외 품질경영체제의 인증을 취득한 경우에는 그 명세

제47조 제1항에 따라 인증을 신청하는 자는 인터넷진흥원, 정보보호 관리체계 인증기관 또는 정보보호 관리체계 심사기관에 수수료를 납부하여야 한다(법 제48조 제1항). 과학기술정보통신부장관은 인증심사에 투입되는 인증심사원의 수, 인증심사에 필요한 일수 등을 고려하여 정보

37) 시행령 제47조 제1항

보호 관리체계 인증 수수료 산정을 위한 구체적인 기준을 정하여 고시[38)]한다(법 제48조 제2항).

2) 접수와 인증심사

제1항에 따른 신청을 받은 인터넷진흥원, 정보보호 관리체계 인증기관 또는 정보보호 관리체계 심사기관은 법 제47조 제6항 제1호에 따른 인증심사를 하는 경우 같은 조 제4항에 따라 과학기술정보통신부장관이 정하여 고시하는 정보보호 관리체계 인증을 위한 관리적·기술적·물리적 보호대책을 포함한 인증기준 등에 따라 신청인과 인증의 범위 및 일정 등에 관한 협의를 하여야 한다(시행령 제47조 제2항). 인터넷진흥원, 정보보호 관리체계 인증기관 또는 정보보호 관리체계 심사기관은 인증심사를 하는 경우 인증 신청인이 수립한 정보보호 관리체계가 관리체계 인증고시에 적합한지 여부를 심사하여야 한다. 이 경우 인증심사는 서면심사 또는 현장심사의 방법으로 실시한다(시행령 제47조 제3항). 인증심사는 제53조 제1항 제1호에 따른 인증심사원만 수행할 수 있다(시행령 제47조 제4항).[39)] 정보보호 관리체계 심사기관은 인증심사의 결과를

38) '과학기술정보통신부고시' 제2024-30호 「정보보호 및 개인정보보호 관리체계 인증 등에 관한 고시」

39) 제53조(정보보호 관리체계 인증기관 및 정보보호 관리체계 심사기관의 지정기준) ① 정보보호 관리체계 인증기관 및 정보보호 관리체계 심사기관의 지정기준은 다음 각 호와 같다.
   1. 과학기술정보통신부장관이 정하여 고시하는 자격 요건을 갖춘 자(이하 "인증심사원"이라 한다)를 5명 이상 보유할 것
   2. 과학기술정보통신부장관이 실시하는 업무수행 요건·능력 심사에서 적합하다고 인정받을 것
   ② 과학기술정보통신부장관은 인증심사원의 교육·자격관리에 관한 사항 및 제1항 제2

인터넷진흥원 또는 정보보호 관리체계 인증기관에 제출하여야 한다(시행령 제47조 제5항). 인터넷진흥원 또는 정보보호 관리체계 인증기관은 인증심사의 결과를 심의하기 위하여 정보보호에 관한 학식과 경험이 풍부한 자를 위원으로 하는 인증위원회를 설치·운영하여야 한다(시행령 제47조 제6항). 인터넷진흥원 또는 정보보호 관리체계 인증기관은 제6항에 따른 인증위원회의 심의 결과 관리체계인증고시에 적합한 때에는 그 인증신청을 한 자에게 정보보호 관리체계 인증서를 발급하여야 한다(시행령 제47조 제7항). 제1항부터 제7항까지에서 규정한 사항 외에 인증신청, 인증심사, 인증위원회의 설치·운영 및 인증서의 발급 등에 필요한 세부사항은 과학기술정보통신부장관이 정하여 고시[40]한다(시행령 제47조 제8항).

3) 인증심사기관의 업무유효기간과 지정업무취소

과학기술정보통신부장관은 한국인터넷진흥원 또는 과학기술정보통신부장관이 지정한 기관으로 하여금 인증업무[41]를 수행하게 할 수 있다(법 제47조 제6항). 이와 같이 인증에 관한 업무를 효율적으로 수행하기 위하여 필요한 경우 인증심사 업무를 수행하는 기관을 "정보보호 관리체계 심사기관"이라 하며, 과학기술정보통신부장관은 이러한 기관을 지정할

호에 따른 업무수행 요건·능력 심사에 관한 세부기준을 정하여 고시한다.

40) '과학기술정보통신부고시' 제2024-30호 「정보보호 및 개인정보보호 관리체계 인증 등에 관한 고시」

41) 1. 인증 신청인이 수립한 정보보호 관리체계가 제4항에 따른 인증기준에 적합한지 여부를 확인하기 위한 심사 2. 인증심사 결과의 심의 3. 인증서 발급·관리 4. 인증의 사후관리 5. 정보보호 관리체계 인증심사원의 양성 및 자격관리 6. 그 밖에 정보보호 관리체계 인증에 관한 업무이다.

수 있다(법 제47조 제7항).[42]

시행령 제53조의3 '정보보호 관리체계 인증기관 및 정보보호 관리체계 심사기관 지정의 유효기간'은 3년이다(제1항). 제1항에 따른 유효기간이 끝나기 전 6개월부터 끝나는 날까지 재지정의 신청을 할 수 있다. 이 경우 재지정의 신청에 대한 처리결과를 통지받을 때까지는 그 지정이 계속 유효한 것으로 본다(제2항). 제2항에 따른 재지정에 관하여는 제53조, 제53조의2 및 제1항을 준용한다(제3항). 시행령 제53조의4 '정보보호 관리체계 인증기관 및 정보보호 관리체계 심사기관의 사후관리' 조문명 아래 정보보호 관리체계 인증기관 및 정보보호 관리체계 심사기관은

---

42) 시행령 제53조의2(정보보호 관리체계 인증기관 및 정보보호 관리체계 심사기관의 지정 절차 등) ① 법 제47조 제6항 또는 제7항에 따라 정보보호 관리체계 인증기관 또는 정보보호 관리체계 심사기관으로 지정을 받으려는 자는 정보보호 관리체계 인증기관 지정신청서 또는 정보보호 관리체계 심사기관 지정신청서(전자문서로 된 신청서를 포함한다)에 다음 각 호의 서류(전자문서를 포함한다)를 첨부하여 과학기술정보통신부장관에게 제출하여야 한다.

1. 법인의 정관 또는 단체의 규약
2. 인증심사원의 보유현황과 이를 증명할 수 있는 서류
3. 정보보호 업무를 수행한 경력이나 전문화 정도 등 업무수행 요건·능력 심사를 위하여 필요한 서류로서 과학기술정보통신부장관이 정하여 고시하는 서류

② 제1항에 따른 지정신청을 받은 과학기술정보통신부장관은 신청인이 법인인 경우에는 「전자정부법」 제36조 제1항에 따른 행정정보의 공동이용을 통하여 법인 등기사항증명서를 확인하여야 한다.

③ 과학기술정보통신부장관은 제1항에 따른 지정신청을 받은 경우에는 제53조 제1항에 따른 지정기준 충족 여부를 심사하여 신청을 받은 날부터 3개월 이내에 그 결과를 신청인에게 통지하고, 정보보호 관리체계 인증기관 또는 정보보호 관리체계 심사기관으로 지정되는 신청인에게 정보보호 관리체계 인증기관 지정서 또는 정보보호 관리체계 심사기관 지정서를 발급하여야 한다.

④ 과학기술정보통신부장관은 제3항에 따라 지정기준의 충족여부를 심사하는 때에는 필요한 범위에서 신청인에게 자료의 제출을 요구하거나 현장실사를 할 수 있다. 이 경우 현장실사를 수행하는 자는 자신의 자격을 증명하는 증표를 신청인에게 내보여야 한다.

매년 1월 31일까지 과학기술정보통신부장관에게 ① 정보보호 관리체계 인증기관: 전년도 인증실적 보고서 ② 정보보호 관리체계 심사기관: 전년도 인증심사실적 보고서를 제출하여야 한다(제1항). 과학기술정보통신부장관은 법 제47조의2제1항 각 호에 해당하는지를 확인하기 위하여 필요한 경우 정보보호 관리체계 인증기관 및 정보보호 관리체계 심사기관에 대하여 자료의 제출을 요구하거나 현장실사를 할 수 있다(제2항). 법 제47조의2에 따른 인증기관의 지정취소 및 업무정지에 관한 행정처분의 기준은 다음 별표 4와 같다(시행령 제53조의4 제3항).

[별표 4] 지정취소 및 업무정지에 관한 행정처분의 기준
(시행령 제54조 관련)

1. 일반기준

가. 위반행위가 둘 이상인 경우로서 그에 해당하는 각각의 처분기준이 다른 경우에는 그중 무거운 처분기준에 따른다. 다만, 둘 이상의 처분기준이 같은 업무정지인 경우에는 각 처분기간을 합산한 기간을 넘지 않는 범위에서 무거운 처분기준의 2분의 1까지 가중(가중하는 경우에도 1년을 초과할 수 없다. 이하 같다)할 수 있다.

나. 위반행위의 횟수에 따른 행정처분기준은 최근 2년간 같은 위반행위로 행정처분을 하는 경우에 적용한다. 이 경우 위반행위에 대하여 행정처분을 한 날과 다시 같은 위반행위를 적발한 날을 각각 기준으로 하여 위반횟수를 계산한다.

다. 처분권자는 다음의 사유를 고려하여 처분을 가중하거나 감경(법 제47조의2 제1항 제1호 및 제2호에 해당하는 경우는 제외한다)할 수 있다. 이 경우 그 처분이 업무정지인 경우에는 처분기준의 2분의 1의 범위에서 가중하거나 감경할 수 있고, 지정취소인 경우에는 6개월의 업무정지로 감경할 수 있다.

1) 가중 사유

가) 위반행위가 사소한 부주의나 단순한 오류가 아닌 고의나 중대한 과실에 따른 것으로 인정되는 경우

나) 위반의 내용과 정도가 중대하여 정보보호 관리체계 운영자 및 정보통신서비스 이용자에게 미치는 피해가 크다고 인정되는 경우

다) 위반행위의 기간 등에 비추어 가중이 필요하다고 인정되는 경우

라) 그 밖에 정보보호 관리체계 업무에 대한 정부 정책상 가중이 필요하다고 인정되는 경우

2) 감경 사유

가) 위반행위가 고의나 중대한 과실이 아닌 사소한 부주의나 단순한 오류로 인한 것으로 인정되는 경우

나) 위반의 내용과 정도가 경미하여 즉시 시정할 수 있다고 인정되는 경우

다) 그 밖에 정보보호 관리체계 업무에 대한 정부정책상 감경이 필요하다고 인정되는 경우

2. 개별기준

위반행위	근거 법조문	위반횟수별 처분기준		
		1차	2차	3차 이상
가. 거짓이나 그 밖의 부정한 방법으로 정보보호 관리체계 인증기관 또는 정보보호 관리체계 심사기관의 지정을 받은 경우	법 제47조의2 제1항 제1호	지정취소		
나. 업무정지기간 중에 인증 또는 인증심사를 한 경우	법 제47조의2 제1항 제2호	지정취소		
다. 정당한 사유 없이 인증 또는 인증심사를 하지 않은 경우	법 제47조의2 제1항 제3호			
1) 정보보호 관리체계 인증기관 또는 정보보호 관리체계 심사기관으로 지정된 후 3년이 지나도록 정보보호 관리체계 인증실적 또는 인증심사실적이 없는 경우		지정취소		
2) 천재지변, 인증심사원의 부족 등의 사유로 인증 또는 인증심사 업무를 원활하게 수행할 수 없는 경우 등 불가피한 경우가 아님에도 불구하고 인증 또는 인증심사를 거부한 경우		업무정지 1개월	업무정지 2개월	업무정지 3개월
라. 법 제47조 제11항을 위반하여 인증 또는 인증심사를 한 경우	법 제47조의2 제1항 제4호			
1) 인증심사원의 자격요건을 갖추지 않은 자가 인증심사를 수행한 경우		업무정지 3개월	업무정지 6개월	업무정지 9개월
2) 정보보호 관리체계 인증기관 또는 정보보호 관리체계 심사기관이 신청인과 협의 없이 인증의 범위 및 일정을 임의로 정한 경우		업무정지 2개월	업무정지 4개월	업무정지 6개월
3) 제51조에 따른 인증의 사후관리를 실시하지 않은 경우		업무정지 1개월	업무정지 2개월	업무정지 3개월
마. 법 제47조 제12항에 따른 지정기준에 적합하지 않게 된 경우	법 제47조의2 제1항 제5호	업무정지 3개월	업무정지 6개월	지정취소

과학기술정보통신부장관은 정보보호 관리체계 심사기관으로 지정받은 법인 또는 단체가 1. 거짓이나 그 밖의 부정한 방법으로 정보보호 관리체계 인증기관 또는 정보보호 관리체계 심사기관의 지정을 받은 경우 2. 업무정지기간 중에 인증 또는 인증심사를 한 경우 3. 정당한 사유 없이 인증 또는 인증심사를 하지 아니한 경우 4. 제47조 제11항을 위반하여 인증 또는 인증심사를 한 경우 5. 제47조 제12항에 따른 지정기준에 적합하지 아니하게 된 경우 중 어느 하나에 해당하면 그 지정을 취소하거나 1년 이내의 기간을 정하여 해당 업무의 전부 또는 일부의 정지를 명할 수 있다. 다만, 제1호나 제2호에 해당하는 경우에는 그 지정을 취소하여야 한다(법 제47조의2 제1항).

4) 인증서의 유효기간과 인증내용의 취소

과학기술정보통신부장관은 정보보호 관리체계 인증을 위하여 관리적·기술적·물리적 보호대책을 포함한 인증기준 등 그 밖에 필요한 사항을 정하여 고시할 수 있다(법 제47조 제4항).

정보보호 관리체계 인증의 유효기간은 3년으로 하며, 다만, 제47조의5 제1항에 따라 정보보호 관리등급을 받은 경우 그 유효기간 동안 제1항의 인증을 받은 것으로 본다(법 제47조 제5항). 한국인터넷진흥원, 정보보호 관리체계 인증기관 및 정보보호 관리체계 심사기관은 정보보호 관리체계의 실효성 제고를 위하여 연 1회 이상 사후관리를 실시하고 그 결과를 과학기술정보통신부장관에게 통보하여야 한다(법 제47조 제8항). 정보보호 관리체계 심사기관은 법 제47조 제8항에 따라 사후관리를 실시한 결과 같은 조 제10항 각 호의 사유가 있는 경우에는 인터넷진흥원 또는 정보보호 관리체계 인증기관에 그 사후관리 실시결과를 즉시 제출하여야 한다(시행령 제51조 제2항). 법 제47조 제8항에 따른 사후관리는 서면심사 또는 현장심사의 방법으로 실시한다(시행령 제51조 제1항). 인터넷진흥원 또는 정보보호 관리체계 인증기관은 ① 법 제47조 제8항에 따른 사후관리를 실시한 결과 같은 조 제10항 각 호의 사유가 있는 경우 ② 제2항에 따라 정보보호 관리체계 심사기관으로부터 그 사후관리 실시결과를 제출받은 경우에는 제47조 제6항에 따른 인증위원회의 심의를 거쳐 그 결과를 과학기술정보통신부장관에게 통보하여야 한다(시행령 제51조 제3항). 정보보호 관리체계의 인증을 받은 자는 인증의 내용을 표시하거나 홍보할 수 있으며(법 제47조 제9항) 과학기술정보통신부장관은 ① 거짓이나 그 밖의 부정한 방법으로 정보보호 관리체계 인증을 받은 경우 ② 인증기준에 미달하게 된 경우 ③ 사후관리를 거부 또는 방해한 경우에 해당하는 경우에는 인증을 취소하여야 한다(법 제47조 제9항). 법 제47조 제1항 및 제2항에 따라 정보보호 관리체계 인증을 받은 자는 같은 조 제9항에 따라 인증받은 내용을 문서·송장·광고 등에 표시·홍보하는 경우 과학기술정보통신부장관이 정하여 고시하는 정보보호 관리체계 인증표시를 사용할 수 있다. 이 경우 인증의 범위와 유효기간을 함께 표시하여야 한다(시행령 제52조).

정보보호 관리체계 인증의 방법·절차·범위·수수료, 제8항에 따른 사후관리의 방법·절차, 제10항에 따른 인증취소의 방법·절차, 그 밖에 필요한 사항은 대통령령으로 정한다(법 제47조 제10항). 정보보호 관리체계 인증기관 및 정보보호 관리체계 심사기관 지정의 기준·절차·유효기간 등에 필요한 사항은 대통령령으로 정한다(법 제47조 제11항).

과학기술정보통신부장관은 정보보호 관리체계 인증기관으로 인증받은 법인 또는 단체가 1. 거짓이나 그 밖의 부정한 방법으로 정보보호 관리체계 인증기관 또는 정보보호 관리체계 심사기관의 지정을 받은 경우 2. 업무정지기간 중에 인증 또는 인증심사를 한 경우 3. 정당한 사유 없이 인증 또는 인증심사를 하지 아니한 경우 4. 제47조 제11항을 위반하여 인증 또는 인증심사를 한 경우 5. 제47조 제12항에 따른 지정기준에 적합하지 아니하게 된 경우 중 어느 하나에 해당하면 그 지정을 취소하거나 1년 이내의 기간을 정하여 해당 업무의 전부 또는 일부의 정지를 명할 수 있다. 다만, 제1호나 제2호에 해당하는 경우에는 그 인증을 취소하여야 한다(법 제47조의2 제1항).

생각해 볼 문제

Q. 왜 「전자금융거래법」 제2조 제3호에 따른 금융회사는 정보보호 관리체계 대상자에서 제외했는가?

A1. 중복 규제 방지이다. 이미 금융사는 더 강한 규제를 받고 있는데 금융기관은 「전자금융거래법」과 금융보안원 지침, 금융위 감독규정, 전산감독규정, 전자금융기반시설 보호지침 등 ISMS-P(정보보호 관리체계 인증)보다 훨씬 강력하고 세부적인 보안 규율을 받고 있다. 즉, 금융사는 이미 최고 수준 보안체계 갖춰야 하므로 ISMS 의무를 재부과하면 이중 규제가 될 수 있다.

A2. 금융보안 규제 체계 독립성을 유지한 것으로 보인다. 금융분야는 국가 금융안정 차원에서 KISA 한국인터넷진흥원 체계(정보통신망법)와 별도 금융보안 독립 체계를 운영하고 있다. 그리하여 금융보안은 자체 영역으로 특수보안 영역으로 남겨두려는 설계라고 볼 수 있다.

A3. 금융 데이터의 고위험 특성에 대한 고려이다. 금융 데이터는 곧 돈으로 해킹 즉시 피해가 발생하므로 일반 정보통신 서비스보다 더 엄격한 통제가 필요하다. 즉, 금융보안체계는 사실상 ISMS 보다 상위개념이라 이미 더 강하게 규제 중으로 ISMS에서 제외한 것으로 해석된다.

A4. 실무 부담 조정으로 볼 수 있는데 금융기관은 이미 ISMS급 이상 전산 감리를 하고 있고 외부전문기관의 의무점검과 금융보안원 핀테크 테스트, 매년 취약점 점검, DR 시험 등을 하고 있어서, ISMS까지 하면 업무·비용 부담 폭증 등 정부가 정책 효율성과 실무 현실성을 고려한 결과로 볼 수 있다.

[표] 금융보안 규제체계 vs ISMS 비교표

	금융보안 규제체계	ISMS 규제체계
법	전자금융거래법·전자금융감독규정	정보통신망법 제47조 및 고시(정보보호 및 개인정보보호 관리체계 인증 등에 관한 고시)
집행	금융위·금감원(감독·제재), 금융보안원(Fin-CERT, 가이드, 평가지원)	과기정통부·KISA(인증제 운영·심사)
적용대상	금융회사·전자금융업자 전반(은행·보험·증권·여전·핀테크 등)	전기통신사업자·IDC·대형 온라인 서비스 등 법상 의무대상(일부 수치기준) - 금융회사 제외
핵심 요구사항	전자금융기반시설 지정/보호, 취약점 분석·평가 주기·절차, 재해복구(DC/DR)·거버넌스·사고보고 등	조직 전반 ISMS(80개 내외)·ISMS-P(개인정보 포함, 100개+ 항목) 관리체계 수립·운영·개선
점검/주기	전자금융기반시설 연 1회 이상(홈페이지 6개월 1회) 취약점 분석·평가, 원칙 중심 규율로 2025. 2. 5. 개정	의무대상은 지정 기준 충족 다음 해 8월 31일까지 인증 취득, 이후 주기적 사후심사
클라우드	"금융분야 클라우드 이용 가이드"로 사전·사후 절차, CSP 안전성 평가, 망분리 예외 등 상세 가이드	ISMS 자체는 클라우드 특정규정 없음(조직 통제 중심) - 별도 가이드와 결합 운용
거버넌스	CISO 중심에서 원칙(Principle) 기반 자율보안·전사 거버넌스 강화로 개정	경영진 책임·리스크 기반 관리체계 요구(국가 고시 기준)
제재/보고	사고보고·시정명령·검사·제재 등 감독권한 명확	인증 미이행·심사 부적합 시 과태료·공표 등 행정조치
특이점	"규칙 → 원칙" 전환(2025. 2. 5.)·복원력(Resilience) 강조, DR 센터 요건 강화 등	국내 공공·민간 폭넓은 적용. 실효성 논쟁(국감·언론) 지속

참고자료

「전자금융기반시설 보호지침」

① 정의·목적

'전자금융기반시설'의 안전성과 신뢰성 확보를 위한 취약점 분석·평가 및 보호조치 의무(법·감독규정 근거)

법적 근거

전자금융거래법 제21조의3(전자금융기반시설의 취약점 분석·평가) ① 금융회사 및 전자금융업자는 전자금융거래의 안전성과 신뢰성을 확보하기 위하여 전자금융기반시설에 대한 다음 각 호의 사항을 분석·평가하고 그 결과(「정보통신기반 보호법」 제9조에 따른 취약점 분석·평가를 한 경우에는 그 결과를 말한다)를 금융위원회에 보고하여야 한다.

② 취약점 분석·평가 주기

총자산 2조원 이상·상시종업원 300명 이상 금융회사/전자금융업자 및 각 중앙회: 연 1회 이상, 홈페이지는 6개월마다 1회. 결과는 보고 의무

금융보안원은 절차·항목(관리·물리·기술)·결과 활용을 안내하고 수행 지원

③ 평가 내용

자산 식별·위협·취약성 분석, 모의침투 등 기술점검 + 관리적·물리적 통제진단

④ 보고·사후조치

분석·평가 보고서 제출(회계연도 기준)·개선조치 이행·추적관리

⑤ 거버넌스 전환

2025. 2. 5. 개정으로 "규칙 → 원칙" 중심, 전사 거버넌스 강화·복원력(Resilience) 강화(재해복구센터 확충 등)

※ 입법연혁

2016. 10. 5. 「전자금융감독규정」(금융위 고시) 체계 정비(전자금융기반시설 취약점 평가 조항 체계화의 토대)

2016~2017 제37조의2 등 조문 구성·보완(취약점 분석·평가 주기·내용 명문화) 마련

2019~2023 금융보안원 각종 가이드 마련(거버넌스·클라우드·재택근무 등), 클라우드 이용 세부절차 정립. 국정원도 정립

2022. 7. 21. ISMS/ISMS-P 고시 개정(과기정통부·개인정보위 공동고시), 의무대상·절차 등이 업데이트됨

2025. 2. 5. 「전자금융감독규정」 대개정(원칙 중심·복원력 강화, 시행세칙 동시 개정)

국감·언론에서 ISMS 실효성 논쟁(인증 취득 기업에서도 유출사고 사례 등으로 제도 정교화 논의 중)

향후 동향: 공공부문/고위험 기관 ISMS 단계적 의무화 명문화 입법 및 별도 입법도 논의될 가능성 높음

생각해 볼 문제

Q. 현행 우리 입법에 있어 규범구조의 이원화, 금융보안(감독규정·원칙기반) vs ISMS(인증기준·체크리스트 기반)에 있어서 상호보완과 중복의 경계점 설정은 적정할까?

A. 우리나라 인증체계의 두 축, 우리나라의 정보보호 규제체계는 크게 두 축으로 나뉜다.

① 금융권은 「전자금융거래법」 및 하위 감독규정에 따라 금융위원회·금감원·금융보안원이 주도하는 감독·원칙기반(principle-based) 체계를 취한다.

② 비금융권은 「정보통신망법」 제47조 및 「개인정보보호법」 제32조의2에 근거한 ISMS·ISMS-P 인증제도, 즉 체크리스트 기반(rule-based) 관리체계를 운영한다.

두 체계는 공통적으로 "정보보호 수준 확보"라는 목적을 지향하지만, 규율 방식과 집행 메커니즘이 근본적으로 다르다. 이로 인해 실제 현장에서는 중복점검·비용 증가·감독 혼선이 발생하고 있다. 반면, 제도 간 기능적 분업과 상호보완이 이루어진다면 국가 전체 보안역량의 레이어드 강화라는 긍정적 효과도 기대된다.

[표] 금융보안과 ISMS 보안규제체계의 차이

구분	금융보안 규제체계	ISMS / ISMS-P 인증체계
법적 근거	전자금융거래법 제21조 이하, 전자금융감독규정, 전자금융기반시설 보호지침	정보통신망법 제47조·시행령 제49조, 개인정보보호법 제32조의2, ISMS 고시
규제형태	감독규정·지침 중심(원칙기반·성과중심)	인증심사기준 중심(체크리스트 기반·절차중심)
감독기관	금융위원회·금감원·금융보안원	과학기술정보통신부·KISA
평가주기	연 1회 이상 취약점 분석·평가/상시검사 가능	최초 인증 후 3년 주기 갱신 및 사후심사
대상 범위	금융회사, 전자금융업자, 핀테크 기업 등	전기통신사업자, IDC, 대형 정보통신서비스 사업자
핵심원리	원칙 중심 자율보안·복원력(Resilience)·지속가능성 중심	관리체계·문서화·통제준수 중심
주요수단	점검·검사·시정명령 등 행정감독	인증심사·재심사·공시
규범특징	추상적·목표지향적(Outcome-based)	구체적·절차지향적(Conformance-based)

2. 상호보완의 구조의 이해

보안통제의 계층적 분업상 금융보안 규제는 "무엇을 달성해야 하는가"에 초점을 둔 목표기반(Goal-based) 감독으로, 경영진 책임과 리스크 거버넌스 강화에 중점을 둔다. 한편 ISMS는 "어떻게 달성할 것인가"에 초점을 둔 절차기반(Process-based) 통제로, 보안활동의 세부 통제항목을 명문화한다. 그러므로 두 체계는 "전략(금융보안)-전술(ISMS)" 관계로서 상호보완적이다. 실제 정합성 확보를 통한 상호승인 가능성이 있어 ISO/IEC 27001과 NIST CSF 기준에 근거하여 양 체계의 공통통제를 매핑(mapping)하면, 감독기관 간 상호인정(Mutual Recognition)이 가능하다. 예컨대 '위험관리', '침해사고 대응', '외주관리', 'DR·BCP' 항목은 사실상 동일한 원칙을 적용한다. 이를 표준화할 경우, 금융권과 비금융권이 동일한 프레임에서 보고·평가할 수 있다. 산업특화형 보안모델 구축의 기반이 가능한데 금융권의 원칙기반 모델은 향후 의료, 에너지 등 중요서비스 분야에도 적용 가능한 "자율보안·복원력형 거버넌스" 모델로 발전할 수 있다. ISMS의 체크리스트 기반 모델은 이러한 거버넌스의 준수도 검증도구(Compliance Tool)로서 기능한다.

3. 중복의 경계와 규제충돌 영역의 존재

(1) 규제중복 영역

클라우드, 핀테크, 전자상거래 등 융합서비스 영역에서는 동일한 기업이 금융보안 감독과 ISMS 인증 모두 적용받는다. 예를 들어 간편결제사업자·오픈뱅킹 플랫폼은 금융보안원의 취약점평가와 KISA의 ISMS 심사를 모두 받아야 하는데 이는 인력·비용 2중 부담이 드는 것이 사실이다 한편 규제공백 위험이 존재하는 부분도 있는데 금융보안 규제는 감독권한의 행정명령 중심이라 제3자 클라우드 서비스 등 비금융주체에는 법적 구속력이 미약하다. ISMS는 기업의 자율인증이므로, 금융계열사가 아닌 협력업체는 감독 사각지대에 놓일 수 있는 부분이 존재한다. 그래서 두 체계가 명시적으로 연결되지 않으면 “공급망 보안(Supply Chain Security)”가 공백으로 남아 기반시설 공격이 시작되면 책임소재 예방책에서 매우 연약한 입법체계가 아닐 수 없다.

(2) 해결 방향

이에 통합보안감독(Integrated Oversight)만이 해결 방향이다. 즉, 금융보안원-KISA 간 공동심사(Co-audit) 또는 통제항목 연동방식 추진 필요한데 EU DORA(2022) 모델처럼, 금융·비금융간 공통 ICT 리스크관리체계를 통합적으로 규율하는 법제 정비 필요한 것이다. 규범구조의 이원화는 필연적이라는 것을 부인하는 것은 아니다. 그러나 산업특성·리스크 수준·감독권한의 법적 근거가 다르므로 완전한 통합은 곤란하며 다만 이원화를 “이중규제”로 방치할 것이 아니라 “이중보장(Dual Safeguard)”으로 설계해야 한다. 즉, 원칙기반과 절차기반의 조화가 필요하고 원칙기반(principle-based)은 혁신과 자율성을 촉진하지만, 구체적 실행의 부재 시 규제공백이 생긴다. 절차기반(rule-based)은 일관성·예측가능성을 확보하지만, 변화 대응성이 떨어진다. 따라서 목표는 원칙으로, 실행은 절차로 설계하는 혼합형 규범구조(Hybrid Regulatory Model)가 바람직하다.

4. 정책적 제언

이에 2025 각종 대한민국 정보침해사례 보호를 위한 인증체계 입법으로서 다음과 같은 정책을 제언한다. 첫째, ISMS 통제항목의 감독규정 매핑을 표준화하여야 한다. 둘째, 공동평가·중복감사 제거를 위한 협약체계 구축하여야 한다. 셋째, 통합보고 포맷(Resilience Report Template) 마련으로 감독 효율성을 제고하여야 한다. 넷째, Risk Tier별 차등감독(High/Medium/Low risk)으로 감독자원 최적화할 필요가 있다. 금융보안과 ISMS는 표면적으로 중복되어 보이지만, 실질적으로는 원칙기반(거버넌스 중심)과 절차기반(관리체계 중심)이라는 상이한 규범형식을 가진다. 두 체계의 경계를 "중복"이 아니라 "보완적 연속선상"으로 재정의한다면, 한국의 정보보호 법제는 산업별 특성을 반영하면서도 국가 차원의 통합보안정책으로 발전할 수 있다. 결국 "규범구조의 이원화"는 정보보호의 분절이 아니라 다층적 안전망(multi-layered security governance)으로 이해되어야 하며, 그 핵심은 규제의 양이 아니라 규제 간 정합성(Coherence)과 책임의 명확성(Clarity of Responsibility)에 있다. 이를 위해서는 규범을 비교하여야 하는데 조문-항목 매핑(전자금융감독규정 §, 시행세칙 ↔ ISMS/ISMS-P 통제 항목)과 사례연구, 즉 사고사례(금융/비금융) 10건 정도 피해사례 큰 것을 선정하여 원인과 통제 실패지점을 찾아 규제틀별 '미스매치'를 도출하고 지표를 구축한 뒤 인증 보유 여부 외에 복원력 KPI(RTO/RPO, Table-top 주기, 위탁사 SLA/가용성, 탐지율·오탐률 등) 설계가 필요하다. 또한 정책실험상 의무대상 일부에 'ISMS 통제 맵핑 보고' 또는 '사고대응

KPI 공시' 시범사업과 같은 투자가 요구된다.

그래야만 금융회사 ISMS 제외의 정당성과 상위규범(감독권·제재·사고보고)과 세부심사(인증체계) 간 기능분담의 타당성이 보다 명확해지고 실효성과 형식성간 원칙기반(Outcome/Resilience)과 인증기반(Conformance) 간 성과지표 설계(사고빈도·MTTD/MTTR·RTO/RPO, 보안예산율 등) 및 클라우드·핀테크 연계성, CSP 안전성평가, 망분리 예외, 제3자 리스크(공급망·SaaS)와 ISMS 통제 매핑 등 사고보고·제재체계의 억지력, 금융권(감독검사) vs 비금융권(행정벌·공표)의 억지력 비교하여 국제정합성(ISO/IEC 27001, NIST CSF v2.0, DORA/EU-NIS2등과의 상호운용·맵핑)에 보다 가까워질 수 있을 것이다. 추후 '원칙 중심'의 평가로 거듭나 규칙감축에 따른 규모·성숙도 편차 리스크와 내부감사·보증(Assurance) 메커니즘 설계가 될 필요가 있다.

금융보안은 "감독·보고·제재 + 복원력" 중심, ISMS는 "관리체계·심사" 중심이므로 기능적 분업이 합리적이며 (i) 상호맵핑 표준화로 금융사·핀테크의 내부통제 문서에 ISMS 통제코드 병기(겹치는 감사·컨설팅 비용 절감)하고 (ii) 성과지표 전환으로 인증 유무를 통해 복원력·탐지·대응 KPI 중심 감독·공시하며 (iii) 공급망 리스크 최소화를 위해 CSP/외주사에 대한 계층형 보증 체계(3rd-party attestation, SOC 보고서 활용) 강화하고 (iv) 사고보고 일원화하는 컨트롤 타워 지정하여 금융권-KISA 간 기술적 티켓 연동(공유지표·IOC·TTP)할 필요가 존재한다.

그리하여 금융권은 원칙기반 규제의 감사·검증 메커니즘(보증보고·레드팀·침해시뮬레이션 등) 의무비율을 설정하고 비금융권은 대형 플랫폼에 사고보고·복원력 KPI를 공시하는 등 단계적 도입(국회 논의 반영)하며 금융권, 비금융권 공통으로 클라우드 전환 가이드와 ISMS 심사기준의 공식 매핑 문서(Annex) 발간하는 등 보안체계 보편화를 통해 사고를 최소화할 수 있는 예방최선책으로 인증체계 개편이 촉구된다.

2025 정보보안 사고는 체크리스트 행위준칙 점검이 부족해서도 자율보안 체계로 가는 흐름의 문제도 아니었다. 개별적인 각 조직의 취약성 분석이 충분하지 못했고 비인가 접근을 다단계로 차단 검출하지 못했으며, 침입자를 상시 경계하는 것을 실패했으며 핵심 자산을 가장 생각지 못한 곳에 보호하는 것을 실패한 사례였을 뿐이다.

5. 클라우드 보안인증

(1) 입법 연혁

2015년 「클라우드컴퓨팅 발전 및 이용자 보호에 관한 법률」이 시행되고 정부는 클라우드 우선 이용 정책(Cloud First)을 강화했다. 그러나 공공기관은 민감정보 보유, 국가안보·행정기능 운영, 대규모 국민 정보 관리 등의 특성 때문에 민간 클라우드 도입에 불안이 컸다. 네트워크 보안을 접근 통제만으로도 충분하던 시절이 존재했다. 1988년 로버트 모리스가 만든 웜 바이러스처럼 프로그램을 감염시키지 않고도 복제해 나가는 악성코드로 네트워크에 연결되어 있던 컴퓨터가 감염되기도 하고 1995년 케빈 미트닉이 공공기관과 회사 네트워크를 해킹하기도 했지만 사이버 안전보장으로 클라우드 필요성을 논의하게 된 계기는 2003. 1.

25. 슬래머 웜으로 혜화전화국 대량 트래픽으로 DNS로 인터넷망 불통이라 할 것이다. 이후 국방부, 국정원, 과기부 체계로 사이버안전업무가 정리되면서 보안관제를 자체보안관제, 원격보안관제, 파견보안관제 등 복합적으로 각 기관들이 자신의 조직에 맞게 만들어야 한다는 맞춤형 보안 수요가 증가하였다.

그중 보안관리와 감독이 허술하거나 보안의식이 허술할 수 있는 공공조직에서의 데이터에 대해 공공이 안심하고 민간 클라우드를 이용할 수 있도록 국가 기준의 보안 검증 체계가 필요했고 공공기관의 클라우드 전환 가속화는 보안검증 기준이 필요하게 되었다.

그러나 공공부문의 개인정보·중요정보 보호 수준 불균형 문제, 즉 당시 민간 클라우드 기업들은 보안 수준 편차, 인증 기준의 부재, 가이드라인 중심의 self-check 구조 등으로 공공의 신뢰를 받기 어려웠다. 통일된 기준이 없으면 공공기관이 업체를 비교 판단하기 어려우며 국가 차원의 공통 보안 요구사항 필요했다. 무엇보다도 국가 핵심 정보의 외부(민간) 위탁이 증가하면서 공급망(security supply chain) 리스크가 커지고 이후 미국에서 발생한 스턱스넷(2010), OPM 해킹(2015), SolarWinds(2020) 등 사건으로 국내의 불안도 높아졌다. 글로벌 사이버공격은 공급망 보안(supply chain security)의 중요성을 절실하게 깨닫게 했던 것이다. 클라우드가 사실상 공공정보의 공급망이 되면서 "공급자의 보안수준 보장"이 필수 과제가 되었고 이를 위해 CSAP이 공급자 보증(supplier assurance) 프레임워크 역할을 맡게 된 것이다.

그리하여 해외처럼 '신뢰할 수 있는 클라우드 서비스' 인증체계 도입이 필요해졌으며, 미국(FedRAMP), 영국(NCSC Cloud Security

Principles), 독일(C5), EU(ENISA) 등 이미 선진국은 공공 클라우드 도입 시 사전 인증(third-party validation)을 운영하고 있었던 것도 우리에게 큰 동기가 되었다. 그리하여 글로벌 흐름에 맞춰 "공공용 클라우드는 인증 필수"라는 보안 게이트웨이 필요성이 커졌던 것이다.

이와 같은 CSAP 제도는 상당히 보안시장에 좋은 영향을 가져왔는데 첫째, 공공부문에서 클라우드 도입의 법적 안전장치가 되었다. 공공기관은 「개인정보보호법」, 「전자정부법」, 「보안업무규정」의 적용을 받기 때문에 위험성이 높은 외부위탁(=클라우드)에는 정부가 검증한 서비스만 사용해야 한다. 이때 CSAP 인증은 공공기관에게 법적·보안적 안정성을 보장한다. 둘째, 공공조달 요건상 CSAP는 나라장터 '클라우드 스토어' 등록의 요건이다. 공공시장에 진입하려면 CSAP는 사실상 필수이다. 셋째, 국가 전체 보안 수준의 상향을 가져왔다. CSAP는 ISO 27001보다 더 강화된 국내 공공부문 특화 보안 요구사항(109개 세부통제)을 포함하고 있는데 대표적인 항목은 이중화, 백업, 로그 관리, 관리자 통제, 개인정보 암호화, 물리적/운영적 통제, 재해복구, 국외 이전 금지 조치 등이라 할 수 있다. 즉 이는 민간 기업도 CSAP 수준으로 보안성을 높이는 효과 발생하게 하였다.

넷째, 데이터 주권에 있어 안전성을 확보할 수 있는데 "데이터 국외이전" 통제로 국가주권적 데이터를 보호하면서 우리나라의 공공정보는 해외 CSP(AWS, Azure, GCP 등)로 이전 시 데이터 주권 상실의 우려가 있고 특히 미국의 'CLOUD Act' 요구로 인하여 해외에 서버가 있더라도 미국 기업인 경우 데이터를 제공해야 하는 한계가 존재하는데 CSAP는 이를 방지하기 위해 데이터 물리적 위치(국내존), 국외반출 보호조치, 계약 통제조항을 강제하고 있다.

다섯째, 국민 개인정보 대규모 유출을 방지할 수 있는데 공공기관은 민간보다 정보 규모가 더 크고 피해가 심각하다. CSAP는 공공기관이 클라우드 사업자를 선정할 때 국가가 엄격하게 검증한 사업자만 이용하도록 하는 사전예방형 규제이다.

(2) 클라우드 보안인증제도의 개념

클라우드 컴퓨팅서비스 보안인증제도는 클라우드컴퓨팅서비스 사업자가 제공하는 제공서비스에 대해 「클라우드컴퓨팅 발전 및 이용자 보호에 관한 법률」 제23조의2~제23조의4에 따라 정보보호 수준의 향상 및 보장을 위하여 보안인증기준에 적합한 클라우드컴퓨팅서비스에 대하여 보안인증을 수행하는 제도이다. 이 법의 목적은 클라우드 서비스의 정보보안 수준 제고를 통해 이용자들이 안심하고 사용할 수 있도록 안전한 클라우드 환경 조성을 지원하는 것이다. 그리하여 클라우드 서비스 제공자가 제공하는 서비스에 대해 클라우드 서비스 보안인증제도는 IaaS, SaaS(간편등급, 표준등급), DaaS 인증, 하등급, 하등급 SaaS 인증으로 구분되고 인증유효기간은 5년이다. 클라우드컴퓨팅서비스 보안인증에 관한 고시(2023. 1. 31.)의 부칙 제1조에 따라서 상, 중등급은 별도 기준 마련 후 시행한다. 또한 동 고시 부칙 제3조에 따라 상, 중등급 시행 전까지 기존 IaaS, SaaS(간편등급, 표준등급), DaaS 인증에 대해서 신청할 수 있다. 그리하여 현재는 하 등급밖에 존재하지 않는다. 클라우드 서비스 보안인증의 대상은 클라우드컴퓨팅 기술을 이용하여 정보 시스템의 인프라, 응용프로그램, 개발환경 중 어느 하나 이상을 제공하는 클라우드 서비스가 해당된다. 클라우드 서비스 보안인증제도는 국가·공공기관에게 안정성 및 신뢰성이 검증된 민간클라우드 서비스를 공급하고, 객관적이고 공정한 클라우드 서비스 보안인증제도를 통해 이용자의 보안 우려를 해소하고 클라우드 서비스의 경쟁력을 확보하는 데 그 목적이 있다. 인증대상은 클라우드 서비스(IaaS, PaaS, SaaS 등)[43] 제공사업자, 국가·공공기관 등의 업무를 위하여 클라우드 서비스를 제공하려는 자이며 과학기술정보통신부 「클라우드컴퓨팅서비스 보안인증에 관한 고시」 제15조(보안인증기준)에 따라 평가한다.

---

43) ※ IaaS(Infra as a Service): 서버, 스토리지 등 IT 인프라를 서비스 제공
※ SaaS(Software as a Service): 응용SW를 서비스로 제공
※ DaaS(Desktop as a Service): 데스크탑(PC)을 서비스로 제공

관련 규정

클라우드컴퓨팅 발전 및 이용자 보호에 관한 법률

제23조의2(클라우드컴퓨팅서비스의 보안인증) ① 과학기술정보통신부장관은 정보보호 수준의 향상 및 보장을 위하여 보안인증기준에 적합한 클라우드컴퓨팅서비스에 대하여 대통령령으로 정하는 바에 따라 인증(이하 "보안인증"이라 한다)을 할 수 있다.

② 보안인증의 유효기간은 인증 서비스 등을 고려하여 대통령령으로 정하는 5년 내의 범위로 하고, 보안인증의 유효기간을 연장받으려는 자는 대통령령으로 정하는 바에 따라 유효기간의 갱신을 신청하여야 한다.

③ 클라우드컴퓨팅서비스 제공자는 보안인증을 받은 클라우드컴퓨팅서비스에 대하여 보안인증을 표시할 수 있다.

④ 누구든지 보안인증을 받지 아니한 클라우드컴퓨팅서비스에 대하여 보안인증 표시 또는 이와 유사한 표시를 하여서는 아니 된다.

⑤ 과학기술정보통신부장관은 「정보통신망 이용촉진 및 정보보호 등에 관한 법률」 제52조에 따른 한국인터넷진흥원 또는 대통령령에 따라 과학기술정보통신부장관이 지정한 기관(이하 "인증기관"이라 한다)으로 하여금 보안인증에 관한 업무로서 다음 각 호의 업무를 수행하게 할 수 있다.

1. 보안인증기준에 적합한지 여부를 확인하기 위한 평가(이하 "인증평가"라 한다)
2. 인증평가 결과의 심의
3. 보안인증서의 발급·관리
4. 보안인증의 사후관리
5. 보안인증평가원의 양성 및 자격관리
6. 그 밖에 보안인증에 관한 업무

⑥ 과학기술정보통신부장관은 보안인증에 관한 업무를 효율적으로 수행하기 위하여 필요한 경우 인증평가 업무를 수행하는 기관(이하 "평가기관"이라 한다)을 지정할 수 있다.

⑦ 평가기관은 보안인증을 받으려는 자에 대하여 대통령령으로 정하는 바에 따라 수수료를 받을 수 있다.

⑧ 제1항에 따른 보안인증의 대상, 제2항에 따른 유효기간의 연장, 제5항 및 제6항에 따른 인증기관 및 평가기관 지정의 기준·절차·유효기간 등에 필요한 사항은 대통령령으로 정한다.

제23조의3(보안인증의 취소) ① 과학기술정보통신부장관은 보안인증을 받은 클라우드컴퓨팅서비스가 다음 각 호의 어느 하나에 해당하는 때에는 그 보안인증을 취소할 수 있다. 다만, 제1호에 해당하는 경우에는 그 보안인증을 취소하여야 한다.

1. 거짓이나 그 밖의 부정한 방법으로 보안인증이 이루어진 경우
2. 보안인증기준에 적합하지 아니하게 된 경우

② 과학기술정보통신부장관은 제1항에 따라 보안인증을 취소하려는 경우에는 청문을 하여야 한다.

제23조의4(인증기관 및 평가기관의 지정취소 등) ① 과학기술정보통신부장관은 제23조의2 제5항 또는 같은 조 제6항에 따라 인증기관 또는 평가기관으로 지정받은 법인 또는 단체가 다음 각 호의 어느 하나에 해당하면 그 지정을 취소하거나 1년 이내의 기간을 정하여 해당 업무의 전부 또는 일부의 정지를 명할 수 있다. 다만, 제1호 또는 제2호에 해당하는 경우에는 그 지정을 취소하여야 한다.

> 1. 거짓이나 그 밖의 부정한 방법으로 인증기관 또는 평가기관의 지정을 받은 경우
> 2. 업무정지 기간 중에 보안인증 또는 인증평가를 한 경우
> 3. 정당한 사유 없이 보안인증 또는 인증평가를 하지 아니한 경우
> 4. 제23조의2 제1항에 따른 보안인증기준을 위반하여 보안인증 또는 인증평가를 한 경우
> 5. 제23조의2 제8항에 따른 지정기준에 적합하지 아니하게 된 경우
>
> ② 제1항에 따른 지정취소 및 업무정지 등에 필요한 사항은 대통령령으로 정한다.

평가방법은 신청서 접수 → 예비점검 → 보안인증 → 계약체결 → 본점검(현장평가, 취약점 점검 등), 보완조치, 이행점검 → 인증위원회인증서 발급의 순서로 이루어진다. 「클라우드컴퓨팅법」에 따라 평가/인증기관 지정되는데 현재 과학기술정보통신부가 인증한 기관은 한국인터넷진흥원이며, 평가기관은 (사)한국정보통신진흥협회, (주)한국아이티평가원, 한국시스템보증(주)이다.

[표] CSAP와 관련된 국제표준

1	ISO/IEC 27001 (정보보호 관리체계)	가장 기본적인 ISMS 표준 CSAP의 관리적·기술적 통제의 근간 CSAP은 ISO 27001보다 훨씬 구체적·강화된 조치 요구
2	ISO/IEC 27017 (Cloud Security Controls)	클라우드 보안 통제 국제표준 CSAP의 클라우드 관리체계 부분과 직접 연관 SaaS, PaaS, IaaS 공통 통제 제시
3	ISO/IEC 27018 (Cloud Privacy for PII)	퍼블릭 클라우드의 개인정보 보호 국제표준 CSAP의 개인정보 보호 통제 항목에 반영
4	ISO/IEC 27701 (개인정보보호 관리체계, PIMS)	개인정보보호 관리체계 국제표준 CSAP의 개인정보 처리 통제 항목 설계 근거 중 하나
5	NIST SP 800-53 Rev.5 (정보보안 통제 카탈로그)	세계에서 가장 강력한 보안 통제 기준 미국 FedRAMP의 핵심 요소 CSAP의 일부 항목은 NIST와 매핑 가능(특히 접근통제·로그·구성관리 등)
6	미국 FedRAMP (공공 클라우드 보안인증)	CSAP과 가장 유사한 제도 FedRAMP Moderate~High와 CSAP 고도화 등급은 유사한 구조 CSAP 설계 당시 레퍼런스 모델로 적극 참고됨 → CSAP 국제화(2024~2025 추진 중) 논의에서도 FedRAMP와의 상호인정이 거론됨
7	독일 BSI C5 (Cloud Computing Compliance Criteria Catalogue)	EU에서 가장 대표적인 클라우드 보안 기준 CSAP의 운영·로그·투명성 항목에 반영
8	ENISA Cloud Certification Scheme(EUCS) EU 통합 클라우드 보안 인증	CSAP의 향후 고도화 논의에서 EUCS와의 상호연계 가능성 검토

국내 CSP(클라우드 서비스 제공자)는 ① 네이버 클라우드 사업자가 대표적이다. 국내 퍼블릭 클라우드 시장에서 대표적인 국내 사업자로서 공공기관용 전용 클라우드 인프라를 갖추고 있고, 국내 리전/데이터센터 운영에 집중하고 있다. 공공부문이나 민감정보 처리기관이 국내 CSP를 고려할 때 유력 후보라 할 수 있다. ② KT 클라우드의 경우 통신 인프라를 기반으로 안정적인 IDC(데이터센터) 운영 경험이 많으며 공공 및 금융 부문 대상 클라우드 전환, 망분리/보안 요구가 높은 영역에서 강점이 있다. ③ NHN 클라우드는 국내 인터넷 서비스, 게임, 핀테크 등에서 쌓아온 IT 인프라 경험을 바탕으로 클라우드 사업을 확대 중에 있으며 특히 공공기관 대상 전환 수주에서 가시적인 실적이 있다. ④ 삼성 SDS 클라우드 플랫폼의 경우 제조, 물류, 금융 등 산업별 특화 솔루션을 가진 클라우드 제공자로 언급되며 민간기업 대상뿐만 아니라 대기업 내부 전환, 하이브리드/멀티클라우드 전략에서도 고려된다. 카카오엔터프라이즈(카카오 i 클라우드), 가비아 등 중소규모 클라우드 사업자도 존재하며, 특정 니치 시장(호스팅, SMB 등)에서 활동 중이다. ㈜유솔, 주식회사 위플랫, ㈜이노디스 등 https://isms.kisa.or.kr/main/csap/issue/ 등에서 인증서 발급현황 회사를 확인하여야 한다. CSAP뿐 아니라 국내 리전 여부, 데이터센터 물리적 위치, 국외이전 여부 등이 중요하므로 국내 CSP 섭외 시 '국내존' 여부 확인이 필요하며 인증 상태(예: CSAP, ISMS-P 등) 및 보안통제 수준을 반드시 확인해야 한다. 멀티클라우드/하이브리드 클라우드 전략을 고려할 경우, 국내 CSP + 글로벌 CSP 조합도 전략적으로 살펴볼 필요가 있는데 해외 CSP 장애 사례가 국내 CSP 수혜 요인이 된다는 평가도 있다. 즉, 해외 클라우드(AWS·Azure·GCP 등)에 장애가 발생하면, 국내 클라우드 사업자(네이버·KT·NHN 등)가 오히려 이득을 볼 수 있다.

해외 CSP(AWS·Azure·Google Cloud)는 전 세계적으로 장애가 몇 번 발생하기도 했으나 우리나라에서도 그만큼 장애가 발생했다는 사실을 잊어서는 안 된다. AWS 서울 리전 장애(2018, 2020, 2022 등), Azure 글로벌 인증 시스템 장애(2023), Google Cloud Networking 장애(2020, 2023) 등 해외 CSP 장애가 발생하면 기업들은 "해외 대기업 클라우드도 장애가 나네?"라고 하며 완벽하다고 믿었던 글로벌 클라우드의 신뢰가 하락하고 장애 났을 때 미국 본사 대응이 너무 늦어 우리나라 기업 입장에서는 소통·지원 속도 문제가 발생할 뿐 아니라 국내 고객은 국내 CSP가 더 빠르게 대응하더라는 해외 CSP보다 장애 대응·복구 속도가 낫다는 사례가 나타날 수 있다. 이는 우리나라 기업의 소비자를 대한 태도의 강점이기도 하다.

[표] CSAP 인증 준비 체크리스트(2025)

단계	항목	내용
Ⅰ. 사전 준비 (프로젝트 착수 단계)	1. 인증 범위 (Scope) 정의	- 클라우드 서비스 유형(IaaS/PaaS/SaaS) 명확화 - 인증받을 서비스 영역(물리/논리 분리 여부 포함) - 구성요소 목록(서버, 스토리지, DB, NW, 솔루션) 작성 - 외부의존 서비스(업타임 모니터링, CDN, WAF, 백업 등) 식별 - 국외 기반 인프라 또는 하이브리드 구조 존재 여부 확인(공공은 해외 불가)
	2. 조직·인력 구성	- CSAP TF구성(보안, 인프라, 개발, 운영, 컴플라이언스) - PMO/문서관리 담당자 지정 - 외부 심사기관과 사전미팅(Fact Finding)
Ⅱ. 정책·관리 체계 구축	3. 정보보호 관리체계 문서 업데이트 (ISO 27001·ISMS 기반)	다음 문서가 최신화되어 있는가? - 핵심 정책문서 - 정보보호정책(Information Security Policy) - 개인정보처리방침 - 접근통제 정책 - 암호화 정책 - 네트워크 보안정책 - 로그 및 모니터링 정책 - 물리적 출입통제 정책 - 사고 대응 정책 - 백업 및 복구 정책 - 재해복구(DR)·업무연속성(BCP) - 외부위탁·협력업체 관리 정책 - 개발 보안(Secure SDLC) 정책 CSAP 특화 요구사항 추가 필요 - 공공데이터 국외이전 금지 조항 명시 - 행성기관 정보보안 수준 고려한 기술적 통제(망연계, 접근권한, 다중인증 등) - 공공기관 감독·점검 대응 절차 - 공공 정보자산 분류 등급(중요/일반) 정의

Ⅲ. 기술적 보안 통제 점검	4. 인프라 보안 (Infra Security)	방화벽/보안장비 정책 최신화 - 네트워크 영역 분리(VPC, 서브넷, 보안도메인별) - 보안그룹/ACL 최소권한 설정 - DDoS 대응 체계 구축 - IDS/IPS 도입 및 상시 모니터링 - 취약점 진단(Infra/OS/MW) 주기적 수행 - 패치관리 체계 정립 - 루트 권한 관리(다중결재·2FA)
	5. 플랫폼·애플리케이션 보안	운영체제 강화 기준(CIS Benchmark 등) 적용 - DB 접근통제 솔루션 기능 점검 - 개발자 환경과 운영환경 철저 분리 - 변경관리(Change Management) 문서화 DevSecOps 절차 도입 - 코드 취약점 자동스캔 도구 도입 - SaaS의 경우 다중테넌트 데이터 격리 구조 검증
	6. 데이터 보호 (Data Protection)	저장 데이터 암호화(AES-256 등) - 전송 데이터 암호화(TLS 1.2 이상) - 암호키 관리(KMS, HSM 등) - 중요정보(개인정보 포함) 별도 분리보관 - 삭제/폐기 절차 명확화 - 백업 데이터 암호화 및 별도 저장 - 로그 위·변조 방지(Integrity 보장 장치)
	7. 접근통제 (Access Control)	관리자·내부자 계정 분리 - 최소권한 원칙 적용(least privilege) - 계정 발급·변경·삭제 절차 정립 - 2FA/MFA 적용(관리자 필수) - 원격접속 시 VPN+MFA 적용 - 세션시간 제한, 패스워드 정책 강화 - 접속기록(로그) 1년 이상 보관
	8. 모니터링 및 로그관리	로그 종류·보관 기간·관리 절차 정의 - 관리자 로그 별도 보관 - 실시간 이상행위 탐지(SIEM 등) - 로그 위변조 방지 솔루션 적용 - 로그 정합성 검증 프로세스 운영 - 공공기관 감사 대응 데이터 확보 체계

<table>
<tr><td rowspan="2">Ⅳ. 운영·물리적 보안</td><td>9. 물리 보안
(Physical Security)</td><td>- IDC 인증 상태 확인(ISO 27001, TTA, KS 인증 등)
- 출입통제 시스템 운영
- CCTV 24시간 녹화 및 보관
- 장비 반출입 관리 절차
- 전원·냉각·화재 방지 장치 검증(UPS, FM-200 등)
- 정기 점검 기록 보관</td></tr>
<tr><td>10. 운영·유지관리</td><td>장애관리 및 SLA 운영
- 운영일지·장애일지 기록
- 구성관리(CMDB) 최신화
- 백업/복구 정기 훈련
- 운영자 교육 기록 보관
- 공급업체/외주 인력 보안서약</td></tr>
<tr><td>Ⅴ. 개인정보 보호 조치 (CSAP 고도화에서 강화되는 부분)</td><td colspan="2">개인정보 처리흐름도(Data Flow Diagram) 작성
- 개인정보 영향평가(PIA)
- 개인정보 암호화 및 접근권한 최소화
- 사용자/운영자 로그 분리
- 개인정보 처리 목적 제한 처리
- 국외이전 통제(공공은 금지)
- 민감정보 처리 여부 확인
- 개인정보 파기 절차 고도화</td></tr>
<tr><td>Ⅵ. 재해복구 (DR) 및 업무 연속성(BCP)</td><td colspan="2">- DR 센터 물리적 분리(50km 이상 권장)
- 이중화 구성(Active-Active 또는 Active-Standby)
- DR 전환 테스트 연 1회 이상
- RTO/RPO 설정 및 근거 문서
- 필수설비(전원, 네트워크) 이중화
- 장애 대응 훈련 시나리오 준비</td></tr>
<tr><td>Ⅶ. 문서화·증적(증빙자료) 준비</td><td colspan="2">정책문서(Policy)
- 절차서(Procedure)
- 지침(Guideline)
- 점검기록(Log)
- 회의록·결재문서
- 운영대장, 로그증적
- 점검 결과보고서
- 연간 보안계획
- DR 모의훈련 결과
- 조직도·직무기술서
- 관리자 교육 기록</td></tr>
</table>

Ⅷ. 모의심사 (Pre-audit) 실행	외부 컨설팅 사전심사(선택) - 심사기관의 Pre-assessment - 미비점(Gap) 목록 작성 - Gap 보완 실행 - 최종 점검 회의 실시
Ⅸ. 공식 심사 대응 준비	인터뷰 대상자 교육 - 관리자·보안담당자 시나리오 리허설 - 실사 당일 계정·로그 제공 준비 - 물리시설 투어 준비 - 기술 구성도 최신화 - 보안장비 정책 백업

생각해 볼 문제

Q. 해외 CSP 장애가 "데이터 주권(Data Sovereignty)" 논쟁을 촉발시키는 이유는 무엇인가?

A. 해외 CSP 장애는 국가 차원의 우려를 증가시키는데 공공기관이 해외 CSP에 의존할 경우 장애 발생 시 국가 기능이 동시에 멈출 위험이 존재한다. 해외 본사에서 문제를 해결해야 하기 때문에 정부가 직접 통제할 수 없다는 한계 존재한다. 따라서 장애가 있을 때마다 국가 데이터·공공정보는 해외 클라우드로 넣지 말자, 국내 CSP를 활용하자는 여론이 증가하고 정부도 "국내 리전"요구를 강화하게 된다. 특히 클라우드 최고 보안 위협은 관리자 계정 탈취에 있으므로 보안사고 발생 시 너무 과중한 국가적 피해와 맞닥뜨릴 수 있다.

이는 CSAP 강화를 통한 국내 CSP 육성 정책과 맞물려 해외 CSP 의존도를 감소하게 하는 것으로 국내 CSP의 점유율 증가로 가져오나 대기업 몇 곳에 몰려 있어 산업적 측면에서 위협이 존재, 육성정책이 필요하다.

Q. 멀티클라우드 전략에 대해 정부는 어떻게 접근해야 하는가?

A. 해외 CSP 장애로 인해 '멀티클라우드 전략'이 도입되면서 국내 CSP가 포함되는 경우가 증가하고 있다. 많은 기업들이 해외 CSP 하나만 쓰다가 장애가 나면 전체 시스템이 멈추는 것을 경험하고 있고 "AWS + 네이버 클라우드", "Azure + KT 클라우드", "GCP + NHN 클라우드"와 같이 해외 CSP 장애 이후 "멀티클라우드 필요성"이 증가하고 있다.

무엇보다도 공공기관의 경우, 해외 CSP 장애가 "국내 CSP로 회귀"를 촉진하고 있는데 공공기관은 클라우드 도입 시 매우 보수적이다. AWS, Azure, GCP 같은 해외 CSP에서 장애가 발생할 경우 "국가 기반서비스는 해외 클라우드에 의존해도 괜찮은가?" "국가안보·데이터주권 문제는?" "실시간 협력·조치가 가능한가?" 이런 논의가 강화되면서 결국 공공기관은 국내 CSP 위주로만 유지하는 규정이 혹시 위헌적 소지가 있을까? CSAP 인증을 강화하여 국내 CSP를 우선적으로 사용하게 하는 규정은 어떠한가? 국내 IT 산업 보호·육성을 강화하는 방식으로 우리도 CLOUD Act를 제정해야 하는가? 하는 정책 형태로 연결된다.

Q. 바람직한 클라우드 보안의 입법 방향은 무엇인가?

A. 멀티클라우드 전략은 '대체재 확보'가 아닌 국가안보·공급망 리스크관리 전략이다. 정부는 단일사업자 의존을 금지하고, 공공 조달·보안·법제에 멀티클라우드 구조를 내재화해야 한다. 국내 CSP 육성과 데이터주권 확보를 위해 국가표준 멀티클라우드 모델을 제도화해야 한다.

전 세계가 디지털 전환의 가속화 속에서 클라우드를 새로운 국가 기반시설로 간주하기 시작하면서, "멀티클라우드 전략"은 선택이 아닌 필수로 자리 잡고 있다. 특히 한국처럼 공공부문과 국가기간시설이 세계적 클라우드 기업(AWS·Azure·GCP 등)에 빠르게 의존해 온 국가에서는, 해외 CSP 단일 의존이 갖는 위험이 날로 심각해지고 있다. 해외 클라우드 장애, 외국법(CLOUD Act) 적용 가능성, 해외 CSP의 가격정책 인상, 데이터의 국외 이전에 따른 사법권 충돌 문제 등은 더 이상 특정 기업의 장애에 그치지 않고 국가 전체의 운영 안정성을 흔들 수 있는 구조적 리스크가 되었다.

이러한 상황에서 정부가 멀티클라우드 전략을 체계적으로 추진해야 하는 이유는 분명하다. 첫째, 국가안보와 데이터주권 관점에서의 필요성이다. 해외 CSP에 대한 단일 의존은 장애나 보안사고는 물론, 글로벌 본사의 정책 변화에 의해 공공 기능 전반이 영향을 받을 수 있음을 의미한다. 특정 사업자가 가격을 일방적으로 인상하거나 특정 서비스를 중단할 경우, 공공서비스·디지털행정·국가기간시설 등 핵심 분야가 동시에 충격을 받는 이른바 "단일사업자 리스크(single vendor lock-in)"가 발생한다. 또 공공데이터가 해외로 이전될 경우, 사법권 충돌 및 외국 정부의 법적 요구에 노출될 가능성도 존재한다. 따라서 정부는 공공부문에 대해 멀티클라우드 적용을 의무화하고, 국외이전이 제한되는 중요정보는 국내 리전 기반 국산 CSP를 반드시 포함하는 모델로 설계해야 한다. 바이오, 반도체, AI 학습용 대규모 데이터 등 국가전략기술 분야는 아예 "국가 데이터 주권형 클라우드 모델"에 배치해 관리해야 한다. 이는 곧 한 사업자에 종속되지 않는 디지털 자주권 구조를 마련하는 일이다.

둘째, 멀티클라우드는 공급망 보안(supply chain security) 강화를 위한 핵심 전략이다. 미국·독일·일본 등 주요국은 이미 클라우드를 국가 기반시설로 간주하고 있고, 공급망 공격과 장애에 대비해 시스템을 분산 운영하는 정책을 도입하고 있다. 한국 역시 공공·금융·국가기간시설의 필수 정보자원은 최소 2개 이상의 CSP를 활용하는 이원화 구조를 표준 모델로 삼아야 한다. 또한 장애 발생 시 자동 전환(failover)이 가능하도록 국가 차원의 표준 DR(Disaster Recovery) 모델을 마련하고, CSP 간 상호운용성(Interoperability)을 보장하는 기술 표준도 제정해야 한다. 나아가 해외 CSP에 장애가 발생했을 때 국내 공공서비스의 가용성을 확보할 수 있도록, 정부 차원의 "국가형 가용성 관리 체계(National Availability Governance)"를 구축할 필요가 있다. 결국 클라우드는 전력망·도로·철도와 같은 국가 기반 인프라처럼 관리되어야 한다.

셋째, 멀티클라우드의 안정적 도입을 위해서는 공공 조달체계의 구조적 개선이 필수적이다. 지금의 나라장터·디지털서비스몰은 사실상 특정 CSP 중심으로 조달이 이뤄지는 경우가 많아, 멀티클라우드를 전제로 한 조달구조가 미흡하다. 정부는 조달 시스템을 개편해 멀티클라우드 구성이 가능한 방식으로 재설계하고, 공공기관의 클라우드 계약서에 데이터 이동성(Data Portability), 사업자 변경 비용(Exit Cost), 장애 시 타 CSP로 전환하는 절차(Failover Plan)를 의무적으로 포함해야 한다. 아울러 공공 클라우드 전환 가이드라인에 "단일 CSP 의존 금지(Principle of No Single Vendor)"와 "멀티클라우드·하이브리드 우선 고려(Cloud Neutrality)" 원칙을 명시해, 공공기관 스스로 벤 더 종속 위험을 방지하도록 유도해야 한다.

넷째, 현재 CSAP·ISMS-P·ISO 등 주요 보안인증제도는 대체로 단일 클라우드를 기준으로 설계돼 있어, 멀티클라우드 환경에서의 보안 책임 분담 및 관리체계가 불명확하다는 문제가 있다. 멀티클라우드 구조에서는 각 CSP마다 로그 형식·보안정책·관리체계가 달라 통합 통제가 어렵고, 장애나 침해사고 발생 시 책임소재도 혼재될 수 있다. 정부는 이를 해결하기 위해 CSAP에 멀티클라우드 보안 요구사항을 신설하고, CSP 간 공동책임모델(Shared Responsibility Model)의 법적 책임 범위를 명확히 해야 한다. 또한 CSP 간 로그·모니터링 표준(Log Schema Standard)을 제정하고, 공공부문을 위한 멀티클라우드 통합보안관제센터(MSOC) 구축도 검토해야 한다.

다섯째, 멀티클라우드는 국내 산업 경쟁력 강화에도 기여한다. 해외 CSP의 영향력이 과도하게 확대되면 국내 클라우드 산업은 성장 기회를 잃고, 공정경쟁 환경도 훼손될 수 있다. 반면 멀티클라우드 전략을 제도화하면 국내 CSP에게 성장 기회가 생기고, 보안·네트워크·AI 인프라·데이터센터 등 관련 산업 생태계가 함께 확장된다. 이를 위해 정부는 국내 CSP의 국제인증(ISO 27017/27018/27701 등) 취득을 지원하고, 공공부문에서 국내 CSP를 최소 1개 이상 필수 포함하는 구조를 권장해야 한다. 또한 중소 SaaS 기업에 멀티클라우드 개발비와 전환비용을 지원해 국내 디지털 서비스 산업의 경쟁력을 키워야 한다. 국내 CSP 간 상호연동 표준을 만드는 공동 연구·컨소시엄도 정부가 주도적으로 운영할 필요가 있다.

마지막으로, 멀티클라우드를 제도적으로 확보하기 위해서는 법제도 개선이 병행되어야 한다. 「클라우드컴퓨팅 발전법」에 "단일 CSP 의존 금지" 규정을 신설하고, 「전자정부법」에는 공공정보의 이중화·다중화·가용성 확보 의무를 명시하는 개정이 필요하다. 개인정보 처리와 관련해서는 「개인정보보호법」 내에 CSP 간 데이터 이동(Data Portability) 및 전환 절차의 법적 근거를 명확히 해야 하며, 「국가정보화 기본법」에는 멀티클라우드 기반 DR 센터 구축 의무를 규정해 국가 차원의 데이터 생존성을 강화해야 한다. 더 나아가 이러한 규정을 포괄하는 「디지털 기반시설 기본법」 신설도 고려할 수 있다.

종합하면, 멀티클라우드는 단순히 여러 클라우드를 동시에 쓰는 기술적 선택이 아니라, 국가안보·공급망·산업·행정·개인정보보호를 아우르는 디지털 주권 전략이다. 정부가 멀티클라우드 정책을 국가 차원의 기본 인프라 전략으로 확립할 때, 한국은 해외 CSP 리스크로부터 자유로워지고, 국내 클라우드 산업의 경쟁력 역시 획기적으로 강화될 것이다. 디지털 시대의 주권은 이제 "데이터를 어디에, 어떻게 저장하고 운영하느냐"로 결정된다. 정부가 지금 멀티클라우드 전략을 본격적으로 추진해야 하는 이유가 바로 여기에 있다.

[표] CSAP / ISMS-P / ISO 27017 비교표

구분	CSAP	ISMS-P	ISO 27017
제도성격	공공기관 전용 클라우드 보안인증(국가 인증)	정보보호 + 개인정보보호 통합 인증	클라우드 서비스 제공자/이용자 대상 국제 보안통제 가이드
도입목적	공공부문이 안전한 클라우드 사용 보장, 공급망 보안 강화	조직의 정보보호 관리체계/개인정보 보호관리 적합성 검증	클라우드 특화 보안통제 제공(국제 기준)
주요대상	공공기관에 클라우드 제공하는 CSP	모든 기업·기관(민간·공공)	CSP와 CSC(이용자) 모두
법적근거	「클라우드컴퓨팅발전법」, 「전자정부법」, 「보안업무규정」	「정보통신망법」, 「개인정보보호법」	ISO 국제표준

적용영역	인프라·플랫폼·SaaS 포함/IDC 포함	조직 전사적 보안·개인정보 처리 전 과정	클라우드 특화 보안 관리 및 운영
보안등급	기본형/고도화/SaaS 간편형	단일등급	등급 없음(가이드형)
세부요구사항수	약 109개 이상(2025 고도화 기준 증가 중)	102개(ISMS 80 + P 22)	37개(ISO27002 확장)
개인정보보호강도	★★★★★ (공공수준 최고)	★★★★☆	★★★☆☆
공공데이터주권요건	국외 이전 제한, 국내존 요구	원칙적 허용(적정성 평가 필요)	별도 제한 없음
필수기술통제	망분리(논리·물리), DR센터, 관리자 2FA, 로그 위변조 방지	일반 정보보호 관리	클라우드 특화 통제(공유책임, 테넌트 분리 등)
조달연계	나라장터 등록 필수 (사실상 의무)	법적 의무 없음	없음
적용 난이도	★★★★★ (가장 높음)	★★★☆☆ (중간)	★★☆☆☆ (약함)
국가·공공기관 요구 반영	가장 강함	보통	약함
감사/심사방식	현장심사 + 기술검증 + 문서검증	현장심사 중심	심사 없음(컨설팅 기반)

[표] 관리적 보호조치(Policy & Governance)

	CSAP	ISMS-P	ISO 27017
정보보호정책	필수(공공기관 대응 포함)	필수	필수
위험관리	CSP 인프라 기반 Risk 중심	전사적 Risk	클라우드 Risk 강조
외부위탁관리	계약서 필수조항 제시 (공공특화)	위수탁 관리 중심	CSP-CSC 역할 분담 강조
인력보안	강화된 검증 요구(공공수준)	기본 단계 수행	표준적 수준

[표] 기술적 보호조치(Technical Controls)

	CSAP	ISMS-P	ISO 27017
네트워크 분리	(필수) 공공기관 특화 망분리 기준	없음	없음
암호화	저장·전송 암호화 강제	기본 암호화	기본 암호화
접근통제	관리자 MFA, Root 사용 제한	일반적 통제	CSP/CSC 역할 구분
로그관리	위변조방지·장기보관	일반 보존	표준적 수준
취약점 점검	주기적 점검 + 외부기관 요구	주기적 점검	권고사항
DR/재해복구	공공부문 RTO/RPO 요구	일부 구성	일부 반영

[표] 물리적 보호조치(Physical Security)

	CSAP	ISMS-P	ISO 27017
IDC 요건	물리보안·설비 기준 강력	일반 수준	표준적 요구
출입통제	2단계 인증, 로그보관 강화	보통 수준	보통 수준
장비 반출입	강력 관리(공공 인프라 특화)	보통	보통

[표]개인정보 보호(Privacy Protection)

	CSAP	ISMS-P	ISO 27017
개인정보 흐름도	필수	필수	일부 요구
민감정보 처리	고강도 보호조치	중간~강	중간
국외이전	공공은 원칙 금지	법적 요건 충족 시 가능	제한 없음
파기 / 분리보관	강도 매우 높음	높음	보통
관리자 로그	별도 분리저장 강제	관리항목 존재	권고 수준

[표] 세제·조달·규제 측면 비교

	CSAP	ISMS-P	ISO 27017
공공조달	필수(나라장터 등록 의무)	없음	없음
민간활용	중·대규모 기업 활용 증가	법적 의무 산업군 많음	주로 글로벌 SaaS, CSP
감독기관 연계	공공기관 보안점검 가능	개인정보보호위, KISA	없음

6. 정보통신망연결기기 등에 관한 인증

제48조의6(정보통신망연결기기등에 관한 인증)

① 과학기술정보통신부장관은 제4항에 따른 인증시험대행기관의 시험 결과 정보통신망연결기기등이 제2항에 따른 인증기준에 적합한 경우 정보보호인증을 할 수 있다.

② 과학기술정보통신부장관은 제1항에 따른 정보보호인증(이하 "정보보호인증"이라 한다)을 위하여 정보통신망의 안정성 및 정보의 신뢰성 확보 등에 관한 인증기준을 정하여 고시할 수 있다.

③ 과학기술정보통신부장관은 정보보호인증을 받은 자가 다음 각 호의 어느 하나에 해당하는 경우에는 그 정보보호인증을 취소할 수 있다. 다만, 제1호에 해당하는 경우에는 그 정보보호인증을 취소하여야 한다.

1. 거짓이나 그 밖의 부정한 방법으로 정보보호인증을 받은 경우
2. 제2항에 따른 인증기준에 미달하게 된 경우

④ 과학기술정보통신부장관은 정보통신망연결기기등이 제2항에 따른 인증기준에 적합한지 여부를 확인하는 시험을 효율적으로 수행하기 위하여 필요한 경우에는 대통령령으로 정하는 지정기준을 충족하는 기관을 인증시험대행기관으로 지정할 수 있다.

⑤ 과학기술정보통신부장관은 제4항에 따라 지정된 인증시험대행기관(이하 "인증시험대행기관"이라 한다)이 다음 각 호의 어느 하나에 해당하면 인증시험대행기관의 지정을 취소할 수 있다. 다만, 제1호에 해당하는 경우에는 그 지정을 취소하여야 한다.

1. 거짓이나 그 밖의 부정한 방법으로 지정을 받은 경우

2. 제4항에 따른 지정기준에 미달하게 된 경우

⑥ 과학기술정보통신부장관은 정보보호인증 및 정보보호인증 취소에 관한 업무를 한국인터넷진흥원에 위탁할 수 있다.

⑦ 정보보호인증·정보보호인증 취소의 절차 및 인증시험대행기관의 지정·지정취소의 절차 등에 관하여 필요한 사항은 대통령령으로 정한다.

(1) 입법취지

「정보통신망법」 제48조의6(정보통신망연결기기등에 관한 인증)의 입법취지는 크게 세 가지 방향으로 이해할 수 있다. 이 조항은 단순히 제품의 보안을 장려하는 차원이 아니라, IoT·네트워크 기기 보안의 제도적 관리 기반을 마련하기 위한 것이다. 최근 정보통신망에 직접 연결되는 사물인터넷(IoT) 기기, 네트워크 장비, 스마트홈·CCTV·공장제어기기 등에서 악성코드 감염, 봇넷(botnet) 공격, DDoS 확산 등 심각한 보안사고가 증가했다. 그러나 기존의 ISMS(조직관리체계) 인증은 서비스 사업자 중심으로 설계되어 있어, 기기·제품 단위의 보안성 검증제도가 부재하다는 한계가 지적되었다. 이에 따라, 정보통신망에 직접 연결되는 기기 자체의 보안성을 사전 인증하여 망 전체의 안정성과 이용자 신뢰성

을 확보하고자 한 것이다. 그러므로 "정보통신망과 직접 연계되는 단말·장비 등의 보안취약점을 예방하고, 기기의 보안기능을 객관적으로 인증하여 정보통신망의 안정성과 정보의 신뢰성을 제고" 하고자 하여 사후적 대응(보안사고 후 처리)에서 사전적 인증·검증 체계로 전환하려는 정책적 전환이다.

(2) 주요 내용

IoT 보안인증은 IoT 제품 및 제품과 연동되는 모바일 앱이 정보보호인증기준에 적합함을 시험하여 인증서를 발급하는 제도로서 IoT 시장 규모 확대에 따른 보안위협 증가로 IoT 기기의 보안인증제도 운영으로 IoT 제품이 정보보호인증기준에 적합함을 시험하여 인증서를 발급으로 국민의 안전과 산업경쟁력 강화하고자 하는 제도이다.

본 제도는 과기정통부장관이 지정시험기관의 결과에 따라 인증 부여가 가능하며 정부가 국가 인증체계로 기기 보안성을 공식 확인함으로써 신뢰성을 제고하고자 하였다. 또한 인증기준을 고시로 제정 가능하도록 하여 기술변화가 빠른 네트워크·IoT 분야의 유연한 기준운영 확보하고자 하였다. 거짓·부정한 방법 또는 기준 미달 시 인증 취소하고자 하였으며 인증의 공신력·시장 신뢰 유지 및 위법·부실 인증 방지하고자 하며 인증시험대행기관 지정된 공공기관 외 전문 시험기관 참여를 통한 효율성·전문성 제고하고자 하였다. 시험대행기관 위반 시 지정취소시험기관의 공정성·품질관리 보장하며 이와 관련한 업무를 KISA에 위탁 가능하도록 근거규정을 마련, KISA의 정보보호 인증·평가 전문성을 활용한 일원화된 집행체계 확보하고자 하였다. 그러므로 이와 관련한 세부 절차를 대통령령으로 위임하여 법률-시행령-고시의 단계적 규율로 기술변화에 대응하는 탄력적 제도로 운용하려는 의도가 존재한다.

시험·인증기준으로는 식별 및 인증, 데이터 보호, 암호, 소프트웨어 보안, 업데이트 및 기술지원, 운영 체제 및 네트워크 보안, 하드웨어 보안, 총 7개의 인증영역으로 구분하며 시험대행기관은 한국기계전기전자시험연구원(KTC), 한국정보통신기술협회(TTA), 한국화학융합시험연구원(KTR)이다.

인증 유형(등급)은 IoT 제품의 다양한 유형 및 인증 수요를 반영하고, 보안위험기반의 등급으로 개선하여 3개의 등급(Lite, Basic, Standard)으로 구분하여 시행하고 시험수수료는 제품의 특징 및 난이도, 신청 등급, 인증 기준, 일정 등을 고려하여 수수료를 산정한다. 이때 「중소기업기본법」 제2조에 따른 중소기업의 수수료는 감면 지원할 수 있다. 인증 소요기간은 Lite 등급은 6주 이상, Basic 등급은 8주 이상, Standard 등급은 12주 이상이며 개선사항 발생 시 보완요청 및 개선조치 등을 위한 시간 추가로 소요될 수 있다.

정보보호인증을 취득한 제품에 대하여 소비자 보호를 위해 인증 취득 사실을 홍보하기 위한 정보보호인증 라벨을 표시할 수 있으며, 정보보호 인증을 취득한 자는 인증을 받은 기기 등에 부착이 가능하지만 효력이 상실되었거나 인증이 취소된 경우 인증에 대한 표시를 중지해야 한다. 인증을 획득한 자는 인증한 사실이 과장되거나 불명확한 표현을 사용하여 광고할 수 없으며, 허위사실을 표기·광고하거나, 인증받은 제품을 임의로 변경하는 경우 인증이 취소될 수 있다.

(3) 제도적 의의

조직관리(ISMS)에서 기기단위 인증으로 보안규율을 확장하고 기존 ISMS가 기업·서비스 단위의 관리체계를 다뤘다면, 본 조항은 "망에 연결되는 제품 자체"를 국가가 보증하는 하드웨어 보안관리체계를 형성하였다. 이로써 공공조달 및 민간시장 신뢰 제도화하였는데 인증을 받은 기기만 공공망·통신망에 연결하도록 권장·의무화함으로써, 공공조달 기준·표준제품 인증체계로 발전 가능하도록 하였다. 이는 IoT·5G·스마트시티 보안 기반 확립 및 IoT 보안 가이드라인을 제도화하여 산업간 연계(자동차, 의료, 에너지 등)에 대응할 기초를 마련하였을 뿐 아니라 제표준 대응을 기반으로 하였다.

그리하여 ISO/IEC 27400(2022, IoT 보안표준), ENISA IoT Certification 등 국제동향에 발맞춘 국내제도가 정비되는 계기가 되었다. 「정보통신망법」 제48조의6은 정보통신망에 연결되는 각종 기기·

설비의 보안 취약점을 사전 인증체계로 관리함으로써, 통신망의 안정성, 정보의 신뢰성, 이용자 보호, 그리고 국가 정보보호 기반의 산업경쟁력 제고를 도모하려는 것이다.

과기정통부 설명·국회 검토보고서를 보면 정보통신망에 연결되는 IoT 기기가 폭발적으로 증가하는 상황에서, 제품단위 보안취약점이 대규모 DDoS 공격의 발판이 되고 있으므로, IoT 정보보호 인증을 법제화하여 사전예방적 대응체계를 마련할 필요가 있다고 한 뒤(2021) 이후 "정보통신망연결기기 인증제는 IoT 보안의 첫 단계이며, 국제표준(ISO/IEC 27400) 기반의 인증체계로 글로벌 상호인정도 추진할 계획"(2023)이라고 밝힌 바 있다.

제48조의6의 입법취지는 "망 연결형 기기(IoT·네트워크 장비 등)의 보안성 인증을 제도화하여 정보통신망 전반의 신뢰성과 안전성을 확보하는 것"이며, 이는 기존의 ISMS가 포괄하지 못한 기기단위 보안관리 공백을 메우기 위한 보완입법이라고 할 수 있다.

생각해 볼 문제

Q. 왜 IoT 인증은 ISMS-P와 별도로 운영해야 하는가?

A. 정보통신망에 연결된 기기(IoT 기기)는 스마트가전·IP카메라·웨어러블·자율주행차·의료기기 등 우리 생활과 산업 전반에 깊숙이 사용되고 있다. 그러나 이러한 기기들은 규모가 작고, 저전력이며, 항상 네트워크에 연결된 구조 때문에 전통적인 정보보호 인증(ISMS-P)만으로는 충분하게 보호할 수 없다.

첫째, ISMS-P는 "조직의 정보보호 관리 체계" 인증이기 때문이다. ISMS-P는 기업의 관리적·기술적·물리적 보호조치, 개인정보보호 체계, 조직의 보안 정책을 평가하는 인증이다. 즉, 기업의 보안관리 수준을 검증하는 제도이지, 개별 기기(IoT 제품) 자체의 보안성을 평가하는 제도가 아니다. 따라서 ISMS-P 인증을 받은 기업이라고 해서 그 기업이 만드는 IoT 기기의 보안 수준이 자동으로 보장되는 것은 아니다.

둘째, IoT 기기는 '제품 보안(Product Security)'이 핵심이기 때문이다. IoT 기기는 제품 설계 단계부터 암호화 기능의 부재, 기본 비밀번호 노출, 취약한 펌웨어 업데이트 구조, 원격 제어 기능의 결함 등 제품 고유의 기술적 취약점이 존재할 수 있다. 이러한 취약점은 ISMS-P가 평가하는 관리체계와는 별개의 문제로, 제품 단위의 검증과 시험이 필요하다. 따라서 IoT 보안 인증은 "제품 보안 인증(PSIRT 중심)" 성격을 가진다.

셋째, IoT는 '대량 배포'와 '생활 밀착성' 때문에 사고 영향이 훨씬 크다. IoT 기기는 수백만 대 단위로 시장에 빠르게 퍼지기 때문에 단 하나의 취약점이 발견되면 한꺼번에 대규모 해킹, 봇넷 구성, 카메라·스피커 등 프라이버시 침해, 의료·자동차 등 생명·안전 관련 사고로 이어질 수 있다. 이처럼 제품 자체의 위험성·대량 확산성·물리적 위험성 때문에 IoT는 일반 서버·네트워크와는 완전히 다른 보안 접근이 필요하다.

넷째, IoT는 저사양·저전력 기기 특성으로 인해 '전통 보안기술'을 적용하기 어렵다. IoT 기기는 작은 메모리, 낮은 CPU 성능, 배터리 기반 구동, OTA(원격 업데이트) 의존, 따라서 서버·PC처럼 완전한 보안 기능을 적용하기 어렵다. 예를 들어 백신 설치 불가능, SSL 기본미지원, OS 업데이트 곤란, 별도 보안모듈 미탑재와 같이 IoT 특성에 맞는 별도의 보안 기준·시험·인증이 필요하다.

다섯째, IoT는 국가 기반시설·생활안전과 직접 연결되어 있기 때문이다. IoT 기기는 전력, 교통, 의료, 환경, 방재, 공장 자동화(ICS/OT) 등 국가 기반시설과 밀접히 연결된다. 따라서 IoT 보안은 단순 기업의 정보보호 문제가 아니라 국민 생명·신체·재산 보호와 국가 안보의 문제이기도 하다. 이러한 특수성을 고려하면 제품 차원에서의 별도 인증이 필수적이다.

여섯째, 국제 표준·각국 규제도 'IoT 별도 인증'을 요구하고 있다. 세계 각국은 ISMS-P와 유사한 관리체계 인증과는 별도로 IoT 보안 인증을 독립 운영한다. 미국의 경우 NIST IR 8259 기반 IoT Cybersecurity Baseline, EU는 EN 303/645 기준의 IoT Security Certification, 일본은 IoT 보안 라벨링 제도, 싱가포르는 CLS(Cybersecurity Labelling Scheme)와 같이 국제적으로도 IoT 보안은 별도 체계로 규율하는 것이 표준이다. IoT 기기 보안은 기업의 관리체계를 평가하는 ISMS-P만으로는 보호하기 어렵다. IoT 기기는 설계 IoT 기기는 설계 단계의 취약점, 대량 배포 특성, 저전력 구조, 생활·산업 인프라에 대한 연결성 등 고유한 위험요인을 가지고 있기 때문에 제품 자체의 보안성(Product Security)을 검증하는 별도의 인증 제도가 반드시 필요하다. 따라서 정보통신망연결기기(IoT)에서 발생하는 침해사고를 예방하기 위해서는 ISMS-P와는 별도로 IoT 보안 인증을 운영함으로써 제품 단위의 보안 검증, 취약점 점검, 패치 체계 확인, 안전성 확보를 체계적으로 수행해야 한다.

[표] ISMS-P vs IoT 보안인증 비교표

구분	ISMS-P(정보보호 및 개인정보보호 관리체계 인증)	IoT 보안인증(정보통신망연결기기 보안 인증)
목적	조직 전체의 정보보호·개인정보보호 관리체계가 적절히 운영되는지 평가	IoT 기기 자체의 보안성(제품 보안)을 평가하여 침해사고를 예방
평가대상	기업·기관의 관리체계(Management System) - 정책, 절차, 인력, 물리적 보호조치 등	개별 IoT 제품(Product Security) - 펌웨어, 암호화, 인증기능, 업데이트 구조 등
보안관점	조직 차원의 운영·관리 중심 보안	제품 수명주기(Life-cycle)에 기반한 기술적 제품보안 중심
주요평가 영역	관리적·기술적·물리적 보호조치, 개인정보 처리 적정성 등	기본 비밀번호 차단, 취약점 대응, 디바이스 인증, 데이터 보호, 업데이트 보안 등
대응가능한 위험	내부자 위험, 개인정보 유출, 서버·네트워크 관리 부실 등	대량 기기 해킹, 봇넷 감염, 스마트가전/의료기기 취약점, 원격 제어 탈취 등
적용분야	기업 전반의 정보시스템, 웹서비스, 클라우드 사업자 등	인터넷 연결 기기(IP카메라, 스마트가전, 웨어러블, 가정·공장 IoT 등)
적용단위	"조직 단위 인증"	"제품 단위 인증"
인증방식	관리체계 구성요소가 기준에 맞게 운용되는지 심사	제품을 직접 시험·검증하여 기술적 취약점 여부 확인
인증필요성	조직의 보안 수준을 체계적으로 확보해야 서비스 안전성 보장	IoT는 설계·펌웨어 취약점이 심각하며 대량 보급으로 사고 확산 위험이 큼
왜 분리 운영해야 하는가?	관리체계 인증은 제품의 기술적 취약점을 검증할 수 없음	IoT는 별도의 기술적 평가가 필요하며, 생활안전·국가기반시설과 직접 연결됨

제5장

침해사고 대응과 법

1. 최근 침해사고의 경향

디지털 전환이 가속화됨에 따라 사이버 침해사고는 과거의 단순한 시스템 해킹이나 정보유출을 넘어, 클라우드 환경·국가 기반시설·AI 기반 공격 등으로 빠르게 확장되고 있다. 최근 사례들은 사이버 보안이 개별 기업의 문제가 아니라 국가·산업 생태계 전반의 지속가능성을 좌우하는 핵심 요소임을 보여준다. 다음은 2025년을 전후하여 특히 두드러지게 나타난 침해사고의 세 가지 흐름이다.

첫째, 클라우드 기반 보안사고의 확대이다. 2025년 6월경, Google Threat Intelligence Group(GTIG)이 공개한 분석 자료에 따르면, 전 세계 기업들이 사용하는 클라우드 기반 SaaS 인스턴스(Salesforce 등)가 대규모로 탈취되는 사고가 발생하였다. 이 사건에서 10억 건이 넘는 기업·고객 기록이 무단 접근·유출된 것으로 조사되었으며, 공격자는 다단계 인증 우회·API 접근 권한 탈취 등 클라우드 특유의 취약점을 활용한 것으로 드러났다.

이 사례는 기업들이 여전히 제3자 서비스(벤더·협력사)와 클라우드 연동 환경에 대한 보안 통제를 충분히 수행하지 못하고 있음을 명확히 보여준다. 특히 SaaS, PaaS, IaaS가 서로 연결되는 현대의 하이브리드 클라우드 환경에서는 보안 책임의 범위(Shared Responsibility Model)가 모호해지기 쉽고, 그 결과 공격자는 가장 취약한 지점을 노려 대규모 침해를 유도한다.

둘째, 국가 기반시설을 겨냥한 사이버물리공격(OT)의 현실화이다. 2025년 4월 노르웨이 Bremanger 댐에서 발생한 사건은 사이버공격이 실제 물리적 피해로 이어진 대표적 사례로 평가된다. 이 사건에서 외국 해커가 댐의 제어시스템(ICS/SCADA)에 침투하여 수문을 강제로 개방하고 대량의 물을 방류한 것으로 보고되었다. 이 공격은 단순한 웹 해킹이나 데이터 유출이 아니라, 국가 기반시설(Operation Technology, OT)에 대한 공급망 공격 및 사이버-물리적 사보타지라는 특징을 가진다. 특히 전력·수자원·교통·의료 등 필수 공공 인프라는 외부 네트워크와의 연동성이 높아지면서 공격 표면이 넓어지고 있으며, 공급망을 통한 우회 침투가 일반화되고 있다. 이 사건은 "사이버사고"가 더 이상 추상적 위협이 아니라 국민 안전과 생명, 국가기능 유지에 직결되는 문제임을 각국에 다시 한번 일깨워 주었다.

셋째, 데이터 집적시설 및 AI 기반 사회공학 공격의 급증이다. 2025년 8월을 전후해 한국에서도 대규모 개인정보 및 금융정보 침해사고가 연속적으로 발생하였다. SK텔레콤 관련 개인정보보호위원회의 대규모 과징금 부과 사례, 롯데카드 등 주요 통신·금융 사업자에 대한 보안사고가 집중적으로 발생하며, 데이터센터·통신사와 같은 대형 데이터 집적시설이 핵심 공격 목표가 되고 있음을 보여주었다. 또한 최근에는 공격자들이 AI 기반 사회공학 공격을 적극적으로 활용하고 있다. 딥러닝 기술을 이용해 실제 인물의 얼굴(딥페이크 영상), 목소리(보이스 클로닝), 행동패턴을 정교하게 모방함으로써, 경영진을 사칭해 수백만 달러 규모의 자금이 이체되는 등 심각한 피해 사례가 보고되고 있다. 이러한 공격은 기존의 스팸 메일이나 단순 피싱과 달리, 인간의 인지 능력으로는 구분이 거의 불가능할 정도로 정교해지고 있으며, AI가 자동화된 공격을 대량으로 생성함에 따라 공격 규모와 속도 역시 기하급수적으로 증가하고 있다. 이처럼 최근 사이버 침해사고는 클라우드 공급망 취약성, 국가 기반 시설의 사이버물리적 위험, AI 기반 사회공학 공격의 자동화·대규모화라는 세 가지 축을 중심으로 진화하고 있다.

따라서 현대 사회의 정보보호는 더 이상 단일 조직의 방어체계로 해결될 수 없으며, 법·기술·거버넌스를 아우르는 종합적 보안 전략이 요구된다. 특히 공급망 전반에 걸친 통제, AI 공격 대응 체계 마련, OT/ICS 보호 강화, 클라우드 환경의 책임 분담 명확화는 향후 정보보호 체계의 핵심 과제가 될 것이다.

2. 침해사고 이후 범부처 정보보호 종합대책의 발표

최근 SKT 침해사고를 비롯한 대형 개인정보·통신망 침해사고가 연이어 발생함에 따라, 우리 정부는 정보보호 규제를 강화하고 국가적 보안 역량을 체계적으로 확충하기 위한 일련의 대응책을 발표하고 있다. 특히 2025년 10월 22일 발표된 「범부처 정보보호 종합대책」은 SKT 사고 이후 마련된 후속조치로, 여러 부처가 함께 참여하는 범정부 차원의 종합 전략이라는 점에서 중요한 의미를 가진다. 이 대책은 침해사고의 재발을 방지하고, 기업의 보안수준을 근본적으로 강화하며, 국제 기준에 부합하는 정보보호 환경을 조성하는 것을 목표로 한다.

첫째, 소비자 중심의 사고 대응체계 구축과 재발 방지 대책의 실효성 강화이다. 정부는 우선, 침해사고가 발생했을 때 피해자의 권익 보호와 신속한 대응을 최우선 원칙으로 삼고 있다. 이와 관련해, 해킹 정황이 확인될 경우 기업의 신고 여부와 관계없이 정부가 즉시 현장 조사에 착수할 수 있도록 조사 권한을 확대하는 내용이 포함되었다. 이는 기업의 은폐나 지연 신고로 인해 피해가 확산되는 문제를 차단하기 위한 조치이다. 또한 해킹 지연 신고, 재발 방지 대책 미이행, 개인·신용정보의 반복적 유출과 같은 중대한 보안 의무 위반에 대해서는 과태료·과징금 상향, 이행강제금 도입, 징벌적 과징금 도입 등 제재 수준이 대폭 강화된다. 이러한 강화된 제재 체계는 기업이 보안 의무를 '선택적 비용'이 아니라 '필수적 책임'으로 인식하도록 유도하는 효과를 가진다.

둘째, 정보보호 투자 확대 유도 및 중소기업 지원 강화이다. 정부는 기업의 자발적인 보안 투자 확대를 유도하기 위해 제도적 기반을 강화하고 있다. 특히 정보보호 공시 의무 대상을 기존 일부 기업에서 상장사 전체로 확대(약 666개 → 약 2,700여 개)함으로써, 기업의 정보보호 수준을 투명하게 공개하고 시장의 감시·평가 기능을 강화하도록 하였다. 공시는 단순 보고가 아니라 투자자와 소비자가 기업의 보안 역량을 비교·평가하는 기준으로 활용되면서, 자연스럽게 보안 투자 확대를 유도하는 역할을 한다. 또한 법령에 최고경영자(CEO)의 보안 책임 원칙을 명문화하고, 보안최고책임자(CISO)와 개인정보보호책임자(CPO)의 권한과 독립성을 강화하는 조치도 포함되었다. 이는 보안 의사결정이 현장의 기술적 차원에 머무르지 않고, 기업의 경영 전략 차원에서 이루어지도록 하기 위한 것이다. 한편 중소기업의 보안 역량이 상대적으로 취약하다는 점을 고려하여, 정보보호 컨설팅·인력 지원·보안 솔루션 도입 비용 지원 등 맞춤형 지원 체계도 강화된다. 이는 대기업과 중소기업 간 보안 격차를 줄이고, 공급망 전체의 보안 수준을 향상하기 위한 핵심 정책이다.

셋째, 국제 기준에 부합하는 제도의 마련과 정보보호 환경의 조성이다. 정보기술 제품과 서비스의 글로벌 공급망이 복잡해짐에 따라, 한국 정부는 국제적 흐름에 맞춘 제도 개선에도 속도를 내고 있다. 특히 공공 분야에서 사용되는 IT 시스템·제품에 대해 소프트웨어 구성요소(SBOM: Software Bill of Materials) 제출을 의무화하는 제도(2027년 시행 예정)가 포함되었다. SBOM은 소프트웨어를 구성하는 오픈소스·라이브러리·모듈 등을 투명하게 관리하기 위한 목록으로, 공급망 공격을 예방하고 취약점 발견 시 신속하게 대응하는 데 필수적이다. 또한 보안 취약점이 확인된 정보기술 제품의 경우 공공조달에서의 도입을 제한하고, 산업·생활용 정보기술 제품(예: IoT 가전)에 대한 보안 평가 결과를 공개하여 소비자가 보안성을 기준으로 제품을 선택할 수 있게 하는 방안도 추진된다. 이는 시장 전반의 보안 경쟁력을 높이는 동시에, 기업이 제품 설계 단계에서부터 보안을 고려하도록 유도하는 정책적 효과를 가진다.

결국 단순한 규제 강화가 아니라 ① 신속한 사고 대응, ② 기업의 보안 책임 강화, ③ 공급망 및 제품 단계의 보안 확보, ④ 국제적 기준에 부합하는 제도 정비라는 네 가지 측면에서 우리나라 정보보호 체계를 전면적으로 업그레이드하는 계기가 될 것으로 평가된다. 특히 SKT 침해사고와 같은 대형 사고가 반복되는 현실에서, 이러한 대책은 국가 정보보호 역량을 강화하고 국민의 개인정보를 실질적으로 보호하기 위한 중장기적 기반 마련이라는 점에서 중요한 의미를 지닌다.

[표] 우리나라 정보보호 영역과 주무부처

구분	법률명	핵심영역	주무부처
정보보호·개인정보	「개인정보보호법」, 「정보통신망법」, 「위치정보법」	데이터 보호, 보안	개인정보위·과기부
통신, 네트워크	「전기통신사업법」, 「인터넷주소자원법」	통신망, 주소관리	과기부
전자거래, 행정	「전자문서법, 전자서명법」, 「전자정부법」	거래, 인증, 행정	과기부, 행안부
산업, 기반	「정보보호산업법」, 「클라우드법」, 「소프트웨어진흥법」	산업진흥, 인증, 안전성	과기부
전략, 지능화	「지능정보화기본법」, 「정보통신기반보호법」	AI·보안·기반시설	과기부, 국정원

3. 금지되는 침해행위

(1) 정보통신망 침해행위 금지

> 제48조(정보통신망 침해행위 등의 금지) ① 누구든지 정당한 접근권한 없이 또는 허용된 접근권한을 넘어 정보통신망에 침입하여서는 아니 된다.
>
> ② 누구든지 정당한 사유 없이 정보통신시스템, 데이터 또는 프로그램 등을 훼손·멸실·변경·위조하거나 그 운용을 방해할 수 있는 프로그램(이하 "악성프로그램"이라 한다)을 전달 또는 유포하여서는 아니 된다.
>
> ③ 누구든지 정보통신망의 안정적 운영을 방해할 목적으로 대량의 신호 또는 데이터를 보내거나 부정한 명령을 처리하도록 하는 등의 방법으로 정보통신망에 장애가 발생하게 하여서는 아니 된다.
>
> ④ 누구든지 정당한 사유 없이 정보통신망의 정상적인 보호·인증 절차를 우회하여 정보통신망에 접근할 수 있도록 하는 프로그램이 기술적 장치 등을 정보통신망 또는 이와 관련된 정보시스템에 설치하거나 이를 전달·유포하여서는 아니 된다.

1) 조문의 내용

제1항은 "무단 침입 금지"로서 정당한 접근권한 없이 정보통신망에 침입하거나, 허용된 권한을 넘어서는 접근을 해서는 안 된다. 제2항은 정보·시스템 훼손 및 악성프로그램 유포를 금지함으로써 정당한 사유 없이 정보통신시스템이나 데이터·프로그램을 훼손·변경·삭제해서는 안 되며, 시스템 운용을 방해할 수 있는 악성프로그램을 전달·유포하는 행위도 금

지된다.

또한 제3항은 대량 트래픽·부정 명령 등을 통한 장애 유발 금지조항이며 정보통신망 운영을 방해할 목적으로 대량의 신호·데이터를 보내거나 부정한 명령을 전달해 장애를 일으키는 행위를 금지한다. 대표적으로 DDoS 공격 등이 여기에 해당한다.

제4항은 보호·인증 절차 우회 프로그램 설치·유포 금지하는 것으로서 보안 절차를 무력화하여 정보통신망에 비정상적 접근을 가능하게 하는 프로그램이나 기술적 장치를 설치·전달·유포하는 행위를 금지한다. 제48조는 무단 침입·시스템 훼손·악성코드 유포·DDoS 등 정보통신망을 해치는 모든 불법적 침해행위를 포괄적으로 금지하는 규정이다.

2) 입법취지

제48조는 우리나라 「정보통신망법」에서 가장 핵심적인 사이버보안 보호 조항으로, 정보통신망을 안정적으로 운영하고 이용자 보호를 실질적으로 보장하기 위해 마련되었다. 이 조항이 갖는 주요 취지는 첫째, 정보통신망의 '기본적 안전성' 확보이다. 오늘날 대부분의 경제·사회 활동은 정보통신망을 기반으로 한다. 만약 네트워크가 무단 침입, 데이터 훼손, 악성코드 감염 등으로 마비된다면 금융·통신·의료·교통 등 사회 전반의 기능이 중단될 수 있다.

따라서 제48조는 정보통신망 자체를 보호하는 기본적인 방어선을 마련하여, 국가·기업·개인의 디지털 활동이 안전하게 유지될 수 있도록 하기 위한 최소한의 규범이다.

둘째, 사이버 공격으로부터 이용자와 기업을 보호하는 기본규범이다.

침해행위 중 상당수는 개인정보 유출, 랜섬웨어 감염, 시스템 마비, 금융 사기 및 사회적 혼란 등의 피해를 초래해 왔다. 이에 대해 제48조는 무단 접근·악성프로그램 유포·대량 트래픽 공격 등을 엄격히 금지함으로써 이용자의 개인정보와 재산, 기업의 서비스 제공 안정성을 보호하기 위한 법적 장치로 작동한다. 셋째, 첨단화·고도화되는 사이버 공격에 대응하는 법적 기반을 마련하였다. 최근의 공격은 접근 권한 탈취, 인증 기술 우회, 공급망 공격, 자동화된 봇네트 기반 DDoS 등 고도화된 양상을 보이고 있다. 제48조는 이러한 현대적 공격기법에도 대응할 수 있도록 "보호·인증 절차 우회 프로그램", "대량의 신호·데이터를 통한 장애 유발" 등 공격 수단 자체를 금지함으로써 공격 단계에서부터 법적 대응을 가능하게 한다. 넷째, 국가적 정보보호 체계 구축을 위한 근간 규범으로서 본조는 정보통신망의 안전성이 개별 기업만의 책임이 아니라 국가 차원의 사이버 안보 구성 요소이므로 사이버범죄 처벌, 침해사고 대응, 나아가 국가 기반시설 보호 정책의 법적 근거가 되는 핵심 조항으로 기능한다. 이 규정이 없으면 침해사고에 대한 수사·제재, 악성코드 유포자 처벌, 공격행위의 법적 규정을 명확히 할 수 없기 때문에, 정보보호 체계의 기초가 되는 조항이라 할 수 있다.

3) 대표적인 사례

「정보통신망법」 제48조는 무단 침입, 악성프로그램 유포, 대량 트래픽 공격 등 정보통신망의 안전성을 해치는 다양한 침해행위를 금지하는 규정이다. 이 조항은 실제 침해사건과 판례에서 중요한 판단 기준으로 적용되어 왔다. 대표적인 사건 중 하나는 온라인 게임사 서버 무단 침입 사건으로 대법원은 온라인 게임사의 서버 관리 취약점을 이용하여 정당한 권한 없이 서버 내부에 접속하고 게임머니와 아이템을 무단으로 획득한 사건(대법원 2014도13718)에 대해, 이를 「정보통신망법」 제48조 제1항이 금지하는 '무단 침입'으로 판단하였다. 법원은 "접근이 허용되지 않은 영역에 무단으로 진입하는 행위는 침입에 해당하며, 권한 없이 접근했다는 사실만으로 처벌 가능하다"고 보았다. 즉, 접근 방식이 복잡한지 여부, 시스템을 고의로 파괴했는지 여부와 관계없이 허용되지 않은 경로로 네트워크에 침입하는 행위 자체가 위법하다는 입장을 명확히 했다. 이 사건은 제48조 제1항에서 말하는 "정당한 접근권한 없이"의 범위가 매우 넓다는 점을 보여준다. 비밀번호 우회와 같은 의도적 침입뿐 아니라, 우연한 경로로 허용되지 않은 시스템에 접속한 경우도 무단 침입으로 인정될 수 있으며, 이는 정보통신망 보호의 기초가 되는 중요한 법리이다.

한편 2009년 7·7DDoS 대란 사건은 청와대, 국방부, 국회 등 주요 국가기관과 대형 포털 등 약 40여 개 사이트가 동시에 마비되는 대규모 사이버공격 사건이었다. 공격자는 해외에서 조종되는 봇넷을 이용해 대량의 트래픽을 특정 서버에 집중적으로 전송하는 방식으로 서비스를 불능 상태로 만들었다. 이와 같은 공격은 제48조 제3항에서 금지하고 있는 "대량의 신호·데이터를 보내 장애를 발생하게 하는 행위"에 해당한다. 이 규정은 단순한 웹사이트 공격뿐 아니라 대량 트래픽 유발, 부정 명령 처리, 사이버전 형태의 공격까지 모두 포괄하는 규정으로, 국가 기반시설 역시 예외 없이 보호 대상이 된다. 7·7DDoS 사건은 현대 사이버공격이 단순한 장난이나 개인 단위의 해킹을 넘어서 국가적 기능을 직접적으로 위협할 수 있다는 점을 보여준 대표적 사례이며, 제48조 제3항의 중요성과 필요성을 강조하는 계기가 되었다.

그 밖에도 2018년 금융권을 대상으로 한 이른바 예멘서버 악성코드 유포 사건에서는 공격자가 악성 이메일을 발송하여 금융회사 내부 PC에 악성 프로그램을 설치하고, 이를 통해 외부(예멘 소재 서버)와 통신하며 내부 계정 정보 등을 탈취한 사실이 확인되었다. 이 사건은 「정보통신망법」 제48조 제2항에서 규정하는 “악성프로그램의 전달 또는 유포 행위”에 그대로 해당한다. 악성코드를 실제로 실행시키거나 피해가 발생했는지 여부와 무관하게, 전달·업로드·전송 행위만으로도 법 위반이 성립한다는 점에서 이 조항의 규제 범위가 넓고 강력함을 보여주는 사례이다. 이 사건은 악성코드 공격이 이메일·파일공유·메신저 등 일상적인 정보통신망 환경에서 손쉽게 이루어질 수 있음을 보여주며, 초기 유포 행위 자체를 엄격히 금지하는 제48조 제2항의 의의를 다시 확인시켜 준다. 제48조는 무단 침입(제1항), 악성 프로그램 유포(제2항), 대량 트래픽 공격(제3항) 등 침해 유형별로 어떻게 적용되는지를 보여주는 대표적 예들이다. 이를 통해 학생들은 정보통신망법이 단순히 기술적 보안 규범이 아니라, 현실 세계에서 발생하는 다양한 사이버 공격에 대응하는 실질적인 법적 보호장치임을 이해할 수 있다.

(2) 중요 정보의 국외 유출 제한

제51조(중요 정보의 국외유출 제한 등) ① 정부는 국내의 산업·경제 및 과학기술 등에 관한 중요 정보가 정보통신망을 통하여 국외로 유출되는 것을 방지하기 위하여 정보통신서비스 제공자 또는 이용자에게 필요한 조치를 하도록 할 수 있다.

② 제1항에 따른 중요 정보의 범위는 다음 각 호와 같다.

1. 국가안전보장과 관련된 보안정보 및 주요 정책에 관한 정보
2. 국내에서 개발된 첨단과학 기술 또는 기기의 내용에 관한 정보

③ 정부는 제2항 각 호에 따른 정보를 처리하는 정보통신서비스 제공자에게 다음 각 호의 조치를 하도록 할 수 있다.

1. 정보통신망의 부당한 이용을 방지할 수 있는 제도적·기술적 장치의 설정
2. 정보의 불법파괴 또는 불법조작을 방지할 수 있는 제도적·기술적 조치
3. 정보통신서비스 제공자가 처리 중 알게 된 중요 정보의 유출을 방지할 수 있는 조치

1) 조문의 내용

제51조는 국내에서 생성·관리되는 국가적·전략적 가치가 높은 정보가 정보통신망을 통해 국외로 유출되는 것을 방지하기 위한 규정이다. 정부는 중요 정보의 해외 유출을 방지하기 위해 정보통신서비스 제공자와 이용자에게 필요한 조치를 요구할 수 있다(제1항). 또한 중요 정보의 범위

(제2항)는 ① 국가안전보장 및 주요 정책과 관련된 보안정보 ② 국내에서 개발된 첨단 과학기술·기기에 관한 기술 정보이다. 정부는 이러한 중요 정보를 처리하는 정보통신서비스 제공자에게 ① 부당한 정보통신망 이용을 방지하는 제도적·기술적 장치 마련 ② 정보의 불법 파괴·조작 방지 조치 마련 ③ 서비스 제공자가 처리 중 알게 된 중요 정보가 유출되지 않도록 관리·통제 조치 마련과 같은 조치를 요구할 수 있다(제3항). 즉, 제51조는 "국가와 산업의 핵심 기술·정책 정보가 해외로 빠져나가는 것을 법적으로 차단하는 규정"이다.

2) 입법취지

제51조는 사이버공간에서의 국가안보·경제안보·기술주권을 확보하기 위한 핵심 규정이다. 특히 국가 핵심기술·전략기술이 사이버공격·기업 스파이 활동 등을 통해 해외로 빠져나가는 것을 적극적으로 방지하는 데 목적이 있다. 첫째, 국가안보와 주요 정책 정보의 보호이다. 현대의 사이버전에서 국가 정책, 외교전략, 국가안보 관련 정보는 가장 우선적으로 보호해야 하는 자산이다. 만약 이러한 정보가 해외로 유출되면 국가안보 취약성 노출, 국방전략·외교전략의 교란, 사회적 혼란 유발 등 심각한 위험이 발생한다. 제51조는 이러한 위험을 차단하여 국가 차원의 보안·정책 정보가 사이버 공격이나 내부자의 부정행위를 통해 외국으로 빠져나가지 않도록 하는 법적 장치를 마련한 것이다.

둘째, 첨단 과학기술·산업기술의 보호(기술주권 확보)이다. 오늘날 경쟁의 핵심은 기술이며, 특히 한국의 반도체, 전자, 바이오, AI, 우주·방산 기술은 세계 시장에서 국가 경쟁력의 기초가 된다. 만약 이러한 기술 관련된 정보가 국외로 유출되면 산업 경쟁력 약화, 기업 가치 하락, 국가 성장동력 상실이 불가피하다. 제51조는 국내에서 개발된 첨단 과학기술 정보와 주요 기술 데이터를 국가적 자산으로 규정하고, 이들이 정보통신망을 통해 해외로 유출되는 것을 방지함으로써 기술주권을 보호한다.

셋째, 공급망 차원의 기술 유출 방지이다. 첩보·해킹·내부자 유출 등 기술 탈취 방식은 날로 다양해지고 있다. 특히 클라우드 환경, 외주업체, 글로벌 협력사 등을 통한 "공급망 기반 기술 유출"이 증가하는 상황에서, 제51조는 정보통신서비스 제공자에게도 기술 유출 방지 책임을 부과하여 공급망 전반의 보호 수준을 높이도록 설계되었다.

넷째, 정보통신망을 통한 비대면 유출에 대비하여 제51조는 매우 현대적 규정이라고 할 수 있는데 과거에는 기술 유출이 USB 복사·문서 반출 등 물리적 방식이 주류였지만, 오늘날 기술유출은 대부분 이메일, 클라우드 공유, 악성코드, 원격접속을 통해 디지털 방식으로 이루어진다. 따라서 제51조는 "정보통신망을 통한 유출"이라는 현대적 위험에 대응하고, 망 차원의 탐지·통제·감시·차단 조치를 마련할 법적 근거를 정부에 부여하였다.

다섯째, 기업의 기술·정보보호 조치 강화를 위한 제도적 장치로서 제51조는 단순히 "유출을 하지 말라"는 금지 규정이 아니라, 기업이 반드시 갖추어야 하는 기술적·관리적 보안조치를 구체적으로 제시한다. 기업이 수행해야 하는 조치는 ① 부당한 접근 시도를 막는 기술적 장치(예: 접근통제, 암호화, 침입탐지) ② 데이터 변조·삭제를 방지하는 무결성 보호 장치 ③ 업무 중 알게 된 중요 정보를 외부로 유출하지 않도록 하는 내부 통제가 있으며 이로써 제51조는 기업의 보안책임을 명확히 하고, 중요정보 처리 과정에서 발생할 수 있는 내부자 유출 위험까지 포함하여 통합적으로 관리하도록 요구한다. 그러므로 제51조는 국가안보·첨단기술·주요 정책 정보 등 국가적 중요 자산이 정보통신망을 통해 해외로 유출되는 것을 방지하기 위한 대한민국의 핵심 사이버안보 규정이다. 정부가 필요시 기업·기관에 기술적·제도적 보호조치를 요구할 수 있는 근거를 마련함으로써, 국가 차원의 기술주권 보호, 산업경쟁력 유지, 공급망 보안 강화에 중추적인 역할을 한다.

3) 대표적인 사례

제51조는 국가안보, 산업경쟁력, 첨단과학기술과 관련된 중요 정보를 정보통신망을 통해 해외로 유출하는 행위를 방지하기 위한 규정이다. 현대 사회에서 기술과 데이터는 국가적 자산으로 간주되기 때문에, 실제 침해사건에서 이 조항은 중요한 판단 기준으로 활용되고 있다. 먼저 가장 유명한 반도체 핵심기술 해외 유출 사건의 경우 국내의 대표적인 기술유출 사건으로는 삼성전자 협력업체 직원이 반도체 공정기술, 노광기술 등 첨단 반도체 제조기술을 중국 기업에 전달하려 한 사례가 있다(2018~2021년). 이 사건은 우리나라가 세계적 경쟁력을 보유한 반도체 산업의 핵심 기술이 외국 기업으로 넘어갈 위험이 매우 현실적이라는 점을 드러냈다. 이 사건에서는 이메일 전송, 클라우드 저장, 외장하드 반출, 해외 출장 시 USB 소지 등 여러 정보통신망 기반의 유출 시도가 확인되었다. 이는 제51조 제2항 제2호에서 규정하는 "국내에서 개발된 첨단

과학기술 또는 기기의 내용"이 무엇인지 명확히 보여주는 대표적 사례이다. 이 사건은 「국가첨단전략산업법」과 「산업기술보호법」, 「부정경쟁방지 및 영업비밀보호법」에 따라 처벌되었으며, 제51조는 이러한 국가 산업·기술 보호의 법적 근거의 기본조항으로써 기술의 중요도와 무관하게 모든 기술에 대해 지속적으로 활용되는 규정이다. 특히 기업 내부의 기술적 보호조치가 미비할 경우, 정보통신서비스 제공자는 유출 방지 조치를 다하지 않았다는 책임을 질 수 있다는 점에서 교육적 의미가 크다.

한편 방산·우주기술의 국외 전송 사건과 같이 한국항공우주연구원(KARI)에서 발생한 방산 데이터 해외 유출 사건(2023년) 역시 제51조의 적용을 이해하는 데 중요한 사례가 될 수 있다. 해당 사건에서는 내부 직원이 미사일 파일, 위성 관련 자료 등을 외부로 전송하여 국가안보와 직결되는 기술이 국외로 유출될 위험이 큰 상황이었다. 이 사건은 제51조 제2항 제1호의 "국가안전보장과 관련된 보안정보 및 주요 정책 정보"에 해당하는 전형적인 사례로 평가된다. 해당 정보는 국가방위, 우주개발 전략 등과 밀접하게 연관되어 있으며, 해외로 유출될 경우 심각한 안보 위협을 초래할 수 있다. 이 사건을 통해, 국방·우주·항공 분야의 기술은 일반 산업기술보다 훨씬 높은 수준의 보안과 내부 통제 체계를 요구한다는 점, 그리고 기관이 내부 통제를 소홀히 할 경우 큰 책임을 질 수 있다는 점을 확인할 수 있다.

최근에는 바이오·헬스 분야에서도 국외 데이터 이전이 중요한 이슈가 되고 있다. 2024~2025년에는 해외 클라우드를 기반으로 운영되는 DNA 분석 장비 업체가 한국인의 유전체 데이터를 대량으로 수집하여 데이터가 사실상 중국으로 이전된 정황이 제기되었고, 개인정보보호위원회가 조사에 착수하였다. 유전체(Genome) 데이터는 바이오산업 경쟁력의 핵심 자원이며, 국가 안보 및 보건 전략 수립에 중요한 자료이고, 공중보건 정책과 의료기술 발전에 직접적으로 활용된다. 따라서 이는 제51조에서 말하는 국가 산업·과학기술 기반 정보의 국외 유출 위험에 해당하며, 바이오 데이터 역시 국가적 중요 정보로 보호되어야 한다는 점이 강조된 사건이다. 특히 이 사례는 기술이나 데이터가 물리적으로 반출되지 않더라도 클라우드·네트워크를 통해 해외 서버로 전송되는 방식이 현대의 주요 유출 경로라는 사실을 보여준다. 즉, "정보통신망을 통한 해외 이전"이 발생하면 제51조의 규율 대상이 될 수 있다는 점을 명확히 이해시켜 준다. 제51조는 국가의 핵심 자산을 보호하기 위해 기술·데이터의 국외 이전을 폭넓게 규제하고 있음을 보여준다. 반도체 기술 → 국가 산업경쟁력 보호, 방산·우주기술 → 국가안보 보호, 유전체·바이오 데이터 → 미래 전략기술 및 국민 건강·안보 보호와 같이 특히 정보통신망, 클라우드, 이메일 등 디지털 기반의 유출 경로가 대부분을 차지한다는 점에서, 제51조는 전통적인 '기술반출 금지'를 넘어 디지털 사회의 기술 주권을 지키는 핵심 규정으로 작용하고 있다.

(3) 두 조문의 상호보완성

제48조는 네트워크 인프라 자체를 보호하는 법이고 제51조는 그 위에서 오가는 '중요정보'의 해외 이동을 막는 법이다. 두 조문은 정보통신망 이용촉진 및 정보보호 등에 관한 법률 내에서 사이버안보-산업기술

보호-정보보호 체계를 완성하는 법으로 "침해행위 금지"와 "중요 자산 보호"라는 두 축을 담당한다. 제48조는 해킹·악성코드·DDoS 등 정보통신망 자체에 대한 공격을 막고, 제51조는 국가안보·첨단기술·산업경쟁력과 관련된 중요 정보가 국외로 유출되는 것을 막는 역할을 하는 일반 규정인 것이다. 실제 판례와 침해사고들에서 온라인 게임 서버 무단침입 사건(제48조) 7·7DDoS 대란(제48조) 반도체·방산 기술유출 사건(제51조) 바이오·유전체 데이터 국외 이전 논란(제51조)과 같이 이 두 조항이 실제로 강력한 보호장치로 기능하고 있음을 보여준다.

[표] 제48조와 제51조의 차이와 연계성

구분	제48조	제51조
핵심 보호 대상	정보통신망의 안전성·무결성	국가·산업의 중요 정보
금지 행위 유형	무단 침입, 악성코드, DDoS 등 공격	중요정보의 해외 유출
주된 적용 사례	해킹·랜섬웨어·트래픽 공격	기술유출·산업스파이·보안정보 반출
수범자 (적용 대상)	누구나(공격자 일반)	정보처리자·서비스 제공자·내부자
공통점	모두 정보통신망을 통한 침해를 규율	둘 다 국가·기업 자산의 보호가 목적

4. 침해사고의 대응

(1) 정보통신망 침해사고의 대응

침해사고는 정보통신망의 안정성과 이용자의 안전을 직접적으로 위협하는 사건으로, 정부와 정보통신서비스 제공자 모두에게 신속한 대응과 체계적 절차가 요구된다. 즉, 제48조의2부터 제48조의4까지의 규정은 침해사고의 조기 탐지 → 즉시 신고 → 원인 분석 → 대응 → 복구 → 재발 방지로 이어지는 종합적인 사이버보안 대응 체계를 마련한 것이다. 정부는 정보 수집·경보 발령·긴급조치 등 국가적 대응을 총괄하고, 기업은 침해사고 발생 즉시 신고하고 스스로 원인을 분석하며 재발 방지 대책을 마련해야 한다. 또한 중대한 침해사고의 경우에는 민관이 공동으로 조사에 참여하여 원인을 규명하고 피해 확산을 막는 구조를 갖추고 있다. 이와 같은 규정은 디지털 환경에서의 사이버 공격 증가에 대비하여 국가-기업-전문기관이 협력하는 다층적 대응체계를 구축하는 데 핵심적 역할을 한다.

1) 침해사고 대응 체계의 개요

제48조의2는 침해사고 발생 시 정부(과학기술정보통신부장관)가 수행해야 할 기본적인 대응 업무를 규정한다. 정부는 침해사고를 조기에 감지하고 확산을 막기 위해 다음과 같은 업무를 수행하도록 되어 있다. 침해사고 정보의 수집·전파로서 국내외에서 발생하는 해킹·랜섬웨

어·DDoS 등 침해사고 정보를 수집하고 관련 기관에 신속히 전달한다.

침해사고의 예보·경보 발령의 경우 대규모 공격 징후가 포착되면 경보를 발령하여 국가·기업·국민의 대비를 지원한다. 침해사고에 대한 긴급조치는 시스템 차단, 네트워크 격리 등 즉각적인 안정화 조치를 수행한다. 대통령령이 정하는 기타 대응조치 수행의 경우 필요할 경우 한국인터넷진흥원(KISA)에 위탁할 수 있으며, 이는 KISA가 국가 침해사고 대응의 실무 전문기관임을 반영한 것이다. 또한 주요정보통신서비스 제공자, 데이터센터 운영자 등은 침해사고 통계·트래픽·접속경로 등 관련 정보를 정부 또는 KISA에 의무적으로 제공해야 하며, KISA는 이를 분석해 과기정통부 장관에게 보고하도록 되어 있다. 정부는 정보 제공 의무를 이행하지 않거나 거짓 정보를 제출한 사업자에게 시정명령을 내릴 수 있으며, 제공받은 정보는 침해사고 대응 목적에 한하여 정당하게 사용해야 한다. 필요하면 정부는 침해사고 대응을 위해 사업자에게 전문 인력 지원을 요청할 수 있다.

2) 침해사고 신고 절차

제48조의3은 침해사고 발생 시 신고 의무와 절차를 규정한다.

① 정보통신서비스 제공자의 즉시 신고 의무

- 침해사고가 발생하면 즉시 과학기술정보통신부장관 또는 KISA에 신고해야 한다.
- 단, 다른 법률(개인정보보호법 등)에 따라 이미 신고한 경우에는 별도의 신고를 중복하여 하지 않아도 된다.

② 정부의 후속 조치 의무

- 신고를 받거나 자체 탐지로 침해사고를 확인한 경우, 정부는 제48조의2에서 규정한 모든 대응조치를 즉시 시행해야 한다.

③ 기관 간 정보 공유 의무

- 다른 기관(금융위, 방통위, 개인정보보호위 등)이 침해사고 신고를 받은 경우, 관련 정보를 지체 없이 과기정통부 또는 KISA와 공유해야 한다. 침해사고 신고 방법·절차·양식 등 세부사항은 대통령령으로 정하여 현장의 혼선 없이 일관된 대응이 이루어지도록 하고 있다.

3) 침해사고 원인 분석 및 재발 방지

제48조의4는 침해사고 발생 후의 원인 규명, 피해 확산 방지, 복구, 재발 방지에 관한 규정이다.

① 정보통신 서비스 제공자의 기본 의무

정보통신서비스 제공자 등 정보통신망 운영자는 침해사고가 발생한 경우 스스로 원인을 분석하고, 피해 확산을 방지하며, 사고 대응 및 복구 조치를 하고, 재발 방지 대책을 마련해야 한다. 즉, 사고 발생 후의 모든 조치에 대한 1차 책임은 사업자에게 있음을 명확히 한다.

② 정부의 감독과 명령

과기정통부 장관은 침해사고가 발생한 사업자(민간 기업)에 대하여 원인 분석 및 재발 방지 대책 마련에 필요한 조치를 명령할 수 있다. 또한 그 이행 여부를 점검하고 필요하면 시정을 명령할 수 있다.

③ 중대한 침해사고 시 민관 합동조사단 구성

사회적으로 큰 영향을 미치거나 국가적 손실이 우려되는 중대한 침해사고의 경우, 과기정통부 장관은 정보보호 전문가로 구성된 민관 합동조사단을 구성하여 사고의 원인을 심층 파악할 수 있다. 이는 사고를 은폐하거나 축소하려는 유인을 차단하고 객관적이고 전문적인 조사를 수행하기 위한 장치이다.

④ 자료 보전 및 제공 요구

원인 분석과 조사를 위해, 정부는 사업자에게 접속기록 등 관련 자료의 보전, 침해사고 관련 자료의 제출을 요구할 수 있다. 중대한 사고의 경우에는 공무원 또는 합동조사단이 현장에 출입하여 직접 조사를 수행할 수도 있다. 다만, 통신비밀보호법이 정한 통신사실확인자료는 예외 규정을 따른다.

⑤ 자료의 보호 및 즉시 파기

정부나 조사단은 제출받은 정보를 침해사고 분석 및 대응 목적 외에는 사용할 수 없으며, 원인 분석이 끝난 후에는 즉시 파기해야 한다. 이는 국가의 조사 권한과 개인정보·기업정보 보호의 균형을 맞추기 위한 규정이다.

(2) 정보통신망 기기 침해 대응

「정보통신망법」 제48조의5는 정보통신망연결기기 관련 침해사고의 대응에 관한 규정으로 최근 스마트폰, IP카메라, 스마트가전, 산업용 IoT 등 다양한 기기들이 정보통신망에 상시 연결되면서, 이러한 기기를 통한 침해사고 발생 위험도 크게 증가하고 있어 제48조의5는 이러한 "정보통신망연결기기", 즉 인터넷에 연결된 각종 기기에서 발생하는 침해사고에 효과적으로 대응하기 위한 규정이다. 이 조항은 정부(과학기술정보통신부)가 관련 기관, 제조사, 전문기관과 협력하여 기기 보안 강화를 체계적으로 수행하도록 하는 데 목적이 있다.

1) 정부의 원인 분석 권한

정보통신망에 연결된 기기(IoT 기기 등)에서 침해사고가 발생한 경우, 과학기술정보통신부장관은 관계 중앙행정기관과 협력하여 사고의 원인을 분석할 수 있다. 이는 스마트가전, 자율주행 자동차 센서, 의료기기 등 국민 생활과 산업 전반에 걸친 기기 보안사고가 증가하는 현실을 반영한 것으로, 정부가 침해사고 초기 단계에서 적극적으로 개입하여 사고가 확산되는 것을 방지하기 위함이다.

2) 국민의 생명·신체·재산 위험 시 취할 수 있는 조치

침해사고가 발생하여 국민의 안전이나 재산이 위협받을 가능성이 있는 경우, 과기정통부 장관은 관계 기관의 장에게 다음과 같은 조치를 요청할 수 있다.

① 취약점 점검 및 기술지원

- 기기 내부 소프트웨어나 네트워크 연결 구조의 보안 취약점을 검사하고, 필요한 기술 지원을 제공하도록 요청할 수 있다.

② 피해 확산 방지 조치

- 감염된 기기의 네트워크 차단, 업데이트 권고, 위험 지역 안내 등 피해가 더 커지지 않도록 하는 보호 조치를 요구할 수 있다.

③ 제도 개선 요청

- 유사한 사고가 반복되지 않도록 시험·검사 기준, 인증 절차, 보안 규정 등 제도적 개선을 요청할 수 있다.

이와 같은 조치는 스마트시티, 의료 IoT, 스마트팜, 교통 인프라와 같은 분야에서 침해사고가 즉시 실생활의 위험으로 이어질 수 있다는 점을 고려한 것이다.

3) 제조사·수입업체에 대한 보안 조치 권고

침해사고가 특정 기기를 통해 발생했을 경우, 과기정통부 장관은 그 기기를 제조하거나 수입한 업체에 대해 제품의 취약점 개선, 보안 패치 제공, 재발 방지 조치 등을 권고할 수 있다. 이는 제조사가 제품 개발 단계(Design Stage)부터 보안을 고려하도록 유도하는 이른바 보안 내재화(Security by Design) 정책의 일환이며, 아울러 소비자 보호와 공급망 보안 강화를 위한 중요한 장치이다.

4) 전문기관 지원을 통한 연구·기준 개선

정부는 대통령령에서 정한 전문기관이 다음과 같은 사업을 수행할 때 필요한 비용을 지원할 수 있다 첫째, '정보통신망연결기기 보안 지침' 마련 연구이다. IoT 기기 보안을 위한 지침, 권고안, 체크리스트 등을 개발하는 연구 지원, 시험·검사·인증 기준 개선 연구를 통해 기기의 보안 수준을 평가하는 시험 기준, 인증제도, 검사 절차 등을 시대 변화에 맞게 정비하는 연구 지원할 수 있다. 이 규정은 IoT 기기 보안의 체계를 국가 차원에서 정비하고 시장 전체의 보안 수준을 높이는 데 중요한 역할을 한다.

제48조의5는 IoT 기기, 스마트가전, 산업용 제어기기 등 정보통신망에 연결된 기기에서 발생하는 침해사고에 대응하기 위한 종합적인 규정이다. 정부는 사고 원인을 분석하고 관계 기관과 협력하여 취약점 점검, 피해 확산 방지, 제도 개선 등을 요청할 수 있으며, 필요할 경우 제조사 및 수입업체에 보안 패치 제공과 같은 조치를 권고할 수 있다. 또한 전문기관을 지원하여 기기 보안 지침과 시험·인증 기준을 지속적으로 개선함으로써, IoT 시대의 새로운 보안 위협에 대비한 국가 차원의 체계를 마련하고 있다.

(3) 클라우드 침해 대응

클라우드 서비스는 기업과 개인의 필수 인프라로 자리 잡았지만, 서비스 중단이나 침해사고 발생 시 그 영향 범위가 매우 넓다는 특징이 있다. 이에 따라 제25조는 클라우드컴퓨팅서비스 제공자가 사고 발생 시 이용자에게 신속히 알리고 정부와 협력하여 피해를 최소화하도록 하는 '통지 의무'와 '보고 의무'를 규정하고 있다(「클라우드컴퓨팅 발전 및 이용자 보호에 관한 법률」 제25조). 「클라우드컴퓨팅법」 제25조는 클라우드 서비스 이용자의 권리 보호를 위한 핵심 규정으로, 침해사고 발생, 정보 유출, 장기 서비스 중단과 같은 상황에서 클라우드 서비스 제공자가 신속히 이용자와 정부에 통지하도록 의무화한다. 또한 정부는 통지를 받은 즉시 피해 확산 방지와 복구 조치를 시행할 수 있으며, 구체적인 절차는 대통령령을 통해 정하여 체계적인 대응이 가능하도록 하고 있다. 이 규정은 클라우드 환경에서의 투명성과 신뢰성을 확보하고, 대규모 사고로 이어지는 것을 방지하기 위한 중요한 장치이다.

1) 이용자에게 즉시 통지해야 하는 세 가지 경우

클라우드 서비스 제공자는 다음 세 가지 상황 중 어느 하나라도 발생하면 지체 없이 이용자에게 그 사실을 알려야 한다.

① 침해사고가 발생한 경우, 해킹, 악성코드 감염, 무단 접근 등 「정보통신망법」이 정의하는 침해사고가 발생한 경우 즉시 통지해야 한다.

② 이용자 정보가 유출된 경우로서 개인정보, 계정 정보, 기업 데이터 등이 포함되며 유출 규모와 관계없이 신속한 안내가 필요하다.

③ 예고 없이 일정 기간 이상 서비스 중단이 발생한 경우 대통령령 또는 계약에서 정한 기간 이상 중단이 발생하면 이용자의 서비스 연속성 보장을 위해 통지해야 한다. 이 규정은 클라우드 환경에서 서비스 중단이나 침해사고가 즉시 기업 운영이나 국민 생활에 영향을 미칠 수 있다는 점을 고려한 것이다.

2) 정부(과학기술정보통신부)에 대한 즉시 통지 의무

클라우드 서비스 제공자는 이용자 정보가 유출된 경우 즉시 과학기술정보통신부장관에게도 그 사실을 알려야 한다. 이는 유출 사고의 영향 범위가 매우 넓을 수 있는 클라우드 환경 특성상 정부 차원에서 빠르게 조치를 취하고 상황을 파악할 필요가 있기 때문이다.

정부의 후속 조치 권한을 가진 과기정통부 장관은 사업자의 통지로부터 또는 자체적 탐지를 통해 이용자 정보 유출 사실을 알게 되면 피해 확산 방지, 재발 방지, 복구를 위한 필요한 조치를 즉시 시행할 수 있다. 이 조치는 다음과 같은 의미를 가진다. 조기 대응을 통한 2차 피해 차단, 클라우드 서비스 제공자의 보안·로그 관리·복구 조치 점검, 이용자 보호를 위한 가이드·경보·안내 조치, 즉, 클라우드 보안 사고는 민간 기업의 책임을 넘어 국가 차원의 대응이 필요하다는 점을 반영한 규정이다. 침해사고 통지의 방식, 기한, 내용, 정부의 조치 절차 등 구체적인 사항은 대통령령에서 정하도록 하여 사고 대응 체계를 일관되고 실효성 있게 운영할 수 있도록 하고 있다.

제6장

정보보호산업과 법

1. 정보통신망 이용촉진 및 정보보호 등에 관한 법률

[1] 속이는 행위에 의한 정보의 수집금지

디지털 환경에서는 피싱(phishing), 스미싱(smishing), 보이스피싱 등 '속이는 행위'를 이용하여 다른 사람의 정보를 부정하게 수집하거나 정보를 제공하도록 유도하는 범죄가 증가하고 있다. 「정보통신망법」 제49조의2와 제49조의3은 이러한 기만적 정보수집 행위를 금지하고, 피해 확산을 방지하기 위해 정부·사업자·수사기관이 협력하는 종합적인 대응체계를 규정한 조항이다. 먼저 「망법」 제49조의2 제1항 속이는 방법으로 정보 수집을 금지 규정은 누구든지 정보통신망을 통해 다른 사람을 속이거나 거짓된 정보를 제시하거나 정당한 것으로 가장하는 방식으로 다른 사람의 개인정보나 계정 정보를 수집하도록 유인해서는 안 된다. 이는 피싱사이트 제작, 보이스피싱 유도 전화, 스미싱 문자 발송 등 현대적 사이버 범죄를 직접적으로 금지하는 핵심 규정이다. 또한 정보통신서비스 제공자(통신사, 플랫폼 사업자, 포털 등)가 속이는 행위가 발생한 사실을 발견한 경우, 즉시 과학기술정보통신부장관 또는 한국인터넷진흥원(KISA)에 신고해야 한다. 이는 플랫폼과 서비스 사업자가 피싱 정보의 유통 경로를 조기에 차단하는 역할을 수행하도록 한 조치이다(제49조의2 제2항).

정부의 긴급 대응 및 피해 확산 방지 조치(제49조의2 제3항)로서 정부(과기정통부 또는 KISA)는 신고를 받거나 직접 위반 사실을 알게 되면 피해 확산을 막기 위한 다양한 조치를 즉시 시행해야 한다. 주요 조치는

① 위반 사실 정보의 수집·전파(관련 기관·사업자에게 신속히 알림으로써 추가 피해 예방, 유사 피해에 대한 예보·경보 발령 ② 정보통신서비스 제공자에게 긴급조치 요청(위반행위에 사용된 접속 경로 차단, 위반행위에 이용된 전화번호 서비스 중지, 이용자에게 "피해에 노출되었음"을 통지) 이 필요한데 이러한 조치는 피싱 사이트·악성 번호·스미싱 발신 번호 등을 즉시 차단하여 피해 확산을 막기 위한 장치이다.

한편 정부는 사업자 간 정보 공유 명령(제49조의2 제4항)을 통해 피싱·사기 사이트의 접속 정보나 속이는 행위에 이용된 번호·URL 등을 서비스 제공자들끼리 공유하도록 명령할 수 있다.

이는 카카오·네이버·이통사 등 여러 사업자가 동시에 차단 조치를 취하게 하기 위한 규정이다.

사업자는 이용약관에 근거해 접속 차단이나 번호 중지 등의 조치를 수행할 수 있으며(긴급조치 이행) 이 약관에 포함되어야 할 세부 사항은 대통령령에서 정하도록 하고 있다(제49조의2 제5항·제6항). 즉, 법적 정당성을 바탕으로 플랫폼과 통신사가 적극적으로 보안조치를 실행할 수 있게 된 것이다.

[표] '속이는 행위' 금지 조항과 직접 연관된 대표 산업

조문	관련정보보호산업	대표기업 예시
제49조의2 (속이는 행위 금지)	피싱·스미싱 차단 산업, URL 차단, 악성 앱 탐지	안랩, 이스트시큐리티, KT·SKT 스팸 차단
제49조의2 제3항 3호 (접속경로 차단)	DNS 보안, URL 필터링	Zscaler, Cisco Umbrella, 알약DNS
제49조의3 (전화번호 이용중지)	발신번호 변작 방지, 통신망 보안	통신 3사(KT/SKT/LGU+), Truecaller, Hiya
제49조의2 ③·④ (정보 공유/경보)	CTI·위협 인텔리전스 산업	SK쉴더스, Recorded Fu- ture

속이는 행위에 사용된 전화번호의 이용 중지할 수 있는데 보이스피싱·스미싱 등에서 사용된 전화번호를 신속히 차단하기 위한 절차를 규정한다. 즉, 기관의 중지 요청 권한(제49조의3 제1항)으로서 경찰청장, 검찰총장, 금융감독원장 등은 속이는 행위에 사용된 전화번호를 확인하면 과학기술정보통신부장관에게 "해당 번호의 통신서비스 제공 중지"를 요청할 수 있다(제49조의3). 다만 이용자의 이의신청권을 보장할 수 있는데(제49조의3 제2항) 통신서비스가 중지된 이용자는 자신이 억울한 경우 해당 기관에 이의신청을 제기할 수 있다. 절차는 대통령령에서 규정(제49조의3 제3항)된다. 이의신청 절차와 처리 방법을 명확히 규정하여 이용자의 기본권과 공공의 안전을 균형 있게 보호한다.

제49조의2와 제49조의3은 피싱·스미싱·보이스피싱 등 '속이는 행위'를 통한 정보 탈취 범죄를 근절하기 위한 규정이다. 누구든지 기만적 방법으로 정보를 수집하는 행위를 금지하며, 사업자는 이를 발견 즉시 신

고해야 한다. 정부는 위반행위에 사용된 접속경로·전화번호를 차단하고 경보 발령, 피해자 통지 등 긴급 조치를 시행할 수 있다. 또한 수사기관은 범죄에 사용된 전화번호의 통신 중지를 요청할 수 있으며, 해당 번호 이용자에게는 이의신청 절차가 보장된다. 이러한 규정은 사이버 범죄로부터 국민을 보호하기 위해 정부·사업자·수사기관이 협력하여 피해를 조기에 차단하는 종합적 대응 체계를 마련한 것이다.

[표] '속이는 행위(피싱·스미싱·보이스피싱)' 대응 정보보호산업

분야	주요기능	관련기업
피싱·스미싱 탐지·차단 산업 (Anti-Phishing/ Anti-Smishing)	악성 URL 탐지 피싱 사이트 자동 차단 스미싱 문자 분석·격리 악성 앱 탐지	라온화이트햇, 이스트시큐리티(알약M), 안랩(AhnLab) SK쉴더스, KT cs·KT Cloud 보안센터 해외: Cisco Talos, Proofpoint, Trend Micro
보이스피싱 대응솔루션산업 (Anti-Voice Phishing)	발신번호 변작 탐지 음성 패턴 기반 사기 탐지 (AI) 이상 금융거래 모니터링 (FDS) 전화번호 기반 차단 서비스	코난테크놀로지(음성 분석 AI) 아톤(A-TON), 인피니그루(금융보안 AI), 모니토피아 통신 3사(KT, SKT, LGU+)의 발신번호 변작 차단 서비스 해외: Nuance, Pindrop Security(음성 보안)
금융보안및FDS (Fraud Detection System)산업	계좌 탈취 탐지 보이스피싱 연계 금융사기 탐지 거래 패턴 분석(딥러닝 기반) 계정 탈취 방지	더에이아이(TheAI), 인피니그루, 라온화이트햇 금융보안원(국가기관), NICE평가정보, 코스콤 해외: FICO, Feedzai, BioCatch
통신망 보안 및 발신번호 변작 방지 산업	국제전화·스팸전화 탐지 번호 변작 스푸핑 차단 스팸 필터링	이스트소프트/알약 스팸필터링 KT 스팸차단(olleh), SK텔레콤 T스팸필터 LG유플러스 스팸차단 서비스 해외: Hiya, Truecaller, Telesign

악성앱·악성코드 분석산업	스미싱 앱 탐지 위장 앱·피싱 앱 차단 악성 URL 연동 탐지	안랩(AhnLab) 이스트시큐리티(알약, Threat Inside) 휴맥스모빌리티(앱 위협 분석) 해외: Kaspersky, Check Point, SentinelOne
AI 기반 사이버 위협 인텔리전스(CTI) 산업	악성 URL/도메인 실시간 탐지 피싱 캠페인 분석 위협 정보 공유(TIP - Threat Intelligence Platform)	SK쉴더스 CTI 센터 안랩 ASD(AhnLab Smart Defense) NSHC(레드얼럿), 웨어러블 CTI 해외: Recorded Future, CrowdStrike Falcon Intelligence
클라우드 기반보안서비스 (Security as a Service)	메일 보안(피싱 차단) DNS 기반 피싱 차단 클라우드 FDS 악성 트래픽 탐지	AWS GuardDuty, Google Safe Browsing Zscaler, Akamai 국내: LG CNS 보안관제, SK 쉴더스 Cloud Security

[2] 영리목적의 광고성 정보 전송 제한

(1) 개요

영리목적의 광고성 정보(스팸) 전송 규제의 핵심 내용인 「정보통신망법」 제50조부터 제50조의8까지의 규정은 이른바 '스팸 메일·스팸 문자·스팸 전화' 등 영리목적의 광고성 정보 전송을 체계적으로 규제하여 이용자의 권익을 보호하고 정보통신망의 안전한 이용 환경을 확립하기 위한 규정이다. 이 조항들은 수신자 동의 원칙, 야간 광고 제한, 수신거부권 보장, 발신자 정보 공개, 불법광고 금지, 서비스 제공자 의무, 전송차단 프로그램 보급 등 다양한 보호 장치를 마련하고 있다. 즉 제50조 이하 규정은 영리목적의 광고성 정보(스팸) 전송을 엄격히 제한하여 이용자의 사생활과 통신 환경을 보호하는 데 목적이 있다. 광고 전송은 사전 동의를 원칙으로 하며, 야간시간대 전송 제한, 명확한 발신자 정보 기재, 수신거부권 보장, 기망적 전송 금지 등 다양한 안전장치가 마련되어 있다. 또한 위탁업체·서비스 제공자·플랫폼 모두에게 일정한 책임을 부과하고, 불법 상품·서비스 광고는 전면 금지된다. 이 규정은 스팸으로 인한 이용자 피해를 방지하고 건전한 정보통신망 이용 환경을 조성하기 위한 핵심 법체계이다. 영리목적의 광고성 정보 전송을 규제하는 법령은 스팸 차단·피싱 탐지·발신번호 변작 방지·금융보안·클라우드 메시징 보안 등 다양한 정보보호산업의 발전을 이끌고 있다. 국내에서는 안랩, 이스트시큐리티, SK텔레콤, KT, LG유플러스, 인피니그루 등이 대표적인 기업으로 활동하고 있으며, 해외에서는 Cisco, Proofpoint, CrowdStrike, Truecaller, FICO 등 스팸·피싱·사기 탐지 분야의 주요 사업자이다. 이들 산업은 법령 준수뿐 아니라 이용자의 안전한 정보통신 환경 구축에 핵심적인 역할을 수행한다.

[표] 정보보호산업별 기업

산업 분야	주요 역할	대표기업(국내)	대표기업(해외)
스팸차단·필터링	이메일·문자·전화 스팸 차단	안랩, 이스트시큐리티, KT·SKT·LGU+	Proofpoint, Cisco
스미싱/피싱 차단	악성 URL 탐지	라온화이트햇, 인피니그루	CrowdStrike, Check Point
발신번호 변작 방지	스푸핑 탐지·차단	통신 3사	Hiya, Truecaller
FDS 금융보안	보이스피싱, 사기탐지	인피니그루, 금융보안원	FICO, Feedzai
광고프로그램 보안	애드웨어·광고 팝업 차단	안랩, 이스트시큐리티	Malwarebytes
스팸 신고·차단 프로그램	신고·차단 소프트웨어	KISA, SK쉴더스	Microsoft, Google
클라우드보안	기업 광고 보안	LG CNS, SK쉴더스	Microsoft, Zscaler

(2) 주요 내용

1) 광고성 정보 전송의 기본 원칙: 사전 명시적 동의(OPT-IN)(제50조 제1항)

영리목적의 광고성 정보를 이메일, 문자메시지, 전화, 메신저 등 전자적 전송매체로 보내려면 반드시 수신자의 명시적 사전 동의를 받아야 한다. 예외적으로 기존 거래관계가 있는 경우, 전화권유판매자가 개인정보 수집출처를 고지한 경우에는 별도 동의를 받지 않고도 전송할 수 있다.

2) 수신거부권 및 철회권 보장(제50조 제2항·제4항·제6항·제7항)

수신자는 언제든지 수신거부 또는 동의 철회를 할 수 있으며, 전송자는 이를 즉시 반영해야 한다. 광고성 정보에는 ① 발신자의 명칭·연락처 ② 수신거부 또는 철회 방법 ③ 클릭·전화요금 등 비용은 수신자가 부담하지 않도록 조치가 반드시 포함되어야 한다. 이때 수신거부 절차를 숨기거나 어렵게 만들면 위법이다.

3) 야간 시간 광고 전송 제한(제50조 제3항)

야간 시간대인 오후 9시~오전 8시에는 기본 동의 외에 별도의 추가 동의가 있어야 광고 전송이 가능하다. 이는 이용자의 생활 안정과 사생활 보호를 위한 장치이다.

4) 금지되는 스팸 행위의 유형(제50조 제5항)

① 수신거부 기능을 숨기거나 방해하는 행위

② 무작위 번호 생성 프로그램으로 연락처를 자동 생성하는 행위

③ 자동으로 이메일·전화번호를 등록하는 행위

④ 발신자의 신원 또는 발송 출처를 숨기는 행위

⑤ 속여서 광고에 회신하도록 유도하는 기망 행위는 처벌받는다.

이 규정은 무분별한 스팸 발송 및 사기성 광고 전송을 차단하기 위한 핵심 조항이다.

5) 정기적인 동의 확인 의무(제50조 제8항)

광고성 정보 전송자는 수신자가 여전히 광고 수신에 동의하는지 정기적으로 확인해야 한다.

이를 통해 장기 미사용 번호나 본인의 의사와 무관한 광고 수신을 방지한다.

6) 광고 전송을 타인에게 위탁하는 경우의 책임(제50조의3)

광고 전송을 다른 업체에 맡긴 경우, 위탁자는 위탁업체가 법을 위반하지 않도록 관리·감독 의무를 지며, 위탁받은 업체는 위탁자의 직원으로 보고 손해배상 책임을 진다. 즉, 위탁·수탁 모두 책임이 부과되는 구조이다.

7) 정보통신서비스 제공자의 서비스 차단·거부 권한(제50조의4)

스팸 전송으로 인해 서비스 장애가 우려되거나 해당 서비스가 스팸 발송에 악용되는 경우, 통신사·플랫폼 사업자는 해당 역무 제공을 거부하거나 차단할 수 있다. '서비스가 스팸 발송에 이용되는 경우 대응할 의무'도 부과된다.

8) 광고 프로그램 설치 시 동의 필요(제50조의5)

광고를 띄우기 위한 프로그램(예: 팝업 생성 프로그램, 애드웨어 등)을 사용자의 PC나 기기에 설치하려면 용도·삭제방법을 명확히 고지하고 사용자의 동의를 받아야 한다.

9) 전송차단 소프트웨어 개발·보급(제50조의6)

방송통신위원회는 스팸 차단 또는 신고를 편리하게 하기 위한 소프트웨어·앱을 개발·보급할 수 있으며 관련 기관·기업·단체를 지원할 수 있다. 또한 통신사·서비스사업자에게 스팸 방지 기술 강화 등을 권고할 수 있다.

10) 홈페이지 광고 게시 규제(제50조의7)

인터넷 홈페이지에 광고성 정보를 게시하려면 운영자 또는 관리자의 사전 동의가 필요하다.

게시 거부 의사를 명시한 경우에도 게시할 수 없다. 운영자는 위반 게시물을 삭제할 수 있다.

11) 불법행위 목적 광고 금지(제50조의8)

불법 상품·불법 서비스(예: 마약, 불법 도박, 불법 의료행위 등)를 홍보하는 광고성 정보를 정보통신망을 통해 전송하는 것은 절대 금지된다.

[표] 스팸대응과 정보보호산업

산업분류	정의	관련규정	기능	대표기업
스팸(Spam) 차단·필터링 산업	스팸메일, 스팸문자, 스팸전화 등을 자동으로 탐지·차단하는 기술을 제공하는 산업	제50조(사전동의/수신거부/발신자 표기 의무)	이메일 스팸 필터링 문자(SMS/MMS) 스팸 탐지·차단 발신번호 변작 탐지 기계학습 기반 광고성 정보 분류	**국내** 안랩(AhnLab) — 스팸메일 차단, 보안 게이트웨이 이스트시큐리티(알약, 스팸필터링) SK텔레콤(T스팸필터) KT(KT 스팸차단 서비스) LG유플러스(스팸필터링 시스템) **해외** Proofpoint Cisco Email Security/Talos Barracuda Trend Micro

불법 스팸·스미싱 탐지 산업 (Smishing/Phishing Detection)	스팸 중에서도 스미싱(SMS + phishing) 및 기망적 광고를 탐지·차단하는 산업	제49조의2	악성 URL 피싱사이트 탐지(도메인 기반/AI 기반) 스미싱 문자 자동 분류 금융사기 연계 탐지	**국내** 이스트시큐리티(Threat Inside) 안랩 V3 Mobile 라온화이트햇 인피니그루(Fraud Detection AI) **해외** CrowdStrike CTI Kaspersky Anti-phishing Check Point Harmony Email & Office
발신번호 변작(스푸핑) 방지 산업	보이스피싱 차단 정책과 밀접한 산업	제50조 및 제50조의4(서비스 차단 조치	번호 변작 탐지 국제전화 스팸 탐지 ARS 기반 인증 AI 음성 분석 기반 사기 탐지	**국내** KT(발신번호 변작 감지 시스템) SK텔레콤(T스팸필터) LG유플러스 스팸분석센터 **해외** Hiya Truecaller Pindrop Security(음성 보안)
FDS(이상금융거래 탐지) 및 금융보안 산업	스팸·보이스피싱과 연계된 금융 사기를 탐지하는 기술로, 부정 광고·기망 행위 탐지 분야	제50조	거래 패턴 이상 탐지 계좌 탈취 및 전송 패턴 분석 피싱·스미싱 연계 금융사기 분석 모델	**국내** 인피니그루 더에이아이(The AI) 금융보안원(국가 전문기관) NICE평가정보, 코스콤 **해외** FICO Feedzai BioCatch(행동 기반 인증)

웹·앱 광고 보안(Ad Security/Adware 방지) 산업	애드웨어·팝업 광고·불법 광고 프로그램을 차단하는 산업	제50조의5(광고 프로그램 설치 시 동의 필요)	광고 프로그램 탐지 악성 애드웨어 분석 브라우저 광고 차단	**국내** 안랩(악성 애드웨어 차단) 이스트시큐리티(광고 프로그램 탐지) **해외** Malwarebytes Avast Ad-block & Anti-malware
전송차단 소프트웨어/신고 프로그램 개발 산업	정부가 직접 보급 가능	제50조의6	스팸 신고 앱 개발 스팸 전송 자동 차단 프로그램 DNS 기반 광고 차단	**국내** 한국인터넷진흥원(KISA) — '스팸차단 앱', 스팸 SMS 탐지 기술 통신3사 스팸신고센터 방송통신위원회 지원기관 **해외** Google Safe Browsing Microsoft SmartScreen
클라우드 기반 이메일·메시징 보안(SaaS Security)	광고 규제 준수를 위해 활용되는 기업용 보안 산업	제50조	클라우드 메일 보안 광고성 메일 자동 분류 불법 광고·피싱 광고 탐지	**국내** LG CNS 보안관제 SK쉴더스 Cloud Security 서비스 **해외** Google Workspace Security Microsoft Defender for Office 365 Zscaler Cloud Security

2. 정보보호산업 진흥에 관한 법률

(1) 정보보호산업의 정의

「정보보호산업의 진흥에 관한 법률」에서 정보보호산업과 관련한 규정은 제2장 정보보호산업의 활성화[44]과 제3장 정보보호산업 진흥의 기반 조성[45]이라 할 것이다. “정보보호산업”이란 정보보호를 위한 기술 및 정보보호 기술이 적용된 제품을 개발·생산 또는 유통하거나 이에 관련한 서비스(이하 “정보보호서비스”라 한다)를 제공하는 산업을 말한다(법 제2조 제2호). 이때 정보보호 기술은 정보통신을 기반으로 하는 전 영역에 속하는 것으로 정보보호산업의 진흥에 관한 법률의 특별법인 정보통신 진흥 및 융합 활성화 등에 관한 특별법에 있어서 다음과 같은 산업도 포함한다.

---

44) 제6조 구매수요정보의 제공, 제7조 공공기관 등의 정보보호시스템 구축 계약 등, 제8조 사업 하도급의 승인, 제9조 정보보호시스템의 하자담보 책임, 제10조 정보보호제품 및 정보보호서비스의 대가, 제11조 정보보호산업의 융합 촉진, 제12조 정보보호 준비도 평가 지원 등, 제13조 정보보호 공시

45) 제14조 기술개발 및 표준화 추진, 제15조 전문인력 양성, 제16조 국제협력 추진, 제17조 성능평가 지원, 제18조 우수 정보보호 기술 등의 지정, 제19조 우수 정보보호기업의 지정, 제20조 자금융자, 제21조 수출 지원, 제22조 세제 지원 등, 제23조 정보보호 전문서비스 기업의 지정·관리, 제24조 한국정보보호산업협회의 설립

정보통신 진흥 및 융합 활성화 등에 관한 특별법 제2조(정의)

1. "정보통신"이란 「전기통신사업법」 제2조 제2호에 따른 전기통신설비 또는 컴퓨터 등을 이용하거나 활용한 정보의 수집·가공·저장·처리·검색·송신·수신 및 서비스 제공 등과 관련되는 기기·기술·서비스 및 산업 등 일련의 활동과 수단을 말하며, 다음 각 목의 것을 포함한다.

가. 「정보통신망 이용촉진 및 정보보호 등에 관한 법률」 제2조 제2호에 따른 정보통신서비스

나. 「방송통신발전 기본법」 제2조 제5호에 따른 방송통신서비스

다. 「정보통신산업 진흥법」 제2조 제2호에 따른 정보통신산업

라. 「문화산업진흥 기본법」 제2조 제5호에 따른 디지털콘텐츠의 제작·유통 등과 관련된 기술·서비스 및 산업

마. 양자(量子)역학적 효과를 기반으로 하는 양자암호 및 통신, 양자센서 및 소자, 양자컴퓨터 등을 가능하게 하는 기술(이하 "양자정보통신기술"이라 한다)

2. "정보통신융합"이란 정보통신 간 또는 정보통신과 다른 산업 간에 기술 또는 서비스의 결합 또는 복합을 통하여 새로운 사회적·시장적 가치를 창출하는 창의적이고 혁신적인 활동 및 현상을 말한다.

(2) 정보보호 공시제도

정보호호 공시제도는 이용자의 안전한 인터넷 이용 및 정보보호 투자 활성화를 위하여 정보보호 투자/인력/인증/활동 등 기업의 정보보호 현

황을 일반에 공개하는 자율·의무공시제도로서 「정보보호산업의 진흥에 관한 법률」 제13조(정보보호 공시), 동법 시행령 제8조(정보보호 공시) 규정에 따른다.

정보보호 공시제도의 대상은 의무공시 대상과 자율공시 대상으로 분류할 수 있는데 의무공시 대상은 사업분야, 매출액, 이용자 수 기준 다음 어느 하나에 해당하는 기업이다. ① 회선설비 보유 기간통신사업자(ISP) ② 「전기통신사업법」 제6조 제1항, 집적정보통신시설 사업자(IDC), 「정보통신망법」 제46조, 상급종합병원, 「의료법」 제3조의4, 클라우드컴퓨팅 서비스 제공자 「클라우드컴퓨팅법」 시행령 제3조 제1호 ③ 정보보호 최고책임자(CISO) 지정·신고 상장법인 中 매출액 3,000억 원 이상 또는 정보통신서비스 일일평균 이용자 수 100만 명 이상(전년도 말 직전 3개월간)이다. 만일 의무공시 기업의 경우 반드시 정보보호 공시를 해야 하며, 이를 위반하면 1천만 원 이하의 과태료 부과된다.

자율공시 대상은 정보통신망을 통하여 정보를 제공하거나 정보의 제공을 매개하는 자로서 ICT 트러스트를 공시하고 싶은 자 누구나 이 제도를 활용할 수 있다.

의무공시 제외대상은 ▲공공기관, ▲소기업, ▲금융회사, ▲정보통신업 또는 도·소매업을 주된 업종으로 하지 않는 전자금융업자이다.

공시기한은 매년 6월 30일까지 정보보호 현황 제출(자율 및 의무공시 모두 해당)이며 공시방법은 정보보호 현황에 대하여 공시를 원하는 기업은 정보보호 공시 필요 자료를 작성하여, 정보보호 공시 종합 포털(https://isds.kisa.or.kr/)에 업로드할 수 있으며 사전점검을 한 경우 사전점검확인서(공시용), 사전점검확인서(조서), 정보보호 공시내용 양식 총 3종을 제출하고 사전점검 하지 않은 경우 공시는 정보보호 공시내용 양식, 사후검증 동의서 총 2종을 제출하여야 한다.

(3) 우수 정보보호 기술 지정제도

우수 정보보호 기술제도란 정보보호 신기술·기업 등을 '우수 기술(기술, 제품, 서비스)·기업'으로 지정하여, 정보보호산업의 기술개발 촉진 및 산업 경쟁력을 제고하고자 하는 것으로서 「정보보호산업의 진흥에 관한 법률」 제18조, 제19조에 근거한다. 현재 지정 현황은 우수 정보보호 기술 등 지정은 총 38종('18~)이며 2027년까지 유효 지정은 17종이다. 우수 정보보호 기술 등의 지정 유효기간은 지정서 교부일로부터 2년이다. 지정 혜택은 과기정통부 장관 명의 지정서, 지정마크, 지정현판 등 제공, 판로지원 및 홍보지원, 과기정통부·KISA 지원사업 참여시 가점 부여 등이 있다.

(4) 정보보호 전문서비스 기업/보안관제 전문기업 지정제도

1) 정보보호 전문서비스 기업 지정제도

주요정보통신기반시설에 대한 취약점 분석·평가 업무 및 보호대책 수립업무 지원하는 것으로 「정보보호산업법」 제23조(정보보호 전문서비스 기업의 지정·관리), 시행규칙 제8조~제15조, 정보보호 전문서비스 기업 지정 등에 관한 고시(과학기술정보통신부 고시)에 근거하는 제도이다.

2) 보안관제 전문기업 지정제도

「국가사이버안전관리규정」 제10조의2에 따른 국가·지자체·공공기관 보안관제센터 위탁운영 지원하는 사업으로 관련 근거로는 「국가사이버안전관리규정」(대통령훈령 제316호) 제10조의2(보안관제센터의 설치·운영), 보안관제 전문기업 지정 등에 관한 공고(과학기술정보통신부 고시)가 있다.

3) 지정절차

위 두 제도 모두 신청 → 서류심사 → 현장실사 → 종합실사 → 지정서 발급의 절차를 거친다.

(5) 정보보호 구매수요조사

기업의 투자수요 발굴 및 정보보호 시장 예측성 지원을 위해 공공부문의 정보보호 구매수요(ICT장비, 상용SW, SW구축) 정보를 파악하여 연 2회(상/하반기) 정보를 제공하는 사업으로 관련근거는 「정보보호산업의 진흥에 관한 법률」 제6조(구매수요정보의 제공), 「정보보호산업의 진흥에 관한 법률 시행령」 제4조(구매수요정보의 제출 등)이다. 제출시기는 해당 연도의 구매수요 정보를 3월 31일(확정치)로 제시하여야 하며, 다음 연도의 구매수요 정보는 10월 31일(예정치)로 제시하여야 한다.

이때 조사대상은 「전자정부법」 제2조 제2호에 따른 행정기관 또는 공공기관이라 할 것이다.

[표] 정보보호 구매수요조사 대상

기관	구매수요조사 대상
행정기관	국회·법원·헌법재판소·중앙선거관리위원회 행정사무를 처리하는 기관, 중앙행정기관 및 그 소속기관, 지방자치단체
공공기관	가. 「공공기관의 운영에 관한 법률」 제4조에 따른 법인·단체 또는 기관 나. 「지방공기업법」에 따른 지방공사 및 지방공단 다. 특별법에 따라 설립된 특수법인 라. 「초·중등교육법」, 「고등교육법」및 그 밖의 다른 법률에 따라 설치된 각급 학교 마. 그 밖에 대통령령으로 정하는 법인·단체 또는 기관

3. 정보보호산업의 전망

(1) 개인정보보호와 정보보호산업의 관계

개인정보보호와 정보보호산업은 상호 보완적이며 불가분의 관계에 있다. 개인정보보호란 개인의 사생활과 기본권을 보장하기 위해 개인이 누구인지 식별할 수 있는 정보가 무단으로 수집·이용·유출되지 않도록 하는 제도적·기술적 조치를 의미한다. 이러한 보호를 실질적으로 구현하는 핵심 수단이 바로 정보보호산업이다. 현대 사회에서 개인정보는 클라우드, 모바일, 인공지능, 사물인터넷 등 다양한 디지털 환경에서 대규모로 생성·전송·저장되고 있다. 따라서 단순한 법적 규제만으로는 보호가 불가능하며, 암호화, 접근통제, 침해사고 탐지, 개인정보 필터링, 익명처리 기술 등 다양한 정보보호 기술과 서비스가 결합되어야 한다. 즉, 개인정보보호는 법·정책적 측면에서 '원칙과 기준'을 설정해 주고, 정보보호산업은 기술·서비스 측면에서 실제로 보호를 실행하는 역할을 한다. 특히 개인정보 유출·침해 사고가 증가하면서 정보보호산업은 기업과 기관이 「개인정보보호법」, 「정보통신망법」 등 법적 요구 사항을 준수하도록 돕는 준법지원 산업(compliance industry)으로 발전하고 있다. 개인정보보호와 정보보호산업은 서로가 서로를 필요로 하며, 개인정보보호의 강화는 정보보호 기술 발전을 촉진하고, 정보보호산업의 성장 또한 개인정보보호 수준의 향상을 이끄는 상호 선순환 구조를 형성한다.

(2) 데이터산업과 정보보호산업의 관계

"데이터는 수집보다 책임이다"라는 말과 같이 최근 데이터 산업은 정보보호의 문제로 상당히 어려움에 봉착해 있다. 데이터산업은 데이터를 기반으로 생산·분석·가공·유통하여 가치를 창출하는 산업으로, 인공지능, 빅데이터, 플랫폼 경제 등 4차 산업혁명의 핵심 기반이 되고 있다. 데이터산업이 성장하기 위해서는 데이터의 신뢰성과 안전성이 반드시 확보되어야 하는데, 이때 그 기반을 제공하는 것이 바로 정보보호산업이다. 데이터는 유출되면 회수할 수 없고, 위·변조되면 전체 시스템의 신뢰가 무너진다. 따라서 데이터산업의 전 과정(수집-저장-처리-분석-유통-폐기)에는 암호화, 데이터 무결성 검증, 접근통제, 개인정보 비식별화, 클라우드·네트워크 보안, AI 기반 위협 탐지 등의 정보보호 기술이 필수적으로 적용된다. 데이터산업이 발달할수록 정보의 양은 기하급수적으로 증가하고, 데이터 유통 속도가 빨라지며, 다양한 주체가 데이터에 접근하게 된다. 이러한 환경에서는 높은 수준의 보안이 확보되지 않으면 데이터 기반 서비스 전체가 위험에 처하게 된다. 따라서 데이터산업과 정보보호산업은 동반성장 관계이며, 데이터 활용이 확대될수록 정보보호 기술·서비스에 대한 수요도 함께 증가한다. 또한 데이터 경제에서는 개인정보와 비개인정보가 혼합된 형태의 데이터가 많기 때문에 정보보호산업은 데이터 가명처리, 안전한 분석환경, 클라우드 보안 관리 등 데이터 활용과 보호를 조화시키는 기술을 제공하여 데이터산업이 법적 규제와 사회적 신뢰 속에서 성장할 수 있도록 지원한다.

(3) 가명처리산업과 정보보호산업과의 관계

1) 개인정보 대응법칙

4차 산업혁명의 대표적인 기술인 클라우드 컴퓨팅 서비스, 빅데이터 분석, 사물인터넷 서비스 등에서 발생하는 대규모의 데이터가 앞으로의 산업과 경제 활성화를 견인화할 것으로 전망되는 가운데 네트워크에 기반하여 점차 더 많은 사람과 사물이 연결되고 인공지능은 대규모의 데이터들이 가지는 부가가치뿐만 아니라 데이터 관련 서비스 시장 규모를 급격하게 성장할 수 있는 토대를 제공하고 있다.

우리나라 「개인정보보호법」은 디지털 시대에 데이터 활용이 폭증함에 따라 개인의 프라이버시를 보호하면서도 사회·산업적 데이터 활용을 촉진하기 위해 정보의 성격에 따라 개인정보-가명정보-익명정보를 구분하여 차등 규율하는 방식을 취하고 있다. 이 구분은 데이터 산업 발전과 개인정보 보호의 균형을 이루기 위한 핵심적인 법적 틀이다.

먼저 개인정보란 살아있는 개인에 관한 정보로서 다음 각 목의 어느 하나에 해당하는 정보를 말하는데 이를 그대로 유통하는 것은 보호조치되지 않은 정보라고 볼 수 있다. 즉, 다음 중 하나라도 해당되면 개인정보로 본다. ① 직접 식별 정보: 이름, 주민등록번호, 얼굴 사진 등 ② 간접 식별 정보: 다른 정보와 결합하면 개인을 알아볼 수 있는 정보 ③ 개인과 관련된 모든 정보(행태, 위치, 구매 기록 등)가 그것이다.

개인정보 정의와 관련된 규정(개인정보보호법 제2조)

가. 성명, 주민등록번호 및 영상 등을 통하여 개인을 알아볼 수 있는 정보

나. 해당 정보만으로는 특정 개인을 알아볼 수 없더라도 다른 정보와 쉽게 결합하여 알아볼 수 있는 정보. 이 경우 쉽게 결합할 수 있는지 여부는 다른 정보의 입수 가능성 등 개인을 알아보는 데 소요되는 시간, 비용, 기술 등을 합리적으로 고려하여야 한다.

다. 가목 또는 나목을 제1호의2에 따라 가명처리함으로써 원래의 상태로 복원하기 위한 추가 정보의 사용, 결합 없이는 특정 개인을 알아볼 수 없는 정보(가명정보)

8. 과학적 연구란 기술의 개발과 실증, 기초연구, 응용연구 및 민간투자 연구 등 과학적 방법을 적용하는 연구를 말한다.

개인정보는 가장 강력한 보호, 모든 개인정보 규정이 그대로 적용되며 수집·이용·제공 시 '동의 원칙'이 기본이다. 목적 외 이용 금지, 최소 수집 원칙, 안전성 확보 의무가 적용되며 개인정보는 개인의 기본권과 인간존엄과 밀접하게 연결되므로 보호 우선주의가 적용된다.

개인정보 처리원칙과 관련된 주요 규정(개인정보보호법)

제15조(개인정보의 수집, 이용) 제3항 개인정보처리자는 당초 수집 목적과 합리적으로 관련된 범위에서 정보주체에게 불이익이 발생하는지 여부, 암호화 등 안전성 확보에 필요한 조치를 하였는지 여부 등을 고려하여 대통령령으로 정하는 바에 따라 정보주체의 동의 없이 개인정보를 이용할 수 있다.

제17조(개인정보의 제공) 제4항 개인정보처리자는 당초 수집 목적과 합리적으로 관련된 범위에서 정보주체에게 불이익이 발생하는지 여부, 암호화 등 안전성 확보에 필요한 조치를 하였는지 여부 등을 고려하여 대통령령으로 정하는 바에 따라 정보주체의 동의 없이 개인정보를 제공할 수 있다.

GDPR 제5조(개인정보 처리원칙) 1. 개인정보는 (b) 구체적이고 명시적이며 적법한 목적을 위해 수집되어야 하고, 해당 목적과 양립되지 않는 방식으로 추가처리 되어서는 안 된다.

공익적 기록보존의 목적, 과학적 또는 역사적 연구 목적, 또는 통계적 목적을 위한 추가처리는 제89조(1)에 따라 본래의 목적과 양립되지 않는 것으로 보지 않는다. (목적 제한)

GDPR 제6조(처리의 적법성) 4. 개인정보를 수집한 목적 외로 처리하는 것이 정보주체의 동의 또는 제23조(1)의 목적을 보장하기 위한 민주사회의 필요하고 비례적인 조치를 구성하는 유럽연합 또는 회원국 법률에 근거하지 않는 경우, 컨트롤러는 개인정보의 목적 외 처리가 해당 개인정보를 수집한 당초 목적과 양립될 수 있는지 확인하기 위해서 특히 다음 각 호를 고려해야 한다.

(a) 수집 목적과 의도된 추가처리 목적 간의 연관성

(b) 특히 정보주체와 컨트롤러 간의 관계 등 개인정보가 수집된 상황

(c) 특히 제9조에 따른 특정 범주의 개인정보가 처리되는지 여부 또는 제10조에 따른 범죄경력 및 범죄행위와 관련한 개인정보가 처리되는지 여부 등 개인정보의 성격

(d) 의도된 추가처리가 정보주체에 초래할 수 있는 결과

(e) 암호처리나 가명처리 등 적절한 안전조치의 존재

일반인에게 개인정보자기결정권[46]은 여전히 인격에 속하지만[47] 개인

46) 개인정보자기결정권에 있어 개인정보 수집 등 처리에 대한 동의권(또는 거부권, 「개인정보보호법」 제15조 및 제17조), 개인정보 열람 청구권(동법 제35조), 개인정보 정정 및 삭제청구권(동법 제36조), 개인정보처리정지요구권(동법 제37조)에 규정되어 있으며, 수집단계에서의 고지와 동의는 민간에서 개인정보의 수집을 합법화, 정당화시키는 핵심 절차(법 제15조 제1항 제1호)로 단순히 동의하는 것이 아니라 동의와 관련하여 일련의 부가적 조치들이 취해져야 한다. 첫 번째 조치는 동의여부를 결정하는 데 있어서 판단기준이 되는 내용의 사전조치, 개인정보의 수집, 이용목적, 수집하려는 개인정보의 항목, 개인정보의 보유 및 이용기간, 동의를 거부할 권리가 있다는 사실(제7조 제1항) 및 동의를 받을 시 사전 고지사항은 수집 때와 같으며 개인정보를 제공받은 자가 제공받은 목적 외 용도로 이용하거나 또 다른 제3자에게 제공하고자 하는 경우에도 정보 주체로부터 별도의 동의를 받아야 한다(제19조 제1호). 파기단계에서 동의를 구하는 규정은 없으나 수집 단계에서 보유 및 이용기간을 특정하여 동의를 받아야 하므로 수집 시 동의기간이 경과하면 파기는 당연 의무이다.

47) 각주 45의 동의권과 별개로 정보주체는 개인정보처리자가 처리하는 자신의 개인정보에 대한 열람을 해당 개인정보처리자에게 요구할 수 있다고 규정하고 있어 열람권이 존재한다(제35조 제1항). 이러한 권리는 첫째, 법률에 따라 열람이 금지되거나 제한되는 경우 둘째, 다른 사람의 생명, 신체를 해할 우려가 있거나 다른 사람의 재산과 그 밖의 이익을 부당하게 침해할 우려가 있는 경우 셋째, 조세, 입시, 자격심사 등 공공기관의 업무수행에 중대한 지장을 초래하는 경우에는 정보주체에게 그 사유를 알리고 열람을 제한하거나 거절할 수 있다(제35조 제4항). 또한 정정삭제권은 정보주체자는 개인정보처리자가 처리하는 자신의 개인정보에 대한 열람을 해당 개인정보처리자에게 요구할 수 있고(제35조 제1항), 개인정보를 열람한 이후 개인정보처리자에게 그 개인정보의 정정 또는 삭제를 요구할 수 있다. 다만, 다른 법령에서 그 개인정보가 수집 대상으로 명시되어 있는 경우에는 그 삭제를 요구할 수 없다(제36조 제1항). 개인정보처리자는 정보주체로부터 개인정보의 삭제요구를 받으면 다른 법령에 특별한 절차가 규정되어 있는 경우를 제외하고는 지체 없이 그 개인정보를 조사하여 정보주체의 요구에 따라 정정, 삭제 등 필요한 조치를 한 후 그 결과를 정보주체에게 알려야 하는데(동조 2항) 개인정보를 삭제할 때 복구 또는 재생되지 않도록 조치하여야 한다(동조 제3항). 이는 본인정보 삭제요구권과는 다른(잊힐 권리와 구별!) 별개의 권리이다. 그 밖에도 정보주체는 개인정보처리자에 대하여 자신의 개인정보 처리의 정지를 요구할 수 있으며(법 제37조 제1항) 이러한 요구를 받은 개인정보처리자는 지체 없이 정보주체의 요구에 따라 개인정보 처리의 전부를 정지하거나 일부를 정지하여야 한다(제37조 제2항). 다만 정보주체의 처리요구를 거절할 수 있는 경우가 있을 수 있는데 첫째, 법률에 특별한 규정이 있거나 법령상 의무를 준수하기 위해 불가피한 경우 둘째, 다른 사람의 생명, 신체를 해할 우려가

정보에 대한 정보주체의 재산권이 인정되는 유명인의 경우는 권리의 성립요건, 양도 상속성, 보호대상과 존속기간, 침해가 있는 경우의 구제수단 등을 구체적으로 규정할 필요가 존재한다. 즉, 퍼블리시티권이라는 권리가 명문화되어 이에 대한 이해가 필요해진 것이다. BTS 사건 등에서 모두가 알게 되었듯이 부정경쟁방지 및 영업비밀 보호에 관한 법률에서 "유명인의 초상, 성명 등 인적 식별표지를 공정한 상거래 관행이나 경쟁질서에 반하는 방법으로 자신의 영업을 위하여 무단으로 사용함으로써 타인의 경제적 이익을 침해하는 행위"를 부정경쟁행위의 유형으로 제2조 제1호 타목을 신설하였던 것이다.

그동안 민법상 물건이 아니라는 이유로 데이터는 소유권을 인정하지 않았고 초상 등의 경우도 일신전속적 성격상 권리의 양도, 상속이 불가능하여 상표권과 권리 충돌이 발생하는 등 그 특성상 복잡한 논란이나 부작용이 야기될 소지가 있어 독자적 재산권으로 인정하는 데 이르지 못하였으나 이를 부정경쟁행위로 규정하고 있으므로 개인정보의 일반처리 원칙 외 예외적으로 재산적인 접근도 존재하는 부정경쟁방지법상 퍼블리시티권을 잊지 말아야 할 것이다.

신용정보법상 금융영역에서도 개인정보 이동권을 도입하게 되었는데 이는 재산권이 양도되면 양도인은 더 이상 그 재산에 대한 재산적 가치를 향유하지 못하는 특징을 가진다. 그러나 개인정보에 대한 권리는 재

있거나 다른 사람의 재산과 그 밖의 이익을 부당하게 침해할 우려가 있는 경우 셋째, 공공기관이 개인정보를 처리하지 아니하면 다른 법률에서 정하는 소관업무를 수행할 수 없는 경우 넷째, 개인정보를 처리하지 아니하면 정보주체와 약정한 서비스를 제공하지 못하는 등 계약의 이행이 곤란한 경우로서 정보주체가 그 계약의 해지 의사를 명확하게 밝히지 아니한 경우이다.

산권이 아닌 인격권을 표방하고 있으므로 이용허락이 있을 뿐 권리의 양도 자체는 불가능하여 주체에게 지속적인 문의가 요구된다.

「산업디지털전환촉진법」 제9조에 따라 "산업데이터를 생성한 자는 해당 산업데이터를 활용하여 사용, 수익할 권리를 가진다"라고 규정하고 있고 산업데이터는 산업활동과정에서 생성 또는 활용되는 것으로서 광 또는 전자적 방식으로 처리될 수 있는 모든 종류의 자료 또는 정보(법 제2조 제1호)에 해당되므로 개인정보도 포함되게 되었다. 「개인정보보호법」은 다만 모든 법에 우선하게 되는데 「산업디지털전환촉진법」 제4조 제2항에서 "산업디지털 전환과 관련하여 개인정보의 처리 및 정보주체의 권리 보장 등에 관한 사항은 개인정보보호법에 따른다"고 규정하고 있기 때문이다.

2) 가명정보의 대응법칙

① 가명정보의 정의와 관련 법률

가명정보란 일정한 처리(가명처리)를 통해 개인을 알아볼 수 없도록 했지만, 다른 정보와 결합하면 재식별 가능성이 남아 있는 정보를 말한다(「개인정보보호법」 제2조 제1호의2). 예를 들어 이름 → 난수 'A1029'로 대체, 전화번호 → 일부 마스킹, 주소 → 시·군 단위로 범주화 등을 하는 방식이다. 가명처리의 기술 요소는 마스킹·해싱·총괄처리·재식별 위험 평가로서 법적으로는 여전히 개인정보에 포함된다. 다만 '과학적 연구, 통계작성, 공익적 기록 보존' 목적에 한해 동의 없이 활용 가능하도록 완화된 규제를 적용한다. 가명처리 기록 관리, 재식별 금지, 안전조치 등 특별규제를 적용한다. 가명정보는 데이터 활용과 보호의 균형을 최우선 목표로 한다. 이는 2020년 개정으로 도입된 개인정보자기결정권과 데이터 경제 활성화의 조화 모델로 평가된다. 즉, 완전한 익명은 아니지만, 활용을 위해 안전하게 변환한 정보는 유연하게 사용하되 강력하게 보호하는 것이다.

가명정보와 관련된 규정

개인정보보호법 제2조 1의2 가명처리란 개인정보의 일부를 삭제하거나 일부 또는 전부를 대체하는 등의 방법으로 추가 정보가 없이는 특정 개인을 알아볼 수 없도록 처리하는 것을 말한다.

GDPR 제4조(정의) (5) 가명처리는 추가적인 정보의 사용 없이는 더 이상 특정 정보주체에게 연계될 수 없는 방식으로 개인정보를 처리하는 것이다. 단, 그 같은 추가 정보는 별도로 보관하고 기술적 및 관리적 조치를 적용하여 해당 개인정보가 식별된 또는 식별될 수 있는 자연인에 연계되지 않도록 하여야 한다.

가명정보처리에 관련된 규정

제28조의2(가명정보의 처리 등)

① 개인정보처리자는 통계작성, 과학적 연구, 공익적 기록보존 등을 위하여 정보주체의 동의 없이 가명정보를 처리할 수 있다.

② 개인정보처리자는 제1항에 따라 가명정보를 제3자에게 제공하는 경우에는 특정 개인을 알아보기 위하여 사용될 수 있는 정보를 포함해서는 아니 된다.

제28조의3(가명정보의 결합 제한)

① 제28조의2에도 불구하고 통계작성, 과학적 연구, 공익적 기록보존 등을 위한 서로 다른 개인정보처리자간의 가명정보의 결합은 보호위원회 또는 관계 중앙행정기관의 장이 지정하는 전문기관이 수행한다.

② 결합을 수행한 기관 외부로 결합된 정보를 반출하려는 개인정보처리자는 가명정보 또는 제58조의2에 해당하는 정보로 처리한 뒤 전문기관의 장의 승인을 받아야 한다.

③ 제1항에 따른 결합 절차와 방법, 전문기관의 지정과 지정 취소기준, 절차, 관리, 감독 제2항에 따른 반출 및 승인 기준, 절차 등 필요한 사항은 대통령령으로 정한다.

제28조의4(가명정보에 대한 안전조치의무 등)

① 개인정보처리자는 가명정보를 처리하는 경우에는 원래의 상태로 복원하기 위한 추가 정보를 별도로 분리하여 보관, 관리하는 등 해당정보가 분실, 도난, 유출, 위조, 변조 또는 훼손되지 않도록 대통령령으로 정하는 바에 따라 안전성 확보에 필요한 기술적, 관리적 및 물리적 조치를 하여야 한다.

② 개인정보처리자는 가명정보를 처리하고자 하는 경우에는 가명정보의 처리목적, 제3자 제공받는 자 등 가명정보의 처리내용을 관리하기 위하여 대통령령으로 정하는 사항에 대한 관련 기록을 작성하여 보관하여야 한다.

제28조의5(가명정보처리 시 금지의무 등)

① 누구든지 특정 개인을 알아보기 위한 목적으로 가명정보를 처리해서는 아니 된다.

② 개인정보처리자는 가명정보를 처리하는 과정에서 특정 개인을 알아볼 수 있는 정보가 생성된 경우에는 즉시 해당 정보의 처리를 중지하고 지체 없이 회수, 파기하여야 한다.

제28조의6(가명정보처리에 대한 과징금 부과 등)

① 보호위원회는 개인정보처리자가 제28조의5 제1항을 위반하여 특정 개인을 알아보기 위한 목적으로 정보를 처리한 경우 전체 매출액의 100분의 3 이하에 해당하는 금액을 과징금으로 부과할 수 있다. 다만, 매출액이 없거나 매출액의 산정이 곤란한 경우로서 대통령령으로 정하는 경우에는 4억 원 또는 자본금의 100분의 3 중 큰 금액 이하로 과징금을 부과할 수 있다.

② 과징금의 부과, 징수 등에 필요한 사항은 제34조의2 제3항부터 제5항까지의 규정을 준용한다.

② 가명처리산업과 대표기업

가명처리산업은 원래의 개인정보를 직접 식별할 수 없도록 변환하는 기술과 서비스를 제공하는 산업으로, 데이터 활용과 개인정보보호를 동시에 달성하기 위한 핵심 분야로 성장하고 있다. 가명처리란 이름·주민번호·연락처 등 개인을 직접 식별할 수 있는 정보를 대체값, 난수(랜덤값), 암호화된 값 등으로 치환하여 해당 데이터의 분석·통계·연구 목적 활용은 가능하게 하면서 개인을 식별하기 어렵게 만드는 정보보호 기술이다. 가명처리는 「개인정보보호법」 개정(2020년) 이후 가명정보를 활용한 통계작성, 연구, 공익적 기록 보존 등이 허용되면서 데이터 경제 활성화를 위한 필수 기술로 자리 잡았으며, 동시에 개인 프라이버시를 보호하기 위한 정보보호 기술이기도 하다. 즉, 가명처리산업은 데이터 활용과 보호 간의 균형을 유지하도록 돕는 현대 정보보호산업의 중요한 한 축이다. 가명처리는 단순한 치환 작업이 아니라, 재식별 위험 평가, 데이터 결합 과정의 안전성 확보, 암호화·토큰화·총괄처리 등 다양한 보안기술이 결합되는 복합적인 정보보호 활동이다.

따라서 가명처리산업은 전통적인 보안산업과 연결되어 암호화기술, 접근통제, 클라우드 보안, 비식별 평가 등 다양한 보안 기술을 기반으로 발전한다. 특히 데이터 결합전문기관, 가명정보처리 전문기업, AI 기반 데이터 익명화 솔루션 기업 등이 새롭게 등장하며 데이터 산업과 정보보호산업의 융합을 이끌고 있다.

[표] 가명처리산업의 기술적 요소

가명처리 기술	대체키(프록시키) 생성 난수 기반 치환 토큰화(Tokenization) 해시(Hashing) 기반 변환
재식별 위험 평가	데이터 패턴 분석 K-익명성·L-다양성·T-근접성 기반 평가 AI 기반 재식별 위험 자동탐지
안전한 마스킹·총괄처리	범주화(집단 처리) 범위 처리 데이터 최소화 조치
안전한 데이터 결합 지원	결합키 생성 안전결합구역 운영 외부 반출 승인 절차 지원

가명처리산업은 개인정보 보호를 전제로 데이터 활용을 가능하게 하는 정보보호 기술이다. 「개인정보보호법」 개정(2020년)으로 가명정보를 이용한 연구·통계·공익적 활용이 가능해지며 산업이 급성장한 가운데 AI·빅데이터 시대의 데이터 결합 수요 증가하였으며 의료·금융·제조·플랫폼 기업이 대규모 데이터를 결합해 분석하는 시장이 커지면서 재식별 위험 증가에 따른 보안 수요가 증가하였다. 단순 마스킹으로는 보호가 어려워 고도화된 가명처리 기술이 필요하게 되었는데 데이터산업 진흥 및 마이데이터 확산과 맞물려 안전한 데이터 활용을 가능하게 하는 보안 기술 수요 증가한 것이다.

[표] 대표적인 가명처리 기업 및 솔루션

국내기업		해외기업	
라온화이트햇	AI 기반 비식별화 및 가명처리 솔루션 제공 재식별 위험 분석 기능 강점	IBM Security	Privacy Insights Platform 글로벌 비식별화·암호화 분야 선도
솔트룩스	자연어·비정형 데이터 가명처리 의료·공공기관 데이터 결합 프로젝트 수행	Google Cloud DLP	민감정보 자동 탐지 + 가명처리 기능 제공 의료·공공기관에서 널리 사용
마크애니 (MarkAny)	영상·문서 기반 비식별화 기술 공공·금융 분야에 강점	Microsoft Azure Pur-view	데이터 분류 + 가명처리 내장 기능 기업 데이터 거버넌스와 통합된 서비스
데이터 스트림즈	데이터 품질관리 + 비식별처리 통합 플랫폼 빅데이터 활용 기관에서 널리 사용	Snowflake+ Immuta	클라우드 데이터 웨어하우스 기반 비식별 처리 대규모 데이터 결합 환경에서 강점
SK C&C /LG CNS /KT Cloud	클라우드 기반 가명처리 플랫폼 운영 기업 빅데이터 분석 환경에 특화		
디사일로 (D-Sailor)	금융 분야 가명처리 서비스 안전한 결합키 생성 및 결합 환경 제공		
이스트소프트 /안랩	개인정보 마스킹·필터링 솔루션 제공 로그·비정형 데이터 처리에 강점		

가명처리산업은 데이터 활용의 확대와 개인정보 보호라는 두 가지 목표를 동시에 달성하기 위한 핵심적인 정보보호산업이다. 가명처리는 원

본 개인정보를 직접 식별할 수 없도록 변환하는 기술로, 데이터 분석·연구·AI 개발 등 다양한 산업적 활용을 가능하게 하는 동시에 개인의 프라이버시를 보호하는 정보보호 조치이다. 이 산업은 암호화·접근통제·재식별 위험 평가 등 첨단 보안기술과 결합하여 발전하고 있으며, 국내에서도 라온화이트햇, 솔트룩스, 마크애니, SK·KT·LG CNS 등 여러 기업이 의료·금융·공공 분야에서 가명처리 솔루션을 제공하고 있다. 가명처리산업은 데이터산업의 신뢰성과 안전성을 높이는 필수 요소로, 정보보호와 데이터 활용을 조화시키는 디지털 시대의 핵심 기반 산업으로 자리 잡고 있다.

3) 익명정보

익명정보는 어떤 방식으로도 특정 개인을 식별할 수 없도록 처리한 정보를 말한다. 가명정보와 달리 다른 정보와 결합하더라도 개인을 알아볼 수 없다(「개인정보보호법」 제58조의2). 예를 들어 집단 통계, 재식별 가능성을 제거한 완전한 익명화 데이터, 비식별화된 이동통신 위치패턴 통계를 말하며 이는 개인정보가 아니다. 따라서 개인정보보호법의 대부분 규제가 적용되지 않는다. 단, 재식별 시도 금지 등 일부 의무는 존재할 수 있다. 익명정보는 공익적 활용(교통정책, 감염병 통계 등)과 산업 활용(AI 학습데이터 등)에 적합하며, 개인 프라이버시 위험이 매우 낮은 정보로 평가한다. 다만 익명처리가 불완전할 경우 재식별 위험이 있으므로 안전한 익명처리 방법 권고·가이드라인을 적용한다.

[표] 우리 법의 3단계 접근 기본 원칙

구분	개인정보	가명정보	익명정보
식별 가능성	높음	낮지만 존재	없음
법적 성격	개인정보	개인정보	개인정보 아님
규제 수준	가장 강한규제	완화된 규제 + 특별 보호조치	규제 거의 없음
활용가능성	제한적	과학·연구·통계 목적 활용 확대	자유로운 활용 가능

우리나라의 이러한 3단계 접근은 식별 가능성이 높을수록 강하게 보호하고, 낮을수록 활용을 확대하는 체계로서 데이터 경제 시대에 개인의 프라이버시 보호와 데이터 활용 두 가지를 조화시키기 위한 우리 법제의 핵심 전략이다.

제7장

정보보호법의 특수문제

1. 사이버 범죄 정의에 대한 세계적 관점의 차이

(1) 부다페스트 협약(EU 협약)과 UN 사이버범죄협약(UN협약)의 사이버 범죄 관점의 차이

'사이버 범죄(cybercrime)'라는 용어가 본격적으로 사용되기 시작한 것은 20세기 후반, 특히 1980~1990년대 정보통신망이 급속히 확산되면서다. 초기에는 '컴퓨터 범죄(computer crime)'라는 표현이 주로 사용되었는데, 이는 컴퓨터 자체를 불법적으로 조작하거나 접근하는 행위를 지칭하는 데 쓰였다. 그러나 인터넷이 상용화되고 사이버 공간이라는 새로운 사회적 장(場)이 형성되면서, 단순한 컴퓨터 침입을 넘어 전 세계 네트워크를 매개로 발생하는 범죄를 포괄하기 위해 '사이버 범죄'라는 개념이 정립되었다. 즉, 사이버 범죄라는 용어는 인터넷 보급과 함께 1990년대 중반부터 국제 사회에서 법률·정책적으로 본격 사용되기 시작했다고 할 수 있다. 사이버 범죄의 피해는 전통적 범죄와 달리 몇 가지 고유한 특성을 보였다.

일단 첫째, 피해를 주고자 하는 대상은 데이터들로 개인정보나 자산이 될 만한 정보, 이를 테면 신용카드정보와 같은 금융정보, 의료정보, 중요한 사람들의 정보, 비즈니스 정보, 기업들이 비밀로 하고자 하는 영업비밀, 국가의 안보정보, 그리고 경제적 가치가 있는 지식재산권과 같은 것들이었다.

둘째, 일단 사이버 범죄의 문제는 공격을 하게 되면 그 규모가 광범위하다는 것이다. 한 번 유포된 불법 자료나 악성 코드, 해킹 공격은 국경을 초월해 수천만 명의 이용자에게 영향을 미칠 수 있다. 예를 들어 랜섬웨어 공격은 특정 기업이나 기관뿐만 아니라 연계된 공급망 전체를 마비시켜 수십억 달러의 경제적 손실을 초래한다.

셋째, 피해를 받을 수 있는 자가 언제나 누구나 될 수 있고 가해자는 숨을 수 있는 익명성과 은폐성이다. 사이버 공간의 특성상 가해자는 가명을 쓰거나 IP를 위장해 행위의 추적을 어렵게 만든다. 이로 인해 피해자는 자신의 정보가 유출되었는지조차 알지 못하거나, 범인이 누구인지 특정하기 어려운 경우가 많다.

넷째, 피해의 장기성이다. 디지털 성범죄 영상이나 명예훼손성 게시물은 한 번 게시되면 완전 삭제가 어렵다. 피해자는 지속적·반복적으로 피해를 경험하며, 심리적 고통과 사회적 낙인으로 장기간 고통을 겪는다. 그리고 피해자는 이를 견디기 매우 어렵고 확대손해가 끝없이 발생하게 된다.

다섯째, 사회적 신뢰의 붕괴다. 금융 해킹이나 개인정보 유출은 단순한 경제적 피해를 넘어서, 사회 전체의 디지털 신뢰를 무너뜨린다. 예컨대 대형 금융기관이나 국가기관에서 데이터 유출 사고가 발생하면, 전자상거래·온라인 행정서비스 전반에 대한 국민의 신뢰가 약화된다. 이렇듯 사이버 범죄는 개인적 차원의 피해를 넘어 국가 안보, 경제 시스템, 민주주의의 기반에까지 영향을 미칠 수 있는 심대한 위협을 주었다.

이러한 문제점을 인식하게 된 세계는 이제 힘을 합쳐 국제적으로 사이버 범죄에 대한 개념을 합의해야 할 필요를 느끼게 되었는데 그러한 최초의 움직임이 2001년 유럽평의회 주도로 하게 된 부다페스트 협약(Convention on Cybercrime, 2001)이었다.

이 협약은 현재 미국과 EU 국가를 비롯하여 우리나라까지 76개 국가가 사이버 범죄의 범위를 합의한 것으로 부다페스트 협약에서 말하는 사이버 범죄의 범위는 다음과 같이 네 가지 범주로 크게 분류할 수 있다.

① 컴퓨터 시스템·데이터에 대한 범죄: 불법 접근, 불법 도청, 데이터 간섭, 시스템 간섭, 장치 남용 등
② 컴퓨터 관련 범죄: 컴퓨터를 이용한 사기, 위조 등
③ 콘텐츠 관련 범죄: 아동 음란물의 제작·유포·소지 등
④ 저작권 및 관련 권리 침해: 디지털 환경에서의 지적재산권 침해

부다페스트 협약은 사이버 범죄를 전통적 범죄의 디지털화(컴퓨터 관련 사기·위조)와 사이버 공간 고유의 범죄(해킹, 데이터 간섭 등)로 구분하고, 이에 대응하기 위한 형사 절차 협력 메커니즘을 마련하였다. 즉, 사이버 범죄를 '구체적 행위 유형별 범주'로 정의하고, 각국이 이를 자국 형법에 반영하도록 촉구한 것이 특징이다. 부다페스트 협약은 사이버범죄를 구체적인 행위 유형으로 규정했다. 해킹, 데이터 간섭, 시스템 마비, 불법 장치 사용, 컴퓨터 사기·위조, 아동 음란물, 저작권 침해 등으로 조항을 나누어 명확히 정의함으로써, 각국이 자국 형법에 그대로 반영할 수 있도록 설계된 것이다. 따라서 부다페스트 협약은 형사법적 확실성과 집행 가능성을 중시한 국제 규범이라고 할 수 있다.

이후 2022년에 UN 총회 산하에서 미국, 유럽의 사이버 범죄 범위에 대응해 러시아와 중국은 부다페스트 협약이 지나치게 국가의 데이터 주권을 침해한다는 점을 우려하여 사이버 범죄의 정의를 다르게 합의하는 접근법을 취하게 되었는데 그러한 취지로 논의가 시작된 UN 사이버범죄 협약(UN Cybercrime Convention, 2022)은 부다페스트 협약과

다른 접근법을 취하고 있다. 부다페스트 협약이 주로 '사이버 공간을 매개로 한 전형적 범죄 유형'에 집중했다면, UN 협약은 이러한 부분보다는 국가 안보와 정치적 안정에 위협이 되는 ICT 남용까지 포괄하려는 경향을 보인다. 예를 들어 사이버 범죄를 테러 조직의 온라인 선전·모집 활동, 선거 개입을 위한 허위정보 유포, 국가 기반시설 공격 등이 논의 범위에 포함된다. UN 사이버범죄 협약은 사이버 위협의 성격이 점점 복합화되고 국가안보와 정치 질서에까지 파급되고 있다는 인식에서 출발한다. 그래서 해킹·사기·아동 성 착취 같은 전통적 사이버범죄 외에도 테러리즘 목적의 ICT 이용, 선거 개입, 허위정보 유포, 국가 안정 위협 행위 등을 포함하려 한다. 이 때문에 표현의 자유, 온라인 권리 보장과 충돌할 위험이 크다는 비판도 함께 제기되고 있다.

그리하여 부다페스트 협약은 '행위 중심'의 사이버범죄 정의, UN 협약은 '정치·안보까지 포괄하는 확장적 정의'라는 차이가 있으며, 이는 각국이 사이버 공간을 바라보는 관점과 이해관계의 차이를 반영한 것이라 할 수 있다.

범죄란 어디까지나 동기 불법과 결과 불법 중에 어떤 것을 보다 방지할 것인가에 대한 사회적 합의로서 부다페스트 협약이 결과적 불법을 중심으로 불법콘텐츠 단속과 침해행위 그 자체에 대한 처벌 관련 디지털 증거에 대한 국제적 공조수사 전제로 인하여 디지털 주권 침해 가능성이라는 위험을 가지고 있는 한편 UN 사이버범죄 협약은 정치적 선동 등 표현의 자유를 행하는 내심의 의사를 추정해야 하는 동기적 불법을 범죄로 보는 모든 사람을 범죄자로 만들 수 있는 위험함을 포함하고 있다.

이 과정에서 각국은 견해차를 보이는 것으로 보인다. 서구권은 부다페스트 협약과 유사하게 '보편적 형사범죄 대응'에 초점을 두는 반면, 러시아·중국 등은 '국가 주권과 정치 질서 보호'를 강조하면서 표현의 자유, 온라인 활동 규제까지 사이버범죄 정의에 포함시키려 한다. 따라서 UN 협약의 사이버범죄 정의는 부다페스트 협약보다 넓고, 정치적 함의를 강하게 내포한다는 점에서 차이가 있다. 부다페스트 협약의 장점은 사이버범죄를 기술적·행위적 범주로 한정하여, 불법 접근·데이터 간섭·사이버사기·아동 음란물 등 구체적 행위 유형을 명확히 규정한 부분으로 형사법적 확실성과 집행 가능성을 높이는 장점이 있는 것은 명확하다. 한편 UN 사이버범죄 협약은 사이버범죄를 보다 포괄적이고 정치적 맥락까지 포함하는 개념으로 정의하려 하는 점이 국제 사회가 직면한 사이버 범죄를 넘어 국가안보·정치체제 안정과도 긴밀히 연관되어 있다는 인식에서 비롯된다. 하지만 동시에 표현의 자유 제한, 국가 간 갈등 증폭 가능성이라는 위험도 내포하고 있다.

사이버 범죄라는 용어는 인터넷 확산과 함께 1990년대 중반 국제 사회에 본격 등장했으며, 그 피해는 개인의 경제적 손실을 넘어 사회적 신뢰와 국가안보에까지 영향을 미친다. 부다페스트 협약은 사이버범죄를 명확한 행위유형 중심으로 정의해 형사절차 협력의 토대를 마련한 최초의 국제 규범이고, UN 사이버범죄 협약은 한층 넓은 범위에서 ICT 남용을 다루며 정치·안보적 차원까지 포괄하려 한다. 결국 이 두 협약의 차이는 사이버범죄를 어디까지 정의할 것인가, 그리고 국가 간 협력을 어떤 범위까지 제도화할 것인가라는 문제의식의 차이로 요약된다. 이는 앞으로 국제 사회가 사이버 공간에서 이용자의 권리 보호와 국가안보 보장을 어떻게 조화시킬 것인지에 대한 중요한 시금석이 될 것이다.

[표] 부다페스트협약과 UN 사이버범죄협약

구분	부다페스트 협약(2001)	UN 사이버범죄 협약(2022)
입법배경	인터넷 사기, 국경을 넘는 해킹·사기·아동 음란물 범죄 증가	사이버 공격·테러, 허위정보, 국가안보 위협 등 광범위한 ICT 남용 현상
적용범위	컴퓨터 시스템 및 네트워크 범죄, 콘텐츠 범죄, 지적재산권 침해	정보통신기술 전반의 범죄적 이용, 국가안보·정치질서 위협까지 포괄
범죄 정의 (주요 조항)	- 불법 접근(Art.2) - 불법 도청(Art.3) - 데이터 간섭(Art.4) - 시스템 간섭(Art.5) - 장치 남용(Art.6) - 컴퓨터 관련 사기·위조(Art.7~8) - 아동 음란물 범죄(Art.9) - 저작권 침해(Art.10)	- 불법 접근, 데이터·시스템 공격 - 온라인 사기, 전자금융 범죄 - 아동 성착취물 온라인 유포 - 테러리즘 관련 ICT 사용 - 선거 개입·허위정보 유포 - 국가안보·정치적 안정 위협 행위
절차법적 장치	- 전자 증거 보존(Art.16) - 실시간 교통데이터 수집(Art.20) - 수사기관의 국제 협력 절차	- 전자증거 확보와 공유 메커니즘 논의 중 - 국가 주권 존중 원칙 강조 - 법집행기관 간 데이터 교환 제한 논란 존재
국제협력	- 신속보존 요청 제도 - 범죄인 인도 및 상호 법적 원조(MLA) - 24/7 네트워크 운영	- 광범위한 국제 공조 규정 논의 - 선진국(서방)은 '법집행 중심 협력', 러시아·중국 등은 '주권 보호·정보통제' 강조
집행, 제재	각국이 자국 형법에 반영 → 범죄화 및 처벌	각국 형법 반영 논의 중, 정치범죄 규정 포함 여부가 최대 쟁점
권리보장	기본권(표현의 자유 등) 존중, 필요 최소한 규제 원칙	국가안보·사회안정 우선시, 표현의 자유 침해 우려 제기
법적성격	구속력 있는 다자간 국제 형사 협약, 이미 65개국 이상 비준(76개국이 가입의향서 제출)	아직 협상 중, 최종 합의안 도출 과정에서 각국 이해관계 충돌 중
특징	기술적·행위적 범죄 유형에 초점, "형사법적 확실성" 중시	정치·안보까지 포괄, "사이버 공간 통제" 성격 강함

(2) 우리나라와 미국의 사이버 범죄에 대한 관점의 차이

우리나라는 "정보통신망 범죄"라는 틀을, 미국은 "컴퓨터 범죄(Computer Crime)"라는 틀을 중심축으로 삼아 사이버 영역을 다뤄왔다. 같은 현상을 규율하더라도 무엇을 '핵심 객체'로 보는가에서 달라지는 것이다. 즉, 우리나라가 망·플랫폼에서의 범죄를 처벌하고자 하는 방식을 택했다면 미국은 컴퓨터·시스템에 따라 죄형을 구성하였다. 이러한 다른 선택은 결국 디지털 수사와 증거의 정의, 수사·집행 방식, 플랫폼 의무, 표현의 자유의 경계, 민사책임 구조까지 달라진다.

먼저 우리나라는 정보통신망 범죄를 '사이버 범죄'라고 생각하기 때문에 정보통신망을 매개로 하지 않고 컴퓨터 내에 들어 있는 데이터를 훔치거나 하는 범죄는 사이버 범죄라고 보지 않는다. 그리하여 망 침해(DDoS, 악성코드 유포) 같은 전형적 기술 범죄를 중심으로 하며, 정보통신망상 불법정보 유통, 사이버상 명예훼손, 스팸, 디지털 성범죄물의 유통, 아동·청소년 유해물의 유통 등과 같은 유통과 관련하여 콘텐츠 이용자를 보호하려는 것이 주를 이룬다.

그리하여 우리나라 경찰서에 사이버 범죄로 사건 수사를 의뢰하려면 ① 정보통신망 침해 범죄 ② 정보통신망 이용 범죄 ③ 불법 콘텐츠 범죄로 분류할 수 있다. 먼저 정보통신망 침해범죄란 정당한 접근 권한 없이 또는 허용된 접근 권한을 넘어 컴퓨터 또는 정보통신망(컴퓨터 시스템)에 침입하거나 시스템, 데이터 프로그램을 훼손, 멸실, 변경한 경우 및 정보통신망(컴퓨터 시스템)에 장애(성능저하, 사용불능)를 발생하게 한 경우를 말한다. 고도의 기술적인 요소가 포함되며, 컴퓨터 및 정보통신망 자체에 대한 공격행위를 수반하는 범죄로, 정보통신망을 매개한 경우 및 매개하지 않은 경우도 포함한다. 두 번째로 정보통신망 이용 범죄는 정보통신망(컴퓨터 시스템)을 범죄의 본질적 구성요건에 해당하는 행위를 수단으로 하는 범죄로서 인터넷 이용자 간의 범죄가 그 주를 이룬다. 셋째, 불법콘텐츠 범죄는 정보통신망(컴퓨터 시스템)을 통하여, 법률에서 금지하는 재화, 서비스 또는 정보를 배포, 판매, 임대, 전시하는 경우, 정보통신망을 통하여 유통되는 '콘텐츠' 자체가 불법적인 경우를 의미한다.

이와 같이 "정보통신망 범죄"라는 큰 틀은 「정보통신망 이용촉진 및 정보보호 등에 관한 법률」에서 플랫폼·사업자 의무(임시조치, 기술·관리적 보호조치, 로그 보존 등)와 행정규제(시정명령, 과태료)가 형사규제와 맞물려 작동하게 된다.

한편 미국에서 '컴퓨터 범죄'는 우리나라의 정보통신망상 유통 범죄보다는 그 개념이 보다 폭넓다고 이해하여야 한다. 그리하여 유통보다는 접근에 보다 그 불법이 맞추어져 있다. 컴퓨터·네트워크에 대한 '무단 접근(unauthorized access)'과 '무결성 침해'를 보호법익으로 중시 여기므로 「컴퓨터 사기 및 남용법」에서는 해킹·침입·손상(damage) 등 시스템 중심의 접근 남용 행위가 범죄로 지정된다. 그래서 불법 콘텐츠를 유통하거나 하는 표현의 자유 제한 문제는 각각 별개의 법(예: 아동착취물, 저작권, 스팸, 테러 선전, 스토킹 등)에서 다루게 되고 플랫폼 사업자의 책임은 통신의 품위를 지키고자 요구하는 「통신품위법」 §230(일명 47 U.S CDA 230)의 광범위한 면책 아래에 놓이게 된다.

통신품위법(Communications Decency Act, CDA) 상 플랫폼 사업자의 책임 규정

47 U.S. Code §230 — Protection for private blocking and screening of offensive material

(c) Protection for "Good Samaritan" blocking and screening of offensive material

(1) Treatment of publisher or speaker

No provider or user of an interactive computer service shall be treated as the publisher or speaker of any information provided by another information content provider.

(2) Civil liability

No provider or user of an interactive computer service shall be held liable on account of—

(A) any action voluntarily taken in good faith to restrict access to or availability of material that the provider or user considers to be obscene, lewd, lascivious, filthy, excessively violent, harassing, or otherwise objectionable, whether or not such material is constitutionally protected; or

(B) any action taken to enable or make available to others the technical means to restrict access to material described in subparagraph (A).

(c) "착한 사마리아인" 차단 및 필터링에 대한 보호

(1) 발행인 또는 발언자로 취급하지 않음

상호작용적 컴퓨터 서비스의 제공자 또는 이용자는, 다른 정보 콘텐츠 제공자가 제공한 정보에 대하여 발행인(publisher) 또는 발언자(speaker)로 취급되지 않는다.

(2) 민사 책임의 제한

상호작용적 컴퓨터 서비스의 제공자 또는 이용자는 다음의 사유로 민사상 책임을 지지 않는다.

(A) 제공자 또는 이용자가 외설적, 외설적·음란한, 저속한, 과도하게 폭력적인, 괴롭힘을 주는, 혹은 기타 반사회적이라고 판단되는 자료에 대한 접근이나 이용 가능성을 제한하기 위하여 선의로 자발적으로 취한 조치. 해당 자료가 헌법적으로 보호되는 경우이든 아니든 상관없다.

(B) 위 (A)에 해당하는 자료에 대한 접근을 제한하기 위한 기술적 수단을 타인에게 제공하거나 이용할 수 있도록 한 조치.

이와 같은 플랫폼(인터넷 서비스 제공자, 소셜미디어 등) 사업자는 이용자가 올린 콘텐츠에 대해 '발행인' 책임(우리나라로는 온라인서비스제공자의 책임)을 원칙적으로 지지 않는다. 플랫폼이 선의로 콘텐츠를 차단·필터링하는 것 역시 충분치 않았다는 이유로 민사 책임을 지지 않는다. 즉, 표현의 자유 보호와 플랫폼의 자율적 콘텐츠 관리("착한 사마리아인" 역할)를 동시에 보장하는 것이 입법 취지다.

그러므로 유통으로 이익을 얻는다고 생각하여 높은 규범을 온라인서

비스제공자에게 요청하는 방식의 우리나라는 정보통신망과 콘텐츠의 불법성, 즉 음란성과 아동, 청소년보호를 하지 못한 부분이나, 저작권자의 권리를 애쓰지 않은 부분에 대한 해태의무(저작권법 제102조 내지 제104조) 전반에 대해 개별적으로 해야 할 행위들을 모두 제시하고 이러한 행위를 하지 않게 되면 면책을 얻지 못하는 반면 미국은 시스템과 접근 권한이 없는 자가 신뢰를 위반했다는 그 사실 자체에 상당히 높은 징벌을 주고자 사이버상 규범의 궁극적 목표가 설정되어 있는 것으로 보인다. 이와 같은 사이버 범죄에 대한 다른 접근은 구성요건과 그에 따른 법적 해석의 차이로서 우리나라는 법체계 안에서 '망·콘텐츠와 이용자 보호'를 포괄하여 플랫폼에 적극적 의무를 부과하여 불법정보를 유통하는 것을 막고자 하며, 미국은 '접근권 그 자체를 남용'하여 접근하면 안 되는 컴퓨터나 시스템에 접근하는 그 자체, 주어진 권한을 넘어서 행동하는 초과 접근을 문제 삼는 신뢰위반을 처벌하고자 하기 위함으로 해석된다. 이는 우리나라의 정서와도 무관하지 않은데, 명예훼손·모욕, 스토킹, 스팸 등 콘텐츠·행태 기반 규제 역시 처음부터 제작, 소지, 접근 등과 같은 원천적 금지의 문제로 보기보다는 업로더로 확산되는 것을 효율적으로 차단할 수 있는 플랫폼 사업자에게 책임을 줌으로써 피해확산을 최소화하고자 함으로 보인다. 그래서 디지털 성범죄물의 해시값 기반을 차단하고 신고가 있는 경우 임시조치(가리기/비공개), 게시자 통지 및 이의절차 등을 절차적으로 추진하는 방식으로 입법하고 이를 조치하지 못하면 방조한 자로서 정범과 같이 처벌된다. 한편 미국의 법적 핵심은 권한이 없거나 권한을 초과한 접근과 이용이 범죄인지가 쟁점이라 할 수 있다. 미국에서의 접근허락, 즉 동의의 문제가 중요시한 대표적인 판결은 Van

Buren 사건이라 할 것이다.

미국 연방대법원 Van Buren v. United States, 593 U.S. 374(2021) 사건은 2021년 6월에 내린 판결로 CFAA(컴퓨터사기남용방지법)에서 “exceeds authorized access(권한을 초과한 접근)”는 접근 권한이 없는 ‘영역’(파일·폴더·DB)에 들어가 정보를 얻는 행위를 뜻하며, 권한이 있는 정보에 ‘목적 위반’으로 접근한 것만으로는 처벌할 수 없다고 보았던 판결이다(6-3 다수의견). 즉, 이 판결은 미국의 사이버 범죄의 기반이 사람에 대한 ‘신뢰’에 있음을 알 수 있는 부분으로 “접근권이 있는 데이터의 목적 외 사용”은 「컴퓨터 사기 및 남용법」에서 권한을 초과한 접근이 아니라면 처벌할 수 없다고 하였다.[48)]

조지아주 경찰 네이선 밴 뷰런 경사는 자신의 유효한 자격증명으로 순찰차 컴퓨터에서 법집행 데이터베이스를 조회해 특정 차량 번호판 정보를 금전 대가를 받고 조회했다. 그는 접근 권한이 있는 시스템을 사용했지만, 공적 업무 목적이 아닌 사적 금전적 대가를 위해 이용했다. 이는 비(非)수사 목적 사용 금지라는 부서 정책을 위반한 것이었고, 수사는 FBI 함정수사로 진행되어 밝혀진 것이었다. 이것이 사이버 범죄에 해당하는가 여부를 두고 “권한이 있는 사용자가 허용되지 않은 목적으로 데이터를 열람한 경우, 이는 ‘권한을 초과한 접근(exceeds authorized access)’에 해당하는가?” 즉, 접근권한이 있더라도 사용 목적이 잘못되면 범죄가 되는가, 아니면 접근 자체가 불법일 때만 범죄인가라는 문제였다. 1심 배심은 CFAA(컴퓨터사기남용방지법) 위반 유죄로 판단했고 징역 18개월이 선고되었다. 같은 사건에서 제기된 정직한 업무수행 사기(honest-

48) https://www.supremecourt.gov/opinions/20pdf/19-783k53l.pdf

services wire fraud)이므로 유죄라는 것이었다. 그러나 항소심에서 무효(파기)가 되었고, 대법원 심리 대상은 CFAA의 "exceeds authorized access" 해석에 한정되었다. 그리하여 CFAA 18 U.S.C. §1030(a)(2)의 "exceeds authorized access(권한 초과 접근)"는 권한 있는 정보라도 목적 위반·용도 위반으로 얻으면 포함되는가, 아니면 권한이 미치지 않는 '영역'에 들어가 정보를 얻을 때만 해당하는가가 쟁점이 되었다.(§1030(e)(6)) 대법원은 협의설을 채택하면서 권한이 미치지 않는 영역에 들어가 정보를 얻을 때만 권한초과 접근이 된 것이라고 하였다. 즉, 한 개인이 "권한을 초과한 접근"을 하는 경우란, 권한을 갖고 컴퓨터에 접속했더라도, 그 권한이 미치지 않는 특정 영역(파일·폴더·데이터베이스)에 있는 정보를 획득할 때를 말하는데 따라서 밴 뷰런은 권한 있는 데이터베이스에서 정보를 부적절한 목적으로 조회했을 뿐이므로 CFAA의 "권한 초과 접근"에는 해당하지 않는다고 보아 11순회법원의 원심은 유죄 판단을 파기·환송했다. 다수의견은 §1030(e)(6)의 "not entitled so to obtain"에서 so는 '그와 같은 방식으로'(manner)를 가리킨다는 것이다. 즉, 쟁점은 정보를 얻는 '방식'이 권한의 범위를 넘었는지이지, '목적'이 정당했는지는 아니라는 뜻이다. 이른바 접근은 합법적이고 목적의 불법은 알 수 없다면서 "gates-up-or-down" 접근은 뷰서·폴더·DB처럼 게이트가 당시 열려 있느냐 닫혀 있느냐로 보아야 한다고 한 것이다. 무죄로 다수 의견을 제출한 배럿 판사를 비롯한 6명은 'exceeds authorized access'는 권한 있는 사용자가 "접근할 수 없는 영역"에 들어간 경우에 한정해서 해석해야 한다고 하였다.

따라서 밴 뷰런은 데이터베이스에 접근할 권한 자체는 있었으므로, 비록 목적이 부적절했더라도 CFAA 위반은 아니라고 했다. 하지만 소수의견을 낸 토머스, 앨리토, 로버츠 세 판사는 비록 권한이 특정한 목적에 한정되어 있다면, 이를 벗어난 사용도 '권한 초과'에 해당한다고 보아야 한다고 주장했다. 하지만 그러면서 정부가 기소한 것처럼 광의의 해석으로 뷰렌을 유죄로 한다면 매번 모든 근로자들이 사내 규정·이용약관 위반 같은 일상적 검색 위반 전반까지 형사처벌 위험에 놓이게 되므로 이는 법의 조문 취지나 구조·역사·맥락에 비추어 수용하기는 어렵다고 봤다.

다만 재산·위임 관계 일반법 원칙에 비추어 목적 제한을 어긴 내부자의 권리 남용은 "권한 초과"를 통해 부당이득을 얻은 경우 처벌되어야 할 것이라고 보았다. 그러면서 '발렛 주차원이 차를 목적 외로 몰고 나가면 위법'하다는 비유를 들었다.

생각건대, 다수의 판사가 내렸던 접근에 대한 정의가 보다 명확할 수 있을 것이다. 왜냐하면 나쁜 목적으로 조회를 할 수 있을 수는 있으나 매회 자신의 행위가 정당한지를 입증해야 하는 상황에 놓이게 된다면 이는 단순 이용약관·사내정책 위반만으로는 형사상 "권한 초과 접근"을 매번 기소하여야 하는 상황에 놓이게 되고 검색이 주 업무인 많은 직업군, 예를 들어 연구자·언론 등과 같은 알기 위해 보통의 데이터를 다양하게 사용하여야 하는 자들의 업무 위반을 형사범죄로 확대하는 것을 뜻하기 때문이다. 그러므로 미국은 "without authorization(무권한 접근)" 분야(예: 외부인이 전면 무단 침입)는 뷰렌 사건의 판단 대상은 아니며 결과적으로 사기, 절도, 영업비밀, 계약 위반, 회사정책 위반 등이 판명되게 되면 책임이 성립할 수 있을 것으로 보았다. 이 판결로 인하여 CFAA 적용의 범위가 축소되고 권한 있는 사용자가 데이터를 "잘못된 목적"으로 이용해도 형사처벌 대상이 아님이란 의미는 아니라는 것이다.

Van Buren 사건(2021)은 "접근 권한은 있지만, 목적이 잘못된 경우"를 CFAA 범죄로 볼 수 있는지에 대한 첫 대법원 판례였다. 대법원은 "권한 있는 영역에 들어간 이상, 목적이 잘못돼도 CFAA 위반은 아니다"라고 판시하여, 미국에서 사이버 범죄의 형사 범위를 좁히는 전환점을 마련했다. 우리나라의 「정보통신망 이용촉진 및 정보보호 등에 관한 법률」 제48조 제1항은 "누구든지 정당한 접근권한 없이 정보통신망에 침입해서는 아니 된다"로 하고 있고 판례와 학설상 '권한의 목적 외 사용'도 "정당한 권한 없음"으로 해석될 수 있다. 예를 들어 공무원이 직무 목적 외로 주민등록정보를 조회한 사건은 업무상 위반으로 유죄 판결을 받을 것이다. 우리나라는 "접근 권한이 있다" 하더라도 그 권한이 부여된 목적을 벗어나면 불법 접근으로 간주될 가능성이 크다. 그 밖에도 형법상 뇌물죄(제129조~제133조)에 해당되어 경찰관이 돈을 받고 직무상 정보를 제공한 부분은 명백히 뇌물수수죄 해당되고 공무상 비밀누설죄(제127조)로 직무상 알게 된 비밀을 부당하게 제공하면 처벌될 가능성이 높다. 또한 「개인정보보호법」 제59조는 정당한 권한 없이 개인정보를 목적 외 사용·제공한 경우 형사처벌 가능하므로 우리나라에서 뷰렌은 「정보통신망법」 위반 + 뇌물수수 + 공무상 비밀누설 + 「개인정보보호법」 위반까지 다중 처벌 가능성이 있다.

미국의 경우 플랫폼(경찰 DB 제공 기관) 책임은 문제되지 않고 오직 개인의 행위가 쟁점이 되지만 우리나라는 기관(경찰청 등)도 내부통제 의무가 부각될 수 있다. 개인정보보호위원회의 과징금·징계 권고 등 내부직원의 비인가 활용을 막지 못했을 경우, 감독 책임 문제가 행정적으로 논의될 수 있다. 미국은 사이버범죄의 범위를 좁혀 '권한 없는 영역 침입'에 집중하지만, 우리나라는 권한 남용도 무단 접근으로 보고 다중 처벌하는 경향이 강하다. 따라서 동일 사건이라도 우리나라에서는 더 무겁게, 다층적으로 처벌될 가능성이 크다.

2. 웹 스크래핑 사건(hiQ v. LinkedIn)

직장인이 회사 이메일을 사적으로 쓰는 경우, 페이스북 약관을 위반하는 경우도 범죄화될 위험이 있어 미국은 이러한 무한한 사생활 침해를 견제했던 것으로 보인다. 그리하여 이후 데이터 활용·접근권 관련 분쟁인 웹 스크래핑 사건(hiQ v. LinkedIn) 등에서 "공개 웹 접근은 무단 접근이 아니다"라는 논리에 영향을 주게 되었다. hiQ Labs, Inc. v. LinkedIn Corp. 사건은 미국에서 "웹 스크래핑(web scraping)"의 합법성과 CFAA(Computer Fraud and Abuse Act, 컴퓨터사기남용법) 적용 범위를 두고 벌어진 대표적인 소송이다.

인사·이직 분석 스타트업 hiQ는 자동화된 크롤러로 로그인 없이 공개 열람 가능한 LinkedIn 프로필에서 데이터를 수집해 기업 고객에게 "퇴사 가능성" 등 인사이트를 제공했다. LinkedIn은 이에 경고장(cease-and-desist)을 보내고 IP 차단 등 기술적 방해를 하자, hiQ는 차단 금지를 구하는 소송을 제기했다. 2017년 지방법원은 예비금지명령(PI)을 받아들여 hiQ의 크롤링을 차단하는 LinkedIn의 차단을 풀라고 명했다. 2019년 미국 제9순회항소법원은 "공개 웹페이지(누구나 브라우저로 볼 수 있는 영역)에서의 수집을 CFAA(컴퓨터사기남용방지법)의 '무권한 접근(without authorization)'으로 보기 어렵다"는 점 등에 비춰 지방법원의 예비금지 유지를 정당화했다(938 F.3d 985). 특히 "공개 프로필"이라는 점을 반복 확인해 주면서 LinkedIn의 차단을 풀라고 명했다. 이어 미국 연방대법원은 2021년, 같은 해 선고한 Van Buren(2021)의 해석을 고려하라며 2019년 판결을 파기·환송(GVR)했다.[49] 2022년 파기 환송한 법원은 hiQ의 자동화된 크롤러가 무조건적으로 공개 프로필을 수집해 가는 것은 LinkedIn이 허락하지 않았으므로 수동적으로 로그인 없이 공개 프로필을 볼 수 있다는 사실만으로 LinkedIn의 크롤링을 못하게 한 차단조치를 해제할 의무는 없다고 하였다. Van Buren이 밝힌 "게이트(접근권한 경계)가 열려 있느냐 닫혀 있느냐"라는 협의 해석이, 공개 영역 스크래핑은 원칙적으로 CFAA '무권한'에 해당하지 않는다는 판단을 오히려 강화한다고 보았던 것이다(31 F.4th 1180(9th Cir. 2022)). 그리하여 본안에서 지방법원(N.D. Cal., Chen 판사)은 요약판결 일부에서 LinkedIn의 주장을 일부 받아들이고, hiQ의 크롤링을 못하게 하는 차단조치 해제 요구는 기각했는데, 결국 2022년 12월에 양측은 동의 판결 및 영구금지 명령으로 사건을 종결하면서[50] hiQ는 LinkedIn 데이터 스크래핑을 영구 중단, 수집 데이터 파기를 약속하고 $500,000의 금전을 지급하는 것의 판결

49) LinkedIn Corp. v. hiQ Labs, 141 S. Ct. 2752(2021), 2019년 9th Cir.: "public profiles, available for viewing by anyone with a web browser."(쟁점이 된 영역이 공개임을 확인)

50) 2022년 9th Cir.: "Van Buren reinforces our determination that hiQ has raised serious questions about whether LinkedIn may invoke the CFAA…"(환송 후에도 PI 유지)

에 동의했다. 이와 같이 법원은 데이터를 보유한 자의 동의를 반드시 받아야 하고 이에 대한 영구 금지 결정(Consent Judgment & Permanent Injunction)을 승인해 주었던 것이다.

이때 CFAA 18 U.S.C. §1030의 "무권한 접근(without authorization)" 또는 "권한 초과 접근(exceeds authorized access)"에 공개되어 있는 웹페이지 스크래핑(크롤링)이 해당하는가에 대해 공개 열람 가능한 영역(비밀번호·로그인 등 게이트가 없는 부분)에서의 접근은 원칙적으로 CFAA의 "무권한 접근"이 아니다. 이는 Van Buren의 협의 해석(게이트가 닫힌 영역에 무단 침입했는지 여부가 핵심)과 맥이 닿는다고 할 것이다. 이때 9 항소법원의 판단은 예비금지(PI) 단계의 법리 판단일 뿐, CFAA 이외의 청구(예: 이용약관 위반(계약), 채텔에 대한 불법침해(trespass to chattels), 캘리포니아 CDAFA(州형 CFAA, Penal Code §502 등)에 대해서는 본안에서 다툼이 남는다고 명시했다. 즉, 9 항소법원(hiQ v. LinkedIn 사건)은 예비금지명령(preliminary injunction) 단계에서 "공개 영역의 스크래핑은 CFAA 위반이 아니다"라는 점을 강조했지만 PI 단계는 "가처분(임시처분)을 내릴지 여부"만 판단하는 절차로, 본안(실체재판)에서의 최종 책임 판단은 하지 않는다. 따라서 CFAA에 대해서만 협의 해석을 내렸고, 다른 법적 청구들은 결론을 내리지 않고 남겨둔 것이다. 원고인 LinkedIn은 CFAA 외에도 다양한 법적 주장을 병합했는데 이용약관 위반(Breach of Contract)의 문제로 이용자가 약관을 어겼을 때 발생하는 민사적 책임 문제로서 hiQ의 행위를 계약책임 판단도 요청했을 뿐 아니라 채텔, 즉 동산에 대한 불법침해(Trespass to Chattels)도 청구했다. hiQ의 크롤링, 스크레핑의 행위가 서버와 같은 LinkedIn 재산

(동산)에 대해 무단 사용·침해로 인한 손해가 있음을 주장했던 것이다. 또한 주 차원의 캘리포니아 「컴퓨터 데이터 접근 사기 방지법」(CDAFA, California Computer Data Access and Fraud Act, Penal Code § 502) 위반을 주장하기도 했는데 이 부분들은 예비적 결정인 가처분에서 "지금은 판단하지 않겠다. 본안에서 다투어야 한다"라고 명시했던 바 있다. 9 항소법원은 hiQ의 경고장 자체가 공개 영역을 '무권한'으로 자동 전환시켜야 하는 의무를 주는 것은 아니라고 했다. 물론 공개 영역이라는 객관적 상태가 관건이겠지만 기술적 장벽(로그인·페이월·CAPTCHA·토큰 등)이나 차단 우회가 개입하면 분석은 달라질 수 있다. 실무상 시사점으로 '스크래핑·크롤링 가이드라인'은 CFAA 리스크 감소(9th Cir. 권역)시켜 로그인 없이 접근 가능한 공개 웹 데이터를 수집하는 행위만으로 CFAA 형사·민사책임이 성립할 가능성은 낮아졌다. 그러나 이는 관할(서킷)·사실관계에 따라 달라질 수 있다. 그러나 여전히 쉽게 데이터를 가져가기 위해 이용약관을 위반하거나 봇 금지 조항을 회피하고 차단을 우회하며 허위계정을 사용하고 서버 부하를 초래하는 등의 문제를 유발한다면 계약책임·불법행위책임(예: trespass to chattels), 州형 CFAA(CDAFA) 등의 민사책임으로 이어질 수 있을 것이다. 다만 이 판결을 볼 때 미국은 사이버 범죄에서 데이터 주체와 프라이버시를 고려하여 회원 공개설정과 플랫폼의 소유권 부인 조항(사용자가 자신 프로필의 데이터 주체임을 명시)을 맥락 요소로 생각하고 있으며 프로필 공개 설정과 robots.txt 등 사이트 정책은 여전히 공정 이용·정책 준수 판단 요소임을 알 수 있다.

CFAA는 "허가받지 않은 시스템 침입"을 처벌하는 법이지만, 공개 데이터에 대한 스크래핑은 무단 접근이 아님을 명확히 하면서 웹 스크래핑의 합법성 인정 범위를 제시하였다. 공개 웹페이지 데이터를 수집함은 합법으로 하였는데 단, 약관 위반·저작권 침해·불공정 경쟁 등 다른 법적 책임은 별도 문제라고 본 것이다. 그러나 로그인·비밀번호·접근 제한 우회 등은 CFAA 위반 가능성이 존재한다. 데이터 경제와 경쟁의 측면에서 판례는 플랫폼의 데이터 독점과 데이터 활용을 통한 혁신 사이의 균형을 둘러싼 중요한 선례를 남겼다. LinkedIn은 데이터 독점 강화하고 hiQ는 데이터 개방·혁신 강조하였으나 법원은 데이터 개방, 혁신을 강조하였다. hiQ v. LinkedIn 사건은 "누구나 접근 가능한 공개 웹 데이터의 스크래핑은 CFAA 위반이 아니다"라는 원칙을 세운 판례이다. 즉, 비공개·보호된 데이터는 법적으로 보호되지만, 공개 데이터는 경쟁과 활용을 위한 자유 영역이라는 기준을 제시한 것이다. 그럼에도 불구하고 hiQ의 크롤링을 못하게 하는 차단조치 해제 요구는 기각했는데, 우리나라와는 다른 결론이 될지 모른다. 이와 같이 미국은 플랫폼의 자체 규칙을 존중한다.

3. 미묘한 양국의 플랫폼 자율규칙에 대한 법문화

미국 수정헌법 제1조(First Amendment)는 1791년, 권리장전(Bill of Rights)의 일부로 제정된 조항으로 전문은 다음과 같다.

"Congress shall make no law respecting an establishment of religion, or prohibiting the free exercise thereof; or abridging the freedom of speech, or of the press; or the right of the people peaceably to assemble, and to petition the Government for a redress of grievances."

(의회는 종교의 설립을 존중하거나 자유로운 종교 실행을 금지하거나, 언론·표현의 자유를 제한하거나, 국민이 평화롭게 집회할 권리와 정부에 청원을 제출할 권리를 제한하는 법을 제정할 수 없다.)

먼저 종교의 자유로서 국가가 특정 종교를 국교로 정할 수 없는데 이는 정교분리를 의미한다. 개인이 종교를 자유롭게 믿고 실천할 권리가 보장되는 것이다. 다음으로 표현·언론의 자유로서 정부가 국민의 발언이나 언론 활동을 제한할 수 없다. 인터넷·미디어·출판 등도 여기에 포함된다. 집회의 자유는 사람들이 모여 시위·집회를 할 권리를 보장한다. 청원의 자유는 국민이 정부에 불만을 제기하거나 시정을 요구할 권리 보장한다. 미국 수정헌법 제1조의 특징은 미국 사회에서 표현의 자유를 가장 강하게 보장하는 근거가 된다. 그래서 미국에서는 혐오 발언이나 가짜 뉴스조차도 "정부가 직접" 제한하기는 어렵다. 다만, 사기업(플랫폼 등)은 자체 규칙에 따라 제재할 수 있다. 한마디로, 미국 수정헌법 1조는 "정부가 국민의 말·종교·집회·언론을 억압하지 못한다"는 가장 강력한 자유권 규성이다.

그러므로 이용약관 위반(Breach of Contract), 즉 웹사이트의 이용약관(ToS, Terms of Service)에 "자동화된 크롤링 금지"나 "사전 승인 없는 데이터 수집 금지" 조항이 포함되어 있는 경우 피고가 약관에 동의한 후 이를 어겼으므로 계약 위반이라고 원고가 주장하면 피고는 방어에 있어 약관 자체의 효력 다툼을 할 수 있다. 예를 들어 browsewrap

약관은 사용자가 명확히 동의하지 않았다고 하거나 위반이 있었더라도 실질적 손해가 없다고 항변이 가능한 것이다. Facebook v. Power Ventures(9th Cir. 2016)에서 페이스북은 약관 위반과 함께 CFAA/CDAFA 위반을 주장해 승소했던 바 있다.

이와 같이 페이스북, 유튜브, 트위터 같은 온라인 플랫폼은 이용약관이나 커뮤니티 가이드라인을 만들어서 스스로 콘텐츠를 삭제, 차단 등 관리할 수 있으며 욕설, 허위정보, 음란물, 폭력 장면 등을 자체 규칙에 따라 삭제가 가능하다. 이는 "사기업의 자율 조치"라서 헌법상의 검열 제한을 크게 받지 않는다. 그러므로 웹 스크래핑 사건(hiQ v. LinkedIn) 역시 LinkedIn 정책은 자율적인 규칙으로서 hiQ는 이를 따랐어야 했다.

미국 「수정헌법」 제1조(First Amendment)는 표현의 자유를 강력히 보호한다. 따라서 정부가 일반적으로 "불법 정보는 다 삭제하라"는 명령을 내리는 것은 위헌 소지가 큰데 정부는 플랫폼에게 포괄적으로 콘텐츠 삭제를 강제할 수 없다. 오직 예외는 아동성착취물(CSAM, Child Sexual Abuse Material)로서 연방 차원에서 특별법과 제도가 마련되어 있다.

플랫폼이 CSAM을 발견하면[51] 반드시 NCMEC(국립실종·착취아동센터)에 신고해야 하는데 이건 "연방 의무 신고 체계"라서 법으로 강제되는 특별한 의무이다. 이를 위반 시 과태료 최대 $150,000(반복·고의 위반 시 $300,000)이며 신고 시 파일, 동영상, 이미지, 계정, IP, 로그 등 증거자료도 같이 신고해야 한다.

---

51) §2251: 아동 포르노 제작 §2251A: 아동 포르노 판매·배포 §§2252, 2252A: 소지·수입·배포 §2252B: 기타 아동 성착취물 관련 §2260: 국제적 거래 §1466A: 외설적 아동 성학대 시각 묘사

18 U.S.C. §2258A - Reporting requirements of electronic communication service providers and remote computing service providers

(1) 원문(주요 부분 발췌)

(a) Duty to report

(1) Whoever, while engaged in providing an electronic communication service or a remote computing service to the public, obtains actual knowledge of any facts or circumstances described in paragraph (2) shall, as soon as reasonably possible, make a report of such facts or circumstances to the CyberTipline of the National Center for Missing and Exploited Children.

(2) The facts or circumstances… include any facts or circumstances from which there is an apparent violation of—

(A) section 2251, 2251A, 2252, 2252A, 2252B, or 2260(relating to child sexual exploitation and other abuse); or

(B) section 1466A(relating to obscene visual depictions of the sexual abuse of children)

전자 통신 서비스 제공자 및 원격 컴퓨팅 서비스 제공자의 보고 요구사항

(a) 보고 의무

(1) 누구든지 대중에게 전자 통신 서비스 또는 원격 컴퓨팅 서비스를 제공하는 동안 (2)항에 기술된 사실이나 상황에 대한 실제 지식을 얻게 되면

합리적으로 가능한 한 빨리 그러한 사실이나 상황을 전국 실종 및 착취 아동 센터의 사이버 신고 전화에 보고해야 한다.

(2) 사실 또는 상황에는 다음을 명백히 위반하는 사실 또는 상황이 포함됩니다.

(A) 제2251조, 제2251A조, 제2252조, 제2252A조, 제2252B조 또는 제2260조(아동 성적 착취 및 기타 학대 관련); 또는

(B) 제1466A조(아동 성적 학대에 대한 음란한 시각적 묘사 관련)

한편 우리나라는 「헌법」 제21조에 언론집회결사의 자유를 두고 ① 모든 국민은 언론·출판의 자유와 집회·결사의 자유를 가진다. ② 언론·출판에 대한 허가나 검열과 집회·결사에 대한 허가는 인정되지 아니한다. ③ 언론·출판은 타인의 명예나 권리 또는 공중도덕이나 사회윤리를 침해하여서는 아니 된다. 언론·출판이 이를 침해한 때에는 피해자는 이에 대한 피해의 배상을 청구할 수 있다. ④ 언론·출판의 자유와 권한에는 책임이 따른다. 국가안전보장·질서유지 또는 공공복리를 위하여 필요한 경우에 한하여 법률로써 제한할 수 있다는 규정을 가지고 있다.

즉, 언론·출판의 자유, 집회·결사의 자유 보장되며 사전 허가·검열은 금지된다. 다만, 타인의 권리·공중도덕·사회윤리 보호 필요 시 제한 가능한데 국가안보·질서유지·공공복리를 위해 법률로 제한 가능하다. 비례의 원칙이 적용 가능하다.

[표] 우리나라와 미국의 정보통신망 유통가능 정보의 차이

구분	미국수정헌법 제1조	우리나라 헌법 제21조
성격	절대적 자유권 보장	자유보장 + 제한규정 포함
종교	국교금지, 자유로운 신앙	20조 종교의 자유에서 보장
표현	언론출판표현의 자유 절대보장	언론·출판 자유 보장하되 타인 권리· 공공복리 위해 제한 가능
집회, 결사	자유보장, 정부제한불가	자유 보장, 다만 법률로 제한 가능
한계	정부가 직접개입 절대불가	법률에 따른 제한 가능(국가안보·공공복리 등)

4. 우리나라와 미국 사이버 범죄 대응 체계

우리나라의 경우 정보통신망 이용 촉진 및 정보보호 등에 관한 법률 제48조에 따라 "누구든 정당한 접근 권한 없이 정보통신망에 침입하여서는 아니 된다"고 규정하고 있어 보통 "기술적 보호 장치(인증·비밀번호·접근권한 제한)"를 무력화시킨 경우 무단 접근으로 본다. 따라서 공개웹페이지 스크래핑은 원칙적으로 무단 침입은 아니라고 보아 미국과 유사한 결론에는 도달할 것이다. 그러나 과도한 트래픽 유발하여 서비스거부(DDoS 유사 효과)를 가져온 것이 있다면 「형법」 제314조 업무방해죄에 해당할 수 있을 것이다.

앞서 본 웹스크래핑 사건, LinkedIn의 프로필 데이터가 "창작성 있는 저작물"이라면 저작권법 적용도 가능할 것이다. 그러나 개별 프로필의 사실 정보(이름, 경력, 회사명 등)는 저작물성 부족한데 대신 LinkedIn이 구축한 데이터베이스 구조는 저작권법의 데이터베이스 제작자의 권

리로 보호될 가능성이 높고 대량 스크래핑은 데이터베이스권 침해로 판단될 여지도 커 보인다. 그래서 「부정경쟁방지 및 영업비밀보호에 관한 법률」에 따라 데이터 무단 이용행위는 법 제2조 제1호 차목 "상당한 투자·노력으로 구축한 타인의 성과를 무단 이용하여 경제적 이익을 침해하는 행위"에 해당하여 부정경쟁행위에 해당할 수 있다. LinkedIn이 "데이터 구축·운영에 상당한 투자"를 했으므로, hiQ의 스크래핑은 부정경쟁행위로 판단될 가능성 높다. 계약이나 약관 위반 여부 역시 LinkedIn 이용약관에서 "자동화된 스크래핑 금지" 조항이 있다면, 민법상 계약 위반 성립되고 불법행위 손해배상(「민법」 제750조) 청구가 가능할 것으로 보인다. 다만 무단 접근이 공개 페이지라면 인정되기는 어려울 것으로 보인다. 미국에서 CFAA 적용은 배제되어 스크래핑 자체는 합법될 수 있겠으나 다른 법적 책임은 별도로 보아야 한다. 우리나라는 형사상 무단 접근죄는 아니지만, 데이터베이스권 + 부정경쟁방지법 + 계약 위반으로 민사상 불법행위 인정될 가능성이 높다. 즉, 미국은 형사법 제한으로 표현·경쟁을 촉진하는 모습을 보여주고 우리나라는 민사적 규율이 강화되어 있어 데이터 독점 보호 경향이 뚜렷하다. 즉, 데이터를 만들기 위해 노력하며 고생한 대가를 중요하게 생각한다.

■ **컴플라이언스 체크리스트**

(a) 접근 계층: 공개/로그인/유료/토큰/IP 제한 등 게이트 구조 파악
(b) 속도·부하 관리: rate limiting, polite crawling, robots.txt 준수
(c) ToS 검토: 수집·재이용·상업적 활용·재배포 금지 조항
(d) 개인정보·저작권: 개인정보·저작권·DB권 등 다른 법률 검토
(e) 관할 전략: 9th Cir. 이외 서킷·해외 규제(예: EU 데이터베이스권) 검토

우리나라는 유통·노출 자체를 신속 통제하며 플랫폼이 적극 개입하는 반면 미국은 '접근 권한' 중심 해석으로 과잉범죄화를 견제하고, 콘텐츠 유통 통제는 §230면책 때문에 플랫폼 자율·민사규율(명예훼손, 저작권 DMCA 통지삭제 등)에 더 의존한다. 플랫폼 책임에 있어 우리나라는 의무를 부과하는 방식이라면 미국은 광범위 면책을 주는 방식이다. 우리나라는 임시조치 제도, 불법정보의 유통 방지 의무, 보안조치 및 침해사고 통지 의무 등 법정 의무를 다층적으로 두고 있으며, 행정기관(방통위·방심의 등)의 시정명령과 과태료가 실효성을 받치고 있다. 예를 들어 아동·성착취물, 불법촬영물 탐지·차단 의무, 검색 단어 연관 차단, 해시 DB 공유 등과 같은 의무를 플랫폼 사업자에게 요구하는 것이다. 한편 미국은 「통신품위법」 제230조가 사용자 생성 콘텐츠에 대해 광범위한 면책을 부여한다. 그리하여 연방·주 법 대부분의 민사책임에서 보호하도록 두는 것이다. 플랫폼은 자체 규칙에 따라 콘텐츠를 자율 관리하

지만, 국가가 일반적 '불법정보 삭제의무'를 강제하기는 「수정헌법」 제1조 때문에 제약이 크다. 다만 아동착취물(CSAM)은 연방 의무 신고 체계(NCMEC)가 별도로 존재할 뿐이다. 우리나라는 행정규제+형사규제 결합형 '적극 책임' 모델인 반면 미국은 표현의 자유·자율규제 기반 '소극 책임'모델이 정착되어 삭제·차단 속도, 범위, 기준이 크게 다르다. 수사·증거·절차의 구도 역시 우리나라는 "행정-형사 연계"인 반면 미국은 "형사영장 중심"이다. 그러므로 우리나라는 정보통신망 이용촉진 및 정보보호 등에 관한 법률상 로그 보존·침해신고·사고 통지 등 행정적 파이프라인이 수사와 연결된다. KISA·경찰청·검찰의 사이버수사 체계가 비교적 빠르게 개입할 수 있고, 플랫폼의 협조 의무가 명확하다. 한편 미국은 ECPA[52], Stored Communications Act 등 영장·소환장 체계를 통해 서비스 제공자 자료를 확보하는데 「통신품위법」 §230로 플랫폼 강제의 일반화는 어렵고, 사건 유형별(테러, 아동착취, 사기)로 개별 절차가 작동한다. 그 결과 우리나라는 행정명령 → 플랫폼 조치 → 수사가 비교적 직선적인 반면 미국은 사법통제, 영장주의가 강해서 절차는 견고하지만 속도·범위는 좁을 수 있다.

---

52) 「전자통신 프라이버시법」, Electronic Communications Privacy Act, 1986
- 제정 연도: 1986년(인터넷 상용화 이전, 이메일·전자통신 확산 시기)
- 목적: 기존 「통신도청법」(Title III, Wiretap Act, 1968)을 보완하여 전화뿐 아니라 전자통신(이메일, 컴퓨터 데이터, 무선통신)까지 보호 범위를 확대한다.
- 구조: ECPA는 하나의 법률이 아니라, 여러 개의 하위 법률을 포함하는 "패키지 법"이다.
  1) Wiretap Act(도청법, 18 U.S.C. §§2510-2523) → 실시간 통신 도청 규율
  2) Stored Communications Act(저장된 통신에 관한 법, SCA, 18 U.S.C. §§2701-2712) → 저장된 이메일, 메시지 등 접근 규율
  3) Pen Register and Trap and Trace Devices Act(펜 등록 및 트랩 및 추적 장치법)→ 발신·수신 기록 추적 규율

우리나라에서는 임시조치, 명예훼손, 개인정보 유출 분쟁조정 등 이용자 보호형 민사·행정 구제가 활발하며 플랫폼의 주의의무 위반이 곧바로 책임 논의로 이어지는 반면 미국은 CFAA에 민사소송권이 있어 직원 유출, 스크래핑, 경쟁사 분쟁에 컴퓨터 범죄가 민사적 유리한 손해배상용으로 사용되어 왔다. 뷰렌 사건 이후 조금 자제되는 분위기였으나 기업간 데이터 접근 분쟁에서 여전히 CFAA·DMCA·무단침입이 얽혀있다. 예를 들어 기업 퇴직자가 합법 계정으로 자료를 빼내면 우리나라는 영업비밀 침해죄나 배임죄를 중심으로 다투지만, 미국은 CFAA '권한 초과' 성립 여부를 1차 쟁점으로 다투어왔다. 우리나라는 이용자–플랫폼–피해자 축 민사구제가 두드러지고, 미국은 컴퓨터 접근권·데이터 권한이 기업 분쟁의 핵심 쟁점이 되기 쉽다.

'정보통신망 범죄' 프레임은 유통 규제와 신속 삭제를 정당화하기 쉬운데 표현과 피해 구제의 균형을 비교적 국가·플랫폼 쪽에 기울여 설계한다. 그리하여 장점으로는 피해 회복, 2차 가해 방지, 아동·취약자 보호에 속도를 낼 수 있으나 과도한 임시조치(정당한 비판·공익제보의 차단), 사전검열이 논란이 될 수 있다. 한편 미국은 「통신품위법」 제230조와 수정헌법 1조 체계로 국가가 일반적 삭제·차단을 강제하기 어렵고, 플랫폼 자율이 핵심이 된다. 이러한 방식의 장점은 표현의 자유 폭넓게 보장하고 정부의 과잉개입이 방지되어 있다. 결국 위험을 살펴보면 피해구제 지연과 유해정보 확산, 자율규제의 일관성·투명성 문제로 귀결된다.

디지털 성범죄물이나 아동 성착취물에 있어 우리나라는 플랫폼의 탐지·차단 의무, 불법물 소지·유통에 강한 형사처벌, 신속한 비공개화를 목표로 하는 반면 미국은 연방법상 중대범죄로 강력 처벌하지만 동시에 플랫폼은 NCMEC 신고의무를 지키되 일반면책은 유지된다. 웹 스크래핑에 있어 우리나라는 약관·저작권·부정경쟁·정보통신망 침해 등 민형사 복합 접근을 하지만 미국은 CFAA '무단 접근' 성부가 1차 쟁점(공개 웹이면 무단 접근 어려움), DMCA·계약법이 보완한다. 또한 직장 내 데이터 반출 분쟁에 있어 우리나라는 영업비밀·배임·개인정보 유출이 중심이 되지만 미국은 CFAA(권한 초과·무단 접근) + 「무역비밀법」(DTSA) 병합 소송이 흔한 편이다. 명예훼손과 가짜정보에 대해서도 우리나라는 피해자가 신청하여 플랫폼 임시조치 후 분쟁조정·형사 고소 루트가 신속하나 미국은 플랫폼은 「통신품위법」 §230면책으로 원 게시자 상대로 소송해야 해서 시간과 비용이 많이 드는 편이다. 집행 지리와 영토성의 관점에서도 우리나라는 국내 사용자 피해가 발생하면 해외 플랫폼에도 조치를 요구하며 그러한 조치의 예인 차단·임시조치·자료보존 등 근거가 비교적 분명한 편인 반면 '미국 내 보호 컴퓨터'에 미치는 영향이 있으면 CFAA 적용 시도도 가능할 수 있으나 콘텐츠를 삭제하는 문제는 헌법상 또는 「통신품위법」 제230조상 제약이 있다. 그리하여 우리나라는 피해지 기준 실무가 강하고, 미국은 접근·손상 기준의 형사 관할이 강한 편이다. 우리나라는 정보통신망 범죄 프레임이다 보니 이용자 보호·피해구제·플랫폼 의무가 강하고, 행정규제와 형사규제의 결합으로 신속 대응이 가능하다. 반면 표현의 자유·과잉차단 논란, 플랫폼의 규제·컴플라이언스 비용이 커질 수 있다.

미국(컴퓨터 범죄 프레임): 접근권·무결성 보호에 초점, 표현의 자유·플랫폼 면책이 강하여 과잉형벌·검열 위험을 억제하는데 대신 피해자 측의 즉시 구제가 어렵고, 유해정보 확산에 취약할 수 있다.

같은 '사이버'라도 무엇을 중심에 두느냐가 제도 전반을 바꾼다. 우리나라는 "망과 유통"을 중심으로 이용자 보호를 급속히 실현해 왔고, 미국은 "시스템과 접근권"을 중심으로 형사범위를 정교화하며 표현의 자유를 두텁게 보장해 왔다. 어느 쪽도 완전하지 않다. 우리나라는 절차적 통제(투명성·이의제기·과잉차단 방지)를 더 강화할 필요가 있고, 미국은 신속구제·플랫폼 책임의 최소 기준을 보강해야 한다는 과제가 남는다. 두 모델의 상호 보완이, 안전하면서도 자유로운 디지털 공론장을 만드는 현실적 해법이다.

[표] 각국의 미성년자 연령[53)]

국가	연령	비고
일본	18세(2022년 개정 전엔 20세)	술·담배는 20세 미만 금지
중국	18세	형사책임 일부 16세부터 발생
미국	대부분 18세	주에 따라 성년 기준 다를 수 있음(네브래스카·앨 라배마 19세 미시시피는 21세)
영국	18세	16세 이상은 특정 행위(결혼, 군입대)에 제한적 허용

53) UN 아동권리협약(UNCRC, 1989) "18세 미만을 아동(child)으로 본다." 이는 국제사회에서 보편적 기준으로 다만, 각국의 성년 연령이 다르기 때문에 미성년자라는 법적 범주는 국가별로 차이가 큰 편이다. 우리나라는 19세(만 18세부터 성년, 2022년 민법 개정) 선거권은 18세, 음주·흡연은 19세 미만 제한되고 있다. 전 세계 미성년자의 보편적 기준은 "18세 미만"이지만, 실제 법적·문화적 맥락에 따라 16세, 18세, 19세, 20세, 21세까지 다양하게 운영되고 있다. 국제적 통용 기준으로 만 18세 미만 = 미성년자(UN 아동권리협약)이지만 우리나라 법제 내에서도 2022년부터 성년을 만 18세로 낮췄지만, 여전히 술·담배는 만 19세 미만 금지되며 법률별 다층성을 가지고 있다. 「민법」(성년 연령), 「형법」(범죄책임 연령), 「특별법」(음주·흡연·결혼·병역 등)에 따라 서로 다른 기준이 동시에 적용되는 것이다. 미국은 일부 주·국가에서는 19세~21세까지 성년 인정된다. 전 세계적으로 미성년자는 원칙적으로 18세 미만으로 보지만, 실제로는 법률 분야(「민법」·「형법」·「아동보호법」 등)와 국가·문화적 차이에 따라 16세, 18세, 20세 등 다양한 변형이 존재한다.

독일	18세	14세~17세는 '청소년'으로 별도 규율
프랑스	18세	일부 행위는 부모 동의 시 예외
브라질	18세	범죄 책임 연령은 18세부터
캐나다	18세 또는 19세	브리티시컬럼비아, 뉴브런즈윅, 뉴펀들랜드·래브라도, 노바스코샤 노스웨스트준주, 누나부트, 유콘은 19세 나머지 주는 18세
사우디아라비아	18세	「샤리아법」 적용 국가에선 예외적 판정 존재
인도	18세	「조혼」 방지법상 결혼 연령 남 18세/여 18세
필리핀	18세	「청소년 보호 특별법」 운영
러시아	18세	형사책임은 16세부터 가능
아프리카남아공	18세	「아동법」(Children's Act)에 명시
이집트	18세	「아동법」 개정으로 강화
나이지리아	18세	일부 지역(「이슬람법」 적용) 예외

[표] 각국의 인터넷 입법

분야	우리나라	미국	EU	일본
정보통신망 및 인터넷 서비스	• 「정보통신망법」 • 「전기통신사업법」	• 「통신법」(Communications Act of 1934) • 「텔레커뮤니케이션법」(1996)	• 회원 각국 입법에 따름	• 「전기통신사업법」 • 「NTT법」, 「일본전신전화주식회사법」(Nippon Telegraph and Telephone Corporation Law)
개인정보 보호	• 「개인정보보호법」(통합법) • 「정보통신망법」 일부 조항	• 「연방법 X」 • CCPA(캘리포니아주법) • HIPAA(의료법), GLBA(금융법) 등 개별법	• GDPR(통합적, 강력한 보호 체계) • ePrivacy Directive	• 「개인정보보호법」 • 「정보통신사업자에 대한 고시」
사이버보안	• 「정보통신기반보호법」 • 「형법」 • 「통신비밀보호법」 • 「사이버안보기본법」(추진 중)	• Cybersecurity Act(2015) • CFAA(해킹 처벌) • NIST Framework	• NIS Directive • Cyber Resilience Act(추진 중) • EU Agency for Cybersecurity(ENISA)	• 「사이버보안기본법」 • 「개인정보보호법 내 보안조치」
전자상거래	• 「전자상거래법」 • 「전자문서 및 전자거래기본법」	• E-SIGN Act • UETA(전자서명, 계약 유효)	• eIDAS 규정 • Digital Services Act 일부 관련	• 「전자서명법」 • 전자계약 법률 없음(판례로 인정)
콘텐츠규제(지식재산)	• 「저작권법」 • 「청소년보호법」 • 「게임산업진흥법」	• DMCA(디지털 저작권 보호) • Section 230(표현의 자유 보호)	• DSM Directive • Digital Services Act(유해 콘텐츠 관리책임 확대)	• 저작권법 • 유해정보 규제 없음(자율규제 중심)
플랫폼규제(공정거래)	• 「온라인플랫폼 공정화법」(추진 중) • 「전자상거래법」 상 책임 명시	• 플랫폼 책임 제한(Section 230) • FTC 규제 가능성 확대 중	• DSA: 플랫폼 불법정보 제거 의무 • DMA: 독점 플랫폼 규제	• 플랫폼 규제 없음 • 공정거래위원회 지침(soft law)

표현과 통신비밀	•「통신비밀보호법」 •「정보통신망법」(명예훼손)	• 헌법 수정 제1조(표현의 자유) • 통신법 §230보호	• 회원각국의 입법에 따름 -표현의 자유 인정 -불법정보는 적극 규제	•「통신비밀보호법」 • 명예훼손은 형사처벌 가능